本书得到湖南省社会主义学院科研资助

中华文化对外传播的叙事体系

张彩云　著

九州出版社
JIUZHOUPRESS

图书在版编目（CIP）数据

中华文化对外传播的叙事体系 / 张彩云著. —— 北京：
九州出版社, 2025.3. —— ISBN 978-7-5225-3798-6

Ⅰ. G125

中国国家版本馆CIP数据核字第20250LZ344号

中华文化对外传播的叙事体系

作　　者	张彩云　著
责任编辑	陈丹青
出版发行	九州出版社
地　　址	北京市西城区阜外大街甲35号（100037）
发行电话	（010）68992190/3/5/6
网　　址	www.jiuzhoupress.com
印　　刷	三河市富华印刷包装有限公司
开　　本	710毫米×1000毫米　　　16开
印　　张	17
字　　数	248千字
版　　次	2025年5月第1版
印　　次	2025年5月第1次印刷
书　　号	ISBN 978-7-5225-3798-6
定　　价	82.00元

在叙事中传播传统中国文化和讲好中国故事

——读《中华文化对外传播的叙事体系》

杨向荣 *

彩云告诉我，她最近写了一本新书《中华文化对外传播的叙事体系》，问是否能为她的新书写上几句话。彩云是我在湘潭大学带的第二届硕士研究生，后来去了山东大学攻读博士学位。她在学术上一直追求上进，硕士论文就曾获得湖南省优秀硕士学位论文。毕业后她一直在湖南省社会主义学院（湖南省中华文化学院）工作，且对中华文化的对外传播问题情有独钟。花了几天时间读完彩云寄给我的书稿，在我的头脑里，浮现的是一个"如何在文化叙事中讲述中国故事"的主题。这是一个传统且前沿，但无疑相当重要的问题。

19 世纪，马克思写道："过去那种地方的和民族的自给自足和闭关自守状态，被各民族的各方面的互相往来和各方面的互相依赖所代替了。物质的生产如此，精神的生产也如此。各民族的精神产品成了公共的财产。"[②] 在当下经济全球化、社会信息化、文化多样化的背景下，不仅经济、科学、艺术、政治等具有了全球性，一些地方传统和文化经验也成为全人类共同的财富。中华文化的全球传播历程源远流长，尤其是 21 世纪以来，"全球传播"已经成为新人文

---

* 杨向荣，杭州师范大学人文学院、文艺批评研究院教授，美学与艺术批评研究中心主任，博士生导师。

② ［德］卡尔·马克思，弗里德里希·恩格斯：《马克思恩格斯选集》第 1 卷，北京：人民出版社，1995 年版，第 266 页。

愿景，以文化对话取代文明冲突，以文化多样性取代文化霸权成为全球共识，这一共识呼吁我们从全球大众的视角激发文化间性视野。

习近平总书记强调，没有中华文化的繁荣兴盛，就没有中华民族的伟大复兴。党的二十大报告也提出，应当"加快构建中国话语和中国叙事体系，讲好中国故事、传播好中国声音"①。文化是人类社会发展的深层原因，文化作为一种"软实力"逐渐成为国家综合国力的主要内容，文化的传播水平与成效是衡量文化"软实力"的重要指标之一。通过文化传播能够发出中国声音、塑造国家和民族的积极正面形象，在推动构建人类命运共同体中形成与中国综合实力相匹配的国际话语权。彩云对中华文化对外传播叙事体系的研究，无论是对中国传统文化资源的拓展，还是对当下中国文化的国际传播，尤其是如何在国际上讲好中国故事和塑造中国形象，都有着十分重要的意义。

《中华文化对外传播的叙事体系》从叙事语境、叙事背景、叙事内容和叙事方式四个方面形塑了中华文化对外传播的叙事体系，详细了探讨了为什么要加强文化传播、文化传播的历史经验、文化传播的具体内容、如何通过叙事展开文化传播等问题。通过对这些问题的探讨，全书对如何构建中华文化对外传播的协作机制，推动形成多元传播机制、整体协作体系、效果评估体系，在全球价值图谱和全球知识框架下形成中华文化海外传播的效果评估体系等问题上提出了一系列独到且精辟的见解。

《中华文化对外传播的叙事体系》从叙事体系的建构出发，研究中华文化的对外传播。研究中华文化对外传播的成果很多，但以叙事为视角的研究成果却相当少见，这显然是作者的创新。作者认为，中华文化对外传播作为一种交流对话，如何讲好中国故事可以从"如何抓好故事的叙事"这一角度出发，有针对性提出叙事语境、叙事背景、叙事内容、叙事方式，形成整个叙事体系，更好地获取叙事成效。在作者看来，对中华文化对外传播的多元化路径进行深

---

① 习近平:《高举中国特色社会主义伟大旗帜 为全面建设社会主义现代化国家而团结奋斗——在中国共产党第二十次全国代表大会上的报告》，北京：人民出版社，2022年版，第46页。

入探讨，可以解决中华文化对外传播"为什么传播""传播什么""怎么传播"的问题。

除了创新性的研究视角外，本书还对中华文化对外传播的历史进行了整体性梳理和综合性评价，显示了作者对文献的提炼与升华能力。从古代中国、近现代中国、当代中国的历史脉络出发，作者对数千年文化传播历史演进进行了总体梳理和全面总结，总结出了具有指导意义的宝贵经验，也提出了面对新形势新要求的困境不足。此外，作者在梳理与总结基础上对中华文化对外传播的知识体系进行了系统性的重塑，提出了文化核心要素、重塑标准，打造了整体性的知识体系。

应当说，本书对中华文化对外传播的整体梳理与总结，并不是机械式或整理式的，而是在每一项整理当中都提出了创新的发展方式与路径。如在叙事语境中，关于文化软实力和文明互鉴观的理论总结，是为了贯彻落实习近平文化思想的要求，提出以新时代文化传播推动中国式现代化建设和中华民族伟大复兴、构建人类命运共同体的发展路径；又在叙事背景中，总结中华文化对外传播的历史演进经验，是为了在分析困境不足中提出有效的解决路径；在叙事内容中，总结中华优秀传统文化的核心要素，提出文化内容产品的选取打造标准，是为了重塑既能代表时代核心价值又利于对外传播的知识体系；再如在叙事方式中，是在吸收了当前国内外学者在文化传播理念、渠道、主体、机制等方面研究成果的基础上，创造性提出文化传播的多元化发展路径。

当然，如何真正建构中华文化对外传播的叙事体系，我们应当重视新媒介时代的语境，以及技术与文化的复杂关系。在媒介研究史上，莱文森认为媒介的发展经历了旧媒介、新媒介和新新媒介三个阶段。波斯特将媒介区分为"第一媒介时代"和"第二媒介时代"，"第二媒介时代"以电子传播和数字传播为主要传播模式，且颠覆和解构了现代社会理性、自律、中心化和稳定的主体，瓦解了现实与虚构、真与伪的二元对立性。① 柯比提出"数字现代主义"概

---

① ［美］马克·波斯特：《第二媒介时代》，范静哗译，南京：南京大学出版社，2001年版，第19—20页。

念，认为这是在 20 世纪末在数字技术的支撑下所出现的一种新文化形态和范式，是对后现代主义文化一种取代，它关注拟态世界、虚拟现实和混杂空间等社会情境，呈现去中心化、多元共生性等文化特征。① 可以说，媒介的发展经历了口语时代、印刷时代、电子时代和数字信息时代四个阶段，实现了从语言中心到文字和图像中心，最后到数字信息中心的转变。当下社会进入了一种数字媒介文化时代，麦克卢汉、吉布森、波斯特和尼葛洛庞帝提出"地球村""赛博空间""信息方式""虚拟现实"等概念来表征这个新时代。媒介的转型也意味着中华文化在存在形式、审美特性、运作机制、批评标准、阐释话语等方面的变化和变革。读屏时代的文本叙事打开了一个具有无限可能性的窗口，导致了现代人阅读方式的转变。传统的阅读模式将注意力长时间集中于某个目标之上，新媒介时代的阅读模式是注意力在多个任务间不停跳转，追求信息的强刺激和视觉感。新媒介时代的浏览式阅读模式是对传统文本沉浸式阅读的解构，它建构了一种新的阅读习性，也对当下的文化传播产生了重要影响，这是我们在建构中华文化对外传播的叙事体系时不能忽视的一个问题。

其次，在实践中华文化对外传播的叙事建构时，如何叙述和呈现中国经验也是一个相当重要的问题。随着全球化的进程，本土文化资源与全球文化的互动日益成为不争的现实。萨义德指出，在当代历史情境下，"每一文化的发展和维护都需要一种与其相异质并且与其相竞争的另一个自我的存在。……不管东方的还是西方的，法国的还是英国的，不仅显然是独特的集体经验之汇集，最终都是一种建构——牵涉到自己相反的'他者'身份的建构，而且总是牵涉到对与'我们'不同的特质的不断阐释和再阐释。"② 而且，随着新媒介技术的影响加剧，中国本土的文化经验和思想文化资源日益在全球范围内突显其重要性，中国传统文化的许多观念、命题和思想，都可以在新媒介场域中进行重新

---

① Alan Kirby, Digimodernism: How New Technologies Dismantle the Postmodern and Reconfigure Our Culture. New York: The Continuum International Publishing Group Inc, 2009, 1.

② ［巴基斯坦］爱德华·萨义德:《东方学》，王宇根译，北京:三联书店，1999 年版，第 246 页。

转化和重构，进而演变为全球范围内的话语建构。因此，要看到本土经验和思想资源在全球对话中的适应性和有效性，梳理中国传统文化中的本土经验与理论资源，在文化传播中切实做到呈现中国问题范式、本土经验凝视和传统文化精髓。此外，在中华文化对外传播的叙事体系建构中，我们应当关注文化现场，回归中国当下性的阐释立场。中华文化对外传播的叙事体系的建构是一种历史话语的建构，当下性及其经验传达是需要关注的必然内容。文化模式和观念及其理论表达，源于特定历史语境下所形成的经验及其问题呈现。中华优秀的传统文化不能只体现为研究观念、研究方法、研究对象等方面的呈现，它还是一种面对现实问题的审美关怀和人文关怀，它不是模式化的批评指标生产，也不能被束缚在既定或预设的理论观念中。从文化传播叙事的历史建构来看，它是一种随着文化场域和问题意识的生成和变化，不断更新对外传播叙事的话语方式和话语体制的一个过程。

此外，在全球治理共识理念下，展现"负责任"大国形象，如何讲好中国故事还需要摆脱"我与他"的他者化思维，跳出国家中心主义视角，以更"世界主义"的视角思考新时代中华文化的国际化叙事道路。但不管怎么说，这本书已为我们提供了很好的切入点，面对这一部大作，我仍然禁不住为彩云的努力而高兴和欣慰。她的为学一直非常勤勉和执著，相信她会在学术的道路上越走越远。

前　言

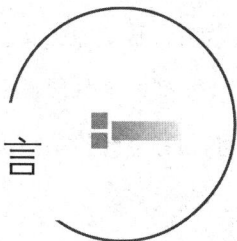

　　文化是人类社会发展的深层原因，文化作为一种"软实力"逐渐成为国家综合国力的主要内容，文化的传播水平与成效是衡量文化"软实力"的重要指标之一。中华文化特别是作为精髓的中华优秀传统文化是中华民族独有的精神标识，是中华民族共同的"魂"，习近平总书记强调，没有中华文化繁荣兴盛，就没有中华民族伟大复兴。文化的繁荣既需要传承更需要弘扬，中华民族的伟大复兴需要向世界彰显中华文明的突出特性，并"以文明交流超越文明隔阂、文明互鉴超越文明冲突、文明共存超越文明优越"，推动构建人类命运共同体。党的二十大报告提出："加快构建中国话语和中国叙事体系，讲好中国故事、传播好中国声音。"中华文化对外传播作为一种交流对话，如何讲好中国故事可以从"如何抓好故事的叙事"这一角度出发，有针对性提出叙事语境、叙事背景、叙事内容、叙事方式，形成整个叙事体系，更好地获取叙事成效，即从中华文化对外传播的思想理论、形势背景、传播历程、文化重塑、协作机制、评估体系等方面展开，对中华文化对外传播的多元化路径进行深入探讨，解决中华文化对外传播"为什么传播""传播什么""怎么传播"的问题。

　　中华文化对外传播的叙事体系，第一部分主要阐释中华文化对外传播的叙事语境，即解决什么是文化和文化传播的理论指导问题，针对当前文化传播的形势背景，提出中华文化对外传播的时代目标与重要意义。根据东西方学术界关于文化和中华文化的概念阐释，在马克思列宁主义理论指导下，中国共产党对文化软实力的认识并文明互鉴的理论，逐渐形成了新时代文明互鉴观。中国共产党人高度重视文化传播，新时代新征程中不断提高国家综合国力、扩大国际影响力需要加强文化传播，从而以物质文明与精神文明相协调的中国式现代化全面推进中华民族伟大复兴。而中华文明的五个突出特性对于人类文明发展进步具有重要价值意义，中华文化的对外传播是中国推动构建人类命运共同体的关键举措。

第二部分主要概括数千年来中华文化对外传播的历史演进过程，总结中华文化对外传播的叙事背景，深刻阐释中华文化对外传播的演进机理。简述古代中国在中华文化对外传播的开端、兴盛、绵延过程，近现代中国继续推进文化传播的重点内容，当代中国在文化交流、文化外交、文化宣传、文化贸易等重要领域推动中华文化对外传播的突出表现等，概括古丝绸之路以来中华文化的对外传播以商品贸易为开端、以儒家文化为主干、以多元文化为特色、以主客互动为渠道、以文化自觉为导向的典型特征。从叙事背景中既总结中华文化对外传播的历史经验，又提出文化传播理念滞后、内容结构失衡、方法渠道单一、人才资源受限、机制体系不畅、环境成效不佳等困境不足。

第三部分提出重塑中华文化对外传播的知识体系建设，解决当前中华文化对外"传播什么"的叙事内容问题，从以往的文化传播经验当中，以既烙印了历史文明又契合时代精神的内容选取为标准，重塑知识体系。首先要明确的是，必须将最能代表中华民族的突出优势、最能代表中华文明的突出特性的部分传播出去，习近平总书记在文化传承发展座谈会上，就总结中华优秀传统文化十个方面的重要元素，共同塑造出中华文明的突出特性。其次要从全球视野和中国特色两方面出发，按照一定的层次划分标准、知识内容选取标准、知识产品打造标准、知识体系重塑标准打造知识体系。最后选取具有较强代表性、又为国外民众所喜爱的中国建筑文化、中国医药文化、中国饮食文化、中华人文精神、中国历史文化、中国文学艺术等6类中华文化，构建起以物质文化和精神文化为层面，核心价值理念、主要知识内容和重点表现形式相结合的中华文化对外传播的知识体系。

　　第四部分构建中华文化对外传播的协作机制，解决文化传播"怎么叙事"的方式方法问题。推动形成多元传播机制，包括"跨文化传播＋转文化传播"的传播理念传承机制、"政府＋民间＋企业"的传播渠道拓展机制、"全球化＋媒介化＋生活化"的传播运行转换机制、"官方＋社会＋个人"传播主体参与机制。推动形成整体协作体系，包括多元主体协同体系、多层系统协作体系、多种话语协调体系。推动形成效果评估体系，全面汇总国际国内的多维评价成果，通过建立数据库、确定评估主体和评估指标，融合传播学、符号学、语言学等交叉学科理论方法，综合多元化评估方法的运用，在全球价值图谱和全球知识框架下形成中华文化海外传播的效果评估体系。

目　录

第 一 章

叙事语境：中华文化对外传播的时代意义

一个国家综合实力最核心的还是文化软实力。文化软实力是国家综合实力的一个重要组成部分，中华文化走向世界关系着中华民族伟大复兴的伟大征程。"中华文化积淀着中华民族最深沉的精神追求，包含着中华民族最根本的精神基因，代表着中华民族独特的精神标识，是中华民族生生不息、发展壮大的丰厚滋养。"[①]这是习近平总书记在新时代对中华文化的内涵进行的深刻阐释。对于新时代如何传承和发展中华优秀传统文化，习近平总书记创造性地提出推动中华优秀传统文化创造性转化和创新性发展的科学论断，强调要推动中华文化"走出去"，提升国家文化软实力和中华文化影响力。推动中华文化走出去、提升中华文化对外传播的实效，就需要在世界文明多样化的形势下坚持正确的传播导向、采取合适的传播方法、取得实际的传播成效，实际上浓缩为一句话，那就是"讲好中国故事"。

针对如何"讲好中国故事"，党的十八大以来，习近平总书记在多个场合倡导并阐释文明因多样而交流、因交流而互鉴、因互鉴而发展，强调着力加强国际传播能力建设，加强对外交流对话，推动中华文化更好走向世界，在建设中华文明的时代篇章的基础上，推动人类文明发展繁荣。2013年习近平总书记就提出要向世界宣传阐释中国特色，就要做到"四个讲清楚"，成为中华

---

① 中共中央宣传部编：《习近平总书记系列重要讲话读本》，北京：学习出版社、人民出版社，2014年版，第100页。

文化对外传播的时代任务，即"讲清楚每个国家和民族的历史传统、文化积淀、基本国情不同，其发展道路必然有着自己的特色；讲清楚中华文化积淀着中华民族最深沉的精神追求，是中华民族生生不息、发展壮大的丰厚滋养；讲清楚中华优秀传统文化是中华民族的突出优势，是我们最深厚的文化软实力；讲清楚中国特色社会主义植根于中华文化沃土、反映中国人民意愿、适应中国和时代发展进步要求，有着深厚历史渊源和广泛现实基础"。① 习近平总书记在党的十九大报告中指出，"要尊重世界文明多样性，以文明交流超越文明隔阂、文明互鉴超越文明冲突、文明共存超越文明优越"。② 党的十九届五中全会《建议》指出，"十四五"时期繁荣发展文化事业和文化产业，提高国家软实力，要"以讲好中国故事为着力点，创新推进国际传播，加强对外文化交流和多层次文明对话"。③ 党的十九届六中全会在总结历史的基础上提出，新时代通过"加强国际传播能力建设，向世界讲好中国故事、中国共产党故事，传播好中国声音，促进人类文明交流互鉴，国家文化软实力、中华文化影响力明显提升"。④ 在十九届中共中央政治局第三十次集体学习中，习近平总书记从构建人类命运共同体出发，再次强调国际传播能力建设和国际话语权的重要性。党的二十大报告提出，推进文化自信自强，铸就社会主义文化新辉煌，既要发展社会主义先进文化，弘扬革命文化，还要传承中华优秀传统文化，"不断提升国家文化软实力和中华文化影响力"。特别是"增强中华文明传播力影响力。""加快构建中国话语和中国叙事体系，讲好中国故事、传播好中国声音，展现可信、可爱、可敬的中国形象"，既要加强国际传播能力建设，也要深化

---

① 《习近平著作选读》第一卷，北京：人民出版社，2023 年版，第 150 页。

② 《习近平：决胜全面建成小康社会 夺取新时代中国特色社会主义伟大胜利——在中国共产党第十九次全国代表大会上的报告》，中国政府网，https://www.gov.cn/zhuanti/2017-10/27/content_5234876.htm. 2017-10-27。

③ 《中共中央关于制定国民经济和社会发展第十四个五年规划和二〇三五年远景目标的建议》，北京：人民出版社，2020 年版，第 27 页。

④ 本书编写组：《〈中共中央关于党的百年奋斗重大成就和历史经验的决议〉辅导读本》，北京：人民出版社，2021 年版，第 57 页。

文明交流互鉴，推动中华文化更好走向世界①。2023 年，习近平总书记在文化传承发展座谈会上全面系统阐释了中华文明的五个突出特征，提出"中华优秀传统文化有很多重要元素""共同塑造出中华文明的突出特征。"② 新时代要秉持开放包容的态度，对内提升先进文化的凝聚力感召力，对外增强中华文明的传播力影响力。其后，习近平总书记在 2023 年 10 月宣传思想文化工作会议上强调，"在新的历史起点上继续推动文化繁荣、建设文化强国"，要做到"七个着力"，其中之一就是"着力加强国际传播能力建设、促进文明交流互鉴"③，这也是习近平文化思想的重要内容。"加强和改进对外宣传工作，增强中华文明传播力影响力"是新时代文化建设路线图和任务书的一个重要指向。因此，讲好中国故事，通过中华文化在全球层面的推广和传播推动文明交流与互鉴，是提高国家文化软实力、推动社会主义文化繁荣发展、建设中华文明的时代篇章、构建人类命运共同体的目标途径和价值诉求，是党和国家在新时代的重大战略部署。

文化多样性是一种稀缺资源，塞缪尔·亨廷顿将世界文明形态分为八种，中华文化以儒教文明的形态居于其中，是世界上始终延绵不息的伟大创造。英国著名历史学家汤因比在 1972 年就曾说过，中华文化比世界任何民族都成功地把几亿民众从政治文化上团结起来，具有无与伦比的成功经验，中华文化是拯救世界的唯一良方④。中华文化在世界文明当中具有独特的魅力，在新时代总结为五个突出特性：突出的连续性、创新性、统一性、包容性、和平性。不管是在历史还是当下，以"和合"文化为核心的中华文化在对外交流当中始终倡导多元共生、开放包容的理念，越来越得到国际社会的认可和接纳。当前，

---

① 《中国共产党第二十次全国代表大会文件汇编》，北京：人民出版社，2022 年版，第 35-38 页。

② 习近平：《在文化传承发展座谈会上的讲话》，《求是》，2023 年第 17 期。

③ 《习近平对宣传思想文化工作作出重要指示》，求是网，http://www.qstheory.cn/yaowen/2023-10/08/c_1129904934.htm. 2023-10-08.

④ ［日］池田大作，［英］汤因比：《展望二十一世纪——汤因比与池田大作对话录》，荀春生，米继征，陈国梁译，北京：国际文化出版公司，1985 年版，第 284 页。

世界百年未有之大变局加速演变，以西方价值观为主要取向的"西方中心论"已难以为继，加上长期以来掌握世界话语霸权的西方国家及其传媒刻意歪曲、扭曲事实，破坏我国国际形象，因此，加强文化软实力建设，通过文化传播发出中国声音、塑造国家和民族的积极正面形象，以中华文化的核心价值促进世界和平与发展更加显得紧急而迫切。正如习近平总书记指出的"不同民族、不同文化要'交而通'，而不是'交而恶'。""中华民族历来讲求'天下一家'，主张民胞物与、协和万邦、天下大同，憧憬'大道之行，天下为公'的美好世界。……世界各国人民应该秉持'天下一家'理念，张开怀抱，彼此理解，求同存异，共同为构建人类命运共同体而努力。"①因此，推动中国文化"走出去"，必须在树立文明交流互鉴观的基础上，不断提高国际传播能力，提升国家形象，文化对外传播是展示中国作为"世界和平的建设者、全球发展的贡献者、国际秩序的维护者良好形象"②的一个重要方式，将为中国特色社会主义事业建设、中华民族伟大复兴营造良好的内外发展环境，具有重大的时代价值和历史意义。

当前，我国中华文化对外传播的成效与时代要求之间还存在一定的差距，中华文化对外传播的研究与发展面临系列问题，在文化传播方面就存在传播理念落后、传播内容脱节、传播方式单一、传播机制不畅等问题，其症结在于"文化总量"与"文化转化""文化传播"之间脱节，还不能满足当前讲好中国故事、传播好中国声音、提高国家形象和影响力的需求。因此，研究中华文化对外传播的叙事体系，提出中华文化海外传播的新语法、新思维、新方案，对于推动中华优秀传统文化的创造性转化和创新性发展，对于提升中国文化软实力和建设社会主义文化强国，助力以中国式现代化推进中华民族伟大复兴，共同构建人类命运共同体，具有理论与现实作用，能够为人类文明新发展格局贡

---

① 《习近平出席中国共产党与世界政党高层对话会开幕式并发表主旨讲话》，人民网，http://cpc.people.com.cn/n1/2017/1202/c64094-29681323.html. 2017-12-02。

② 李建军：《关于提升中华文化对外传播能力的思考》，《暨南学报（哲学社会科学版）》，2017年第7期。

献中国智慧和中国力量。

第一节　什么是中华文化

在中华文化对外传播中讲好中国故事的前提，是理解什么是"中国故事"，即对外传播中的中华文化具体指什么。理解中华文化首先要理解好文化与文明之间的关系，可以说，文明与文化都在人文社科领域的范畴，同中有异又关系复杂，因此，对于二者的内涵与外延，国内外学术界都有视角和立场不同的丰富论述，弄清楚什么是中华文化应先从文明与文化的同与异出发，从而对文化传播的主要内容和目的意义形成更加清晰的认识。

一、文明与文化的同与异

（一）什么是文化

文化（culture）的本义是栽培、耕作，是指相对于自然而言，经过人的加工创造的事物。《辞海》中对文化的解释有四重涵义，其一是"广义指人类在社会实践过程中所获得的物质、精神的生产能力和创造的物质、精神财富的总和。狭义指精神生产能力和精神产品，包括一切社会意识形式：自然科学、技术科学、社会意识形态。有时又专指教育、科学、文学、艺术、卫生、体育等方面的知识与设施。"对此，《辞海》提出，文化具有历史的传承性、阶级性、民族性、地域性和多样性，是一定社会的政治和经济的反映，也给予一定的政治和经济巨大影响。这一论述吸收了马克思主义的观点，即"一定的文化是一定社会的政治和经济在观念形态上的反映"。文化的第二层含义是"泛指一般知识，包括语文知识"；第三层含义是指，"中国古代封建王朝所施的文治和教化的总称。"比如王融在《曲水诗序》中说道："设神理以景俗，敷文化以柔远。"第四层含义是指，"考古学上指同一个历史时期的不依分布地点为转移的遗迹、遗物的综合体。"如仰韶文化、龙山文化等。① 后面这两层含义使文化

---

① 《辞海》，第六版，上海：上海辞书出版社，2011年版，第4667页。

的所指更具有历史厚重感，偏向于与现代文明对应的传统文化。

英国文化人类学家泰勒在《原始文化》中提出，"文化或文明，就其广泛的民族学意义来说乃是包括知识、信仰、艺术、道德、法律、习俗和任何人作为一名社会成员而获得的能力和习惯在内的复杂整体。"① 美国文化人类学家克罗伯（A. L. Krober）和克拉柯亨（Clyd-Kluchohn）在《文化：概念和定义的批判性回顾》中提出，"文化是包含各种外显或内隐的行为模式；它通过符号的运用使人们习得及传授，并构成人类群体的显著成就，包括体现于人工制品中的成就；文化的基本核心包括由历史衍生及选择而成的传统观念，尤其是价值观念；文化体系虽可被认为是人类活动的产物，但也可被视为限制人类作进一步活动的因素。"② 因此，文化的产生与存在主要取决于人。《大英百科全书》对于文化（culture）的解释是："文化，智人特有的行为，以及作为这种行为的组成部分的物质对象。因此，文化包括语言、思想、信仰、习俗、规范、制度、工具、技术、艺术作品、仪式和典礼，以及其他元素。文化的存在和使用取决于人类独有的能力。"③ 康德提出"文化乃是人作为有理性的实体，为了一定的目的而进行的有效地创造。"④ 我国名家学者对文化的论述也与人的作用息息相关，如孙中山曾提出，"文化是人类为了适应生存要求和生活需要所产生的一切生活方式的综合和他的表现"。⑤ 梁启超也提出"文化者，人类心能所开释出来之有价值的共业。"⑥ 张岱年提出"所谓文化包含哲学、宗教、科学、

① 王汝良，侯传文：《"文化"与"文明"综辨》，光明网，https://www.gmw.cn/xueshu/2022-02-24/content_35542261.htm. 2022-02-24。

② 姜义华，朱子彦主编，《中华文化通识》，北京：北京大学出版社，2018 年版，第 10 页。

③ https://www.britannica.com/topic/culture，查询时间：2024 年 2 月 27 日。

④ ［德］康德：《判断力批判》（下），韦卓民译，北京：商务印书馆，1985 年版，第 95 页。

⑤ 邬昆如：《文化哲学讲录》（二），台北：台湾东大图书有限公司，1982 年版，第 155 页。

⑥ 葛懋春，蒋俊：《梁启超哲学思想论文集》，北京：北京大学出版社，1984 年版，第 392 页。

技术、文学、艺术以及社会心理、民间风俗等"①。陈炎认为，所谓"文化"，是指人在改造客观世界、协调群体关系、调节自身情感过程中所表现出来的时代特征、地域风格和民族样式。姜义华等认为，文化分为三个层面，精神文化、物质文化、制度文化层面，其中，广义的文化是物质文化，是指精神、观念、意志、情感的物化形态，或物质生产和物质生活中的文化内涵，包括人类为满足生活和生存发展进行的物质创造活动及其文化产品。②譬如考古学家对"文化"的使用就是从不同地域的出土文物的风格和样式入手的。③王汝良等认为文化的广泛定义是"文化即人化"，指的是人类的一切活动及其成果。钱穆提出，中国古人很早就有文化的观念，"即是超出于政治、经济、军事、外交、法律，以及宗教、艺术、文学、哲学一切之上，对于人类大群体生活早有一个涵盖一切的观念了。"④

因此，文化的产生与人类生产生活活动及成果紧密相关，广义的文化可包括物质、制度、习俗、精神等多个层面，体现为语言、文字、思想、艺术、信仰、风俗等多种形式，而狭义的文化主要是在精神层面，每一种文化都具有传承历史与呼应时代的核心观念。

（二）什么是文明

文明（civilization）一词源于古拉丁文，本义是城市居民，是相对于野蛮和原始而言。中国古代经典中也有关于文明的来源，《易经·贲卦》的《彖辞》中说，"刚柔交错，天文也。文明以止，人文也。关乎以察时变，观乎人文以化成天下。"还有《小戴礼记·乐记篇》中也说道，"情深而文明"，与西方的文明词义都相符合。因此钱穆说"故文明实即是人文。"⑤《辞海》的阐释较为

---

① 张岱年：《文化与哲学》，北京：教育科学出版社，1988 年版，第 82 页。

② 姜义华，朱子彦主编：《中华文化通识》，北京：北京大学出版社，2018 年版，第 13 页。

③ 陈炎：《"文明"与"文化"》，《光明日报》，2011 年 5 月 30 日。

④ 钱穆：《中华文化十二讲》，北京：九州出版社，2017 年版，第 6 页。

⑤ 钱穆：《中华文化十二讲》，北京：九州出版社，2017 年版，第 5 页。

简单，其一是指"光明，有文采。"其二是指"文治教化"，其三是指"社会进步，有文化的状态"，其四是"唐睿宗年号（公元 684 年）"①福泽渝吉在《文明论概略》第三章中阐释道，文明是一个相对的词，范围是无边无际的，文明的涵义既可以广义、又可以狭义。"若按狭义来说，就是单纯地以人力增加人类的物质需要或增多衣食住的外表装饰。若按广义解释，那就不仅在于追求衣食住的享受，而且要砺智修德，把人类提高到高尚的境界"。②因此，他关于广义的文明的定义包括物质和精神领域的发展进步，狭义的文明则限制物质领域，而且强调人民的道德和智慧在文明发展中特别重要。陈炎提出，所谓"文明"，"是指人类借助科学、技术等手段来改造客观世界，通过法律、道德等制度来协调群体关系，借助宗教、艺术等形式来调节自身情感，从而最大限度地满足基本需要、实现全面发展所达到的程度"。③从学者们的论述来看，文明主要是相对于野蛮和原始而言，文明涉及的范围广，包含的内容多，应用的领域宽。

关于世界文明的多样性，德国哲学家雅斯贝尔斯在《历史的起源与目标》一书中提出"轴心文明"概念，认定为人类文化做出巨大贡献的四个轴心文明是希伯来—基督教—伊斯兰文明，希腊文明，印度文明和中华文明。古希腊、以色列、印度和中国出现的思想家如苏格拉底、柏拉图、孔子、老子、释迦牟尼等都对人类社会普遍关切的问题提出独到看法并形成了不同的文化传统和轴心文明；英国历史学家汤因比在《历史研究》一书中总结提出人类社会曾经形成了 21 种文明形态，包括一些已经消失的亚文明和现存的主流文明；亨廷顿在《文明的冲突》中提出梅尔科总结 12 个主要文明（其中美索不达米亚文明、埃及文明、克里特文明、古典文明、拜占庭文明、中美洲文明、安第斯文明等 7 个已经不复存在，中国文明、日本文明、印度文明、伊斯兰文明和西方文明等 5 个仍然存在）是人们合理的共识后，他还在依然存在文明当中，增加了

①《辞海》，第六版，上海：上海辞书出版社，2011 年版，第 4671 页。

②［日］福泽渝吉：《文明论概略》，北京：商务印书馆，2009 年版，第 32 页。

③ 陈炎：《"文明"与"文化"》，《光明日报》，2011 年 5 月 30 日。

东正教文明、拉丁美洲文明，可能还有非洲文明①。从学者们的论述来看，在人类社会发展和文明进步当中发挥了重要作用的核心文明应该是公认的四种，"中华文明、印度文明、欧美基督教文明、伊斯兰文明作为国际社会公认的四大'轴心文明'"②。可以说，在广阔历史中，人类文明各美其美、美美与共。

（三）文化与文明的关系

对于文化与文明二者的关系，有的学者将它们看作同义词或者近义词，都是人类活动及其成果，只是在不同情境下被使用的不同。"19世纪德国的思想家描述了文明和文化之间的明显区别，前者包括技巧、技术和物质的因素，后者包括价值观、理想和一个社会更高级的思想艺术性、道德性"，但这种观点在其他地方并没有被接受③。钱穆认为，"文化"二字本是从英文翻译过来的，是因为德国人不满意用从希腊文演变而来的 Civilization 用作文化，便另造了 Culture 一词，前者主要是偏近城市生活，意义重在"物质"方面，而后者偏近田野农作方面，"这是说一切人的生活和文化，主要不从外面传来，却从自己内里长出，有它本身的生命"④。泰勒在《原始文化》中就将文化与文明看作同义词，有的学者则将二者进行了范围大小或时间先后的区分。如汤因比提出，文明包含政治、经济、文化三个方面，其中文化构成一个文明社会的精髓⑤。塞缪尔·亨廷顿认为，"文明和文化都涉及一个民族全面的生活方式，文明是放大了的文化。它们都包括'价值观、准则、体制和在一个既定社会中历代人赋予了头等重要性的思维模式'"。他还综合了布罗代尔、沃勒斯坦、道

---

① ［美］塞缪尔·亨廷顿：《文明的冲突》，周琪，等译，北京：新华出版社，2017 年版，第 30 页。

② 齐勇锋：《中华民族伟大复兴的文化根基和历史使命》，《中国特色社会主义研究》，2014 年第 2 期。

③ ［美］塞缪尔·亨廷顿：《文明的冲突》，周琪，等译，北京：新华出版社，2017 年版，第 25 页。

④ 钱穆：《中华文化十二讲》，北京：九州出版社，2017 年版，第 3-4 页。

⑤ ［英］阿诺·汤因比：《历史研究》，刘北成，郭小凌译，上海：上海人民出版社，2005 年版，第 43 页。

森、涂尔干、毛斯、施本格勒、汤因比、梅尔科等人关于文明的定义和看法，指出文明是一个文化实体，是包容广泛的，是一个整体。① 而亨廷顿是以宗教作为界定不同文明的主要标志，来划分冷战之后世界的八大文明，这与四大文化圈的划分极相类似：以基督教文化为主体的欧美文化圈，以儒、释、道文化为主体的东亚文化圈，以印度教和佛教文化为主体的南亚文化圈，以伊斯兰文化为主体的西亚北非文化圈。王汝良等认为，文化先于文明，文明是文化发展到一定阶段的产物，有了人才有文化创造，文化积淀到一定程度，形成了改造自然、社会和自身的一定程度的成果，在政治、经济、意识形态和文化教育上有了城市化、阶层化、仪式化的文明标志，才算进入文明社会。② 因而大多数学者赞同，文明的范围比文化更大。还有的学者从形式和内容、物质与精神、褒义与中性来区分文明与文化，如钱穆认为，"大体文明文化，皆指人类群体生活而言。文明偏在外，属于物质方面。文化偏在内，属精神方面。"但有学者意见则相反，认为"文明是文化的内在价值，文化是文明的外在形式。"③ 文明通过文化而实现，文化借助文明而具有意义。有学者提出，"文化是人类在历史发展过程中所创造的精神和物质财富的总和，其狭义的概念是指意识形态。文明则是相对野蛮而言，是指在文化发展成果基础上人类某一族群（或国家）的发展程度及其与其他群体相区别的基本特征。文化是中性的、变化的，文明则是褒义的、相对稳定的。"④

因此，文明与文化二者的关系综辨，尚无法用三言两语辨明，需结合具体需要具体语境进行探究，既不能从物质与精神出发进行区别，也不能从大小、范围进行区分。总体而言，文明与文化是相互交叉、息息相关的一对术语，在

---

① ［美］塞缪尔·亨廷顿：《文明的冲突》，周琪，等译，北京：新华出版社，2017 年版，第 25-26 页。

② 王汝良，侯传文：《"文化"与"文明"综辨》，光明网，https://www.gmw.cn/xueshu/2022-02/24/content_35542261.htm.2022-02-24。

③ 陈炎：《"文明"与"文化"》，《光明日报》，2011 年 5 月 30 日。

④ 齐勇锋：《中华民族伟大复兴的文化根基和历史使命》，《中国特色社会主义研究》，2014 年第 2 期。

大多数语境下是可以通用的，在二者发挥作用不同、需要严格区分的特殊情况下则必须注意二者的区别。

二、中华文明与中华文化

中华文明源远流长、中华文化博大精深，习近平总书记在 2023 年文化传承发展座谈会上强调"文化关乎国本、国运"，并深刻阐释了文化与文明的内在关系，他指出，"中华优秀传统文化有很多重要元素"，共同塑造出中华文明的突出特征①。因此，中华文明和中华文化都具有长远的发展历史和丰富的内容体系，而中华文明相对于中华文化而言更加具有系统性、综合性，中华文化当中的核心元素与中华文明的突出特征是相互对应的。

（一）中华文明

在世界文明多样性发展的历程中，习近平总书记强调："每一种文明都延续着一个国家和民族的精神血脉，既需要薪火相传、代代守护，更需要与时俱进、勇于创新。"②而中华文明需要中华民族和中国人民持续发扬光大。习近平总书记在《把中国文明历史研究引向深入 增强历史自觉坚定文化自信》一文中指出，"中华文明源远流长、博大精深，是当代中国文化的根基，是维系全世界华人的精神纽带，是中国文明创新的宝藏。"中华民族走过了不同于世界其他文明体的发展历程，形成了中华文明多元一体的格局。③他在文化传承发展座谈会上总结了中华文明的五个突出特征，即具有突出的连续性、突出的创新性、突出的统一性、突出的包容性、突出的和平性。他深刻提出，中华文明是世界上唯一绵延不断且以国家形态发展至今的伟大文明，是革故鼎新、辉光日新的文明，中华文明长期的大一统传统，形成了多元一体、团结集中的统一性，从来不用单一文化代替多元文化，而是由多元文化汇聚成共同文化，化解

① 习近平：《在文化传承发展座谈会上的讲话》，《求是》，2023 年第 17 期。

②《习近平在联合国教科文组织总部的演讲（全文）》，中国政府网，https://www.gov.cn/xinwen/2014-03/28/content_2648480.htm.2014-03-28。

③ 习近平：《把中国文明历史研究引向深入 增强历史自觉坚定文化自信》，《求是》，2022 年第 14 期。

冲突，凝聚共识，和平、和睦、和谐是中华文明五千多年来一直传承的理念，主张以道德秩序构造一个群己合一的世界，在人己关系中以他人为重①，这些都是中华文明的独特优势特征。正如钱穆在《中国历代政治得失》中所强调的那样，"罗马帝国亡了，以后就再没有罗马。唐室覆亡以后，依然有中国，有宋有明有现代，还是如唐代般，一样是中国。"②

亨廷顿在《文明的冲突》中文版序言中就提出，"中国文明是世界上最古老的文明，中国人对其文明的独特性和成就亦有非常清楚的意识。"③因此，他把中华文明作为当代世界的主要文明进行列举，并强调了中华文明的历史厚重性和内容独特性。从学术界对中华文明的阐述来看，中华文明的历程久远、范围广泛、内涵深厚，大多都只能从一个视角或者部分视角来描述，而无法窥探出其全貌。首先，从中华文明的发展史来看，对中华文明的概括最为全面的是袁行霈等主编的《中华文明史》，一共4册，将文明分解为物质文明、政治文明和精神文明三个方面。对应人与自然的关系、人类社会的组织方式以及人的心灵世界，放眼世界文明格局，从中华文明发展的四个时期出发，描述了各个时期中华文明中的特色亮点、重要人物、关键因素，揭示了文明发展的规律经验。武斌在《中华文明养成记》中介绍了中华文明从诞生到发展壮大的过程，分别围绕农业文明、组织制度、文化形态、知识群体、学术思想等方面探讨中华文明的嬗变过程。张岂之、王巍、杨圣敏等撰写的《中华文明十二讲》提出中华民族有5000多年的文明史，文献典籍保证了中华文明根脉的传承发展，中华文明中包含了独特的科学精神，中华文明是中华民族之魂。其次，从中华文明的核心价值观念来看，陈来在《中华文明的核心价值》当中论述了中华文明的哲学基础、中华文明的价值观与世界观，以及国学从古至今的流变等。

---

① 习近平：《在文化传承发展座谈会上的讲话》，《求是》，2023年第17期。

② 钱穆：《中国历代政治得失》，北京：生活·读书·新知三联书店，2012年版，第74—75页。

③ ［美］塞缪尔·亨廷顿：《文明的冲突》，周琪，等译，北京：新华出版社，2017年版，第1页。

罗世琴、李京泽在《中华文明通论》当中，主要是围绕"经邦治世""文化信仰""社会生活"三方面的价值维度阐释中华文明，"经邦治世"主要是政治思想、法治理念等，"文化信仰"主要是天文人文、信仰宗教、家庭婚姻等，社会生活主要是文学、艺术、审美等，从而管窥中华文明的基本面貌和特点，彰显其特性。再次，从中华文明的主要内容来看，王永鸿、周成华主编的《中华文明千问》当中的内容包括了思想与哲学、历史风云、文学、艺术、科技教育医学、鉴赏收藏、道教佛教、建筑奇葩、传统风情等。刘东主编的《中华文明读本》当中列举的中华文明主要内容，包括信仰与哲学、社会与阶层、都市与建筑、水利与交通、文学与艺术、学术与教育、科技与工艺、医学与颐养、烹调与饮食、器物与玩好、兵法与武备、疆域与物产等。以上学者的著作，都坚持从自身的逻辑体系出发对中华文明进行了较为精炼或者全面的概括，但是对于渊源深厚、体量巨大的中华文明来说，根本不是一部著作抑或是一套书籍可以概述清楚的。

因此，新征程上，为了进一步坚定文化自信，习近平总书记强调要将中国文明的历史研究引向深入，"进一步回答好中华文明起源、形成、发展的基本图景、内在机制以及各区域文明演进路径等重大问题。"① 同时，也要同步做好我国"古代文明理论"和中华文明探源工程研究成果的宣传、推广、转化工作，深化研究中华文明特质和形态，以此来推动文明交流互鉴。因此，对中华文明的历史渊源、主体内容、精神特质以及未来发展的研究探索，仍有巨大的延伸空间，而对中华文明的深入研究，是为了更好地建设中华文明的时代篇章。

（二）中华文化

中华文化博大精深，在不同语境下，也可称为中国文化、中华传统文化等，而中华优秀传统文化是中华文明的智慧结晶和精华所在，是中华文化当中的优良精髓，是对外传播的主体内容。习近平总书记2013年到山东曲阜孔

---

① 习近平：《把中国文明历史研究引向深入 增强历史自觉坚定文化自信》，《求是》，2022年第14期。

府和孔子研究院考察时提出传承发展中华优秀传统文化，就在新时代鸣响了传承发展中华优秀传统文化的号角。他郑重提出，"一个国家、一个民族的强盛，总是以文化兴盛为支撑的，中华民族伟大复兴需要以中华文化发展繁荣为条件"①。由此，以习近平同志为核心的党中央高度重视中华优秀传统文化，先后提出文化自信是最基本、最深沉、最持久的自信，使文化自信成为道路、理论、制度、文化四个自信之一，提出中华优秀传统文化是中华民族生生不息、发展壮大的精神滋养，是中华民族的根与魂，要推动其创造性转化和创新性发展（可简称为"两创"），推动马克思主义基本原理同中华优秀传统文化相结合（可简称为"两个结合"），习近平新时代中国特色社会主义思想是中华文化和中国精神的时代精华等重大科学论断，推动形成了指导新时代中华文化的传承和发展工作的习近平文化思想。

党的十八大以来，习近平总书记多次在重要场合中阐释了中华优秀传统文化的核心精神和元素。他在2014年2月主持政治局集体学习时，总结中华优秀传统文化的精神是"讲仁爱、重民本、守诚信、崇正义、尚和合、求大同"。楼宇烈认为，这六个方面体现了中华传统文化的天下性、道德性、社会主义性②。中华优秀传统文化始终是中华民族的精神命脉，习近平总书记强调，"求木之长者，必固其根本；欲流之远者，必浚其泉源"，中华优秀传统文化是我们在世界文化激荡中站稳脚跟的坚实根基。他在2014年召开的文艺工作座谈会上指出，外国人拍摄的《功夫熊猫》《花木兰》等影片不就是从中华文化当中找到素材和灵感的吗？③因此，让中华文明的影响力、凝聚力、感召力充分地展示出来，就要推动中华优秀传统文化创造性转化、创新性发展，让中华文明同各国人民创造的多彩文明一道，为人类提供正确精神指引。因此，中华文

---

① 《新设计师习近平·文化篇》，人民网，http://politics.people.com.cn/n/2014/1115/c1001-26032453.html.2014-11-15。

② 楼宇烈：《中华优秀传统文化的核心思想》，《人民教育》，2020年第Z3期。

③ 《习近平：在文艺工作座谈会上的讲话》，中国政府网，https://www.gov.cn/xinwen/2015-10/14/content_2946979.htm.2015-10-14。

化对外传播是新时代党和国家的重大战略举措和历史使命。正如习近平总书记在 2016 年哲学社会科学工作座谈会上提出的，不仅要让世界知道"舌尖上的中国"，还要知道学术中、理论中、哲学社会科学中、发展中、开放中的中国，为人类文明作贡献的中国。习近平总书记在中国文联十大、中国作协九大开幕式上提出，中华文化既是历史的、也是当代的，既是民族的、也是世界的，因为我们要创作更多体现中华文化精髓、反映中国人审美追求，同时传播当代中国价值观念、又符合世界进步潮流的优秀作品[①]，这样才能把中华优秀传统文化的精神标识向世界展示出来。2022 年 10 月，习近平总书记在党的二十大上，总结了中华优秀传统文化当中蕴含的精华，包括"天下为公、民为邦本、为政以德、革故鼎新、任人唯贤、天人合一、自强不息、厚德载物、讲信修睦、亲仁善邻等"。[②]2023 年 6 月，习近平总书记在文化传承发展座谈会上总结了中华优秀传统文化的重要元素，这些核心元素和思想理念等，是概括中华优秀传统文化最为全面的表达。

对此，学术界从中华优秀传统文化的重要元素出发，对中华文化和中华优秀传统文化进行了深入阐释。对于中华优秀传统文化的概念，钱穆认为，中国文化是"人本位"的，以"人文"为中心的。有的学者提出，"一般意义上讲，中华传统文化是以儒家学说为核心，以中国封建社会意识形态为主体而形成的中华历史文化的总称。"[③] 有的认为，"中华传统文化是文明演化而积累的一种反映中华民族特质的文化，是以儒家文化为内核，与道教文化、佛教文化同时并存的文化形态。"[④] 楼宇烈认为，"与西方文化相比，以人为本的人文精神是中国文化最根本的精神。""以人为本的中国文化是中华民族对人类的一项重要

---

① 《习近平著作选读》第一卷，北京：人民出版社，2023 年版，第 539 页。

② 《中国共产党第二十次全国代表大会文件汇编》，北京：人民出版社，2022 年版，第 16 页。

③ 王桂兰：《当代中国文化生态初论》，北京：人民出版社，2019 年版，第 123 页。

④ 单培勇：《赓续、转化：唐代至近代国民素质与素质文化演进》，北京：人民出版社，2021 年版，第 3 页。

贡献。"① 有的提出，"中华传统文化主要表现为以儒家学说为代表的关于人和社会的认识及相应的社会行为规范。"② 印度学者谭中也认为，"中国传统文化对世界文明做出了杰出的贡献。中华文明是一盏从未熄灭并永远照亮人类的明灯。"③ 瑞典汉学家林西丽提出"中国文化具有独特的人文价值，这些特点在当今世界犹自散发着独特的人文光辉。"④ 她列举了天文、工程、数学、科技、医药等方面中华文化为推动欧洲发展的成就与帮助。

对于中华优秀传统文化的具体内容。《中华文化公开课》系列丛书，分别讲述了礼仪文化、茶文化、民俗文化、考古文化、商业文化、军事文化、科技文化、生肖文化、文学史、饮食文化、酒文化、文化遗产、哲学史、政治文化、文化艺术和文化名人等。钱穆在《中华文化十二讲》当中，重点论述了中国文化中性道合一论的中心思想，人和人伦、理想之人的生活、民族与文化、文化的进退升沉、中国文化与世界人类的前途，中华文化中的最高信仰与终极理想、中庸之道、武功与武德等。楼宇烈在《中华文化的感悟》当中主要谈及的是儒家的礼教与信仰、中华传统文化中的天人合一、中华文化中的价值观与生命观、中国智慧和中国的品格等等。《中华文化通识》一书中，从"中华"词源解析开始，将中华文化当中多元一体、天人合一、人文化成、星汉灿烂、格物成器、礼仪之邦、东方神韵、四海一家、诸教会通、文化遗产等核心理念和主要内容进行了详细的阐释⑤。《中华文化要义读本》当中，重点阐述了儒家的圣贤气象、道家的逍遥与"归真"、佛教的智慧与觉悟、中医的"天人合一"与"一气周流"，作者提出，对中华民族自身发展而言，传承中华文化关涉国基永固，而放眼全球，中华文化有能力为整个人类发展提供中国智慧，因为有

---

① 楼宇烈：《中国文化的根本精神》，北京：中华书局，2016 年版，第 46 页。

② 曹志瑜：《中华优秀传统文化时代定位的内涵、意义和关联》，《中学政治教学参考》，2019 年第 7 期。

③ ［印］谭中，耿引曾：《印度与中国：两大文明的交往和激荡》，北京：商务印书馆，2006 年版，第 14 页。

④ 李舫：《外国学者眼中的中国文化》，《人民日报》，2011 年 10 月 4 日。

⑤ 姜义华，朱子彦主编：《中华文化通识》，北京：北京大学出版社，2018 年版，第 1 页。

超出国界的世界意义。① 学者们将仁爱、民本、诚信、正义、和合、大同作为传播中华优秀传统文化、复兴中华文明的核心思想，编写成《中华优秀传统文化教育读本》，从理论概述、经典选编、经典故事三个方面形成了《仁爱：中华文化的核心力量》《民本：中华文化的价值追求》《诚信：中华文化的做人准则》《正义：中华文化的道德原则》《和合：中华文化的独特品质》《大同：中华文化的社会理想》等书籍。这些研究成果，都从不同视角展现了中华文化丰富多彩的内容体系。

正如《中华文化通识》中总结的，"中华文化是在中华的自然环境、经济结构、价值取向、心理素质、宗教观念、文字选择以及众多民族共同生活的基础上孕育涵养、成长发展的，是中华民族的物质财富和精神之源。"② 中华文化是中华民族五千年来智慧、感情、意志和能力的结晶，是全体中国人民共同的精神纽带和思想资源，是带领我们从历史走向现代，从本土走向世界的宝贵财富。

第二节　文化软实力与文明互鉴观

理论指导是实践探索的基础，开展中华文化对外传播的叙事体系研究，首先要进行理论探索。在中华文化对外传播这一研究中，两个核心概念就是"文化软实力"和"文明互鉴观"，没有对文化软实力的认识，就无法理解文化交流与传播的重要性，没有一个文明互鉴观的指导，就不能正确地引导文化交流与传播活动。新时代在坚持把马克思主义基本原理同中华优秀传统文化相结合的要求下，国际学术界关于文化软实力的理论阐释和马克思主义的文明互鉴观是中华文化对外传播的思想来源，在马克思主义指导下中国共产党继承发展了文化软实力和文明互鉴观的思想，作为指导中华文化对外传播研究的理论核心和基石。

---

① 郭继承：《中华文化要义读本》，北京：中华书局，2019 年版，第 12-16 页。
② 姜义华，朱子彦主编：《中华文化通识》，北京：北京大学出版社，2018 年版，扉页。

一、文化软实力

历史雄辩地证明，古今中外的大国强国，无不是兼具硬实力和软实力的国家。马克思主义经典作家认为文化是一种生产力，而"软实力"和"文化软实力"的概念及理论研究是从上个世纪末才开始的，软实力是文化和意识形态吸引力所体现出的强大力量，因为其在全球化背景下对于国家综合实力和文化竞争力的重要性，得到广泛而强烈的关注。

（一）马克思主义经典作家关于文化生产力的论述

马克思主义经典作家的思想中包含了文化是一种生产力、文化具有重要引领力的理论，是推动文化交流、文明互鉴的思想理论渊源。马克思、恩格斯认为，文化是社会有机体重要组成部分。马克思提出，"不应当忽视：政治、法、哲学、宗教、文学、艺术等等的发展是以经济发展为基础的。但是，它们又都互相作用并对经济基础发生作用。"①因为社会是一个有机的整体，经济状况是基础但不是唯一的，文化是社会有机体的重要组成部分，且文化一经产生，具有"相对独立的形式"。马克思认为文化本身也是一种生产力，指出："宗教、家庭、国家、法、道德、科学、艺术等，都不过是生产的一些特殊的方式，并且受生产的普遍规律的支配。"②他在《德意志意识形态》当中直接提出了"精神生产"概念，指出精神生产在一般意义上指的是"思想、观念、意识的生产"和"观念、思维、人们的精神交往"的生产，以及"表现在某一民族的政治、法律、道德、宗教、形而上学等的语言的精神生产"。③列宁认为文化落后可能会产生严重的政治后果，因此他高度重视国家文化力量的重要地位作用，他指出人类历史上许多民族曾一度是军事上的"征服者"，但文化落后之后又成为了"被征服者"，因此"如不注意努力提高自身的文化水平，就有可能导致执政的失败。"④列宁强调，社会主义不仅仅停留在政治革命、经济制度

①《马克思恩格斯选集》第4卷，北京：人民出版社，1995年版，第732页。
②《马克思恩格斯选集》第3卷，北京：人民出版社，1995年版，第298页。
③《马克思恩格斯选集》第4卷，北京：人民出版社，1995年版，第72页。
④《列宁全集》第33卷，北京：人民出版社，1957年版，第254页。

建设上，还要创造出高于资本主义社会的新型文明。安东尼奥·葛兰西作为"文化领导权"理论的提出者，强调无产阶级应首先掌握文化领导权才能最终获得政治领导权。"无产阶级政党的一项重要使命就是通过构建以马克思主义意识形态为核心的文化领导权，寻求精神'认同'，来赢得夺取政权和执政的合法性。"① 马克思主义经典作家们对文化的产生、文化的重要作用以及提升文化水平和领导权的相关论述，是中国共产党在传承中华优秀传统文化、推动社会主义先进文化建设的理论源泉。

（二）文化软实力的提出与理论发展

20 世纪 90 年代，约瑟夫·奈（Joseph Nye）提出"软实力"的概念，软实力逐渐成为国家综合国力的主要内容和重要指标受到全世界的广泛关注，他在《软实力》《软实力：世界政坛成功之道》《硬权力与软实力》《注定领导世界：美国权力性质的变迁》等作品中提出，"软实力资源"主要包括"文化吸引力、意识形态和国际机构"②，软实力"是一种更高远的控制与影响力，它源于文化（在能对他国产生吸引力的地方起作用）、政治价值观（当它在海内外都能真正实现这些价值时）及外交政策（当政策被视为合法）"③ 等观点，并逐渐发展了"文化软实力"的理论和概念。对于软实力的研究，学术界较为权威的成果和观点有：美国政治学家彼得·巴克莱奇和摩尔顿·拜拉茨在美国的《政治学评论》杂志上发表《权力的两张面孔》对文化软实力进行分析；国际政治理论家汉斯·摩根索在《国际纵横策论：争强权，求和平》中提出文化隐身于政治、军事力量背后，为国家"硬实力"呐喊助威；德国社会学家、哲学家马克斯·韦伯指出，文化是人类社会发展的深层原因，体现国家的文明程度，在国家发展中发挥着重要作用；美国学者塞缪尔·亨廷顿在《文化的重要

① 张士海：《论苏共"文化领导权"的历史流变及其现实启示》，《江西师范大学学报》，2011 年第 6 期。

② ［美］约瑟夫·奈：《注定领导世界：美国权力性质的变迁》，北京：中国人民大学出版社，刘华译，2012 年版，第 159 页。

③ Nye, J. S., Soft Power: The Means to Success in World Politics, Public Affairs, 2004, p.2, p.11.

作用——价值观如何影响人类进步》以及《文明的冲突与世界秩序的重建》中阐述未来国际冲突的根源是文化的因素，他提出，文明的冲突强调"文化在塑造全球政治中的主要作用，它唤起了人们对文化因素的注意，而文化因素长期以来一直为西方的国际关系学者所忽视"①；加拿大学者马修·费雷泽在著作《软实力：美国电影、流行乐、电视和快餐的全球统治》中提出，软实力体系在美国成为世界超级大国中发挥了巨大作用；法国哲学家、社会思想家米歇尔·福柯认为，话语即权力，与文化软实力紧密相关的是话语权。王沪宁在1993年发展约瑟夫·奈的思想时就强调，文化是软实力的核心和传播的重要性，认为"只有当一种文化广泛传播时，'软权力'才会产生越来越强大的力量"②。自此，对文化软实力的重视和研究逐渐增强增多，文化软实力作为国家综合实力和国家影响力的重要标志成为文化研究的重点和热点。

（三）中国共产党对文化软实力的认识

中国共产党历来重视文化建设，发展了马克思、恩格斯、列宁关于文化生产力的思想，吸收了世界文化软实力的理论，创新提出提高国家软实力、增加文化自信自强的理论成果。毛泽东在1940年的《新民主主义论》中提出要建设新民主主义的文化，建设"新的文化力量"，"新的政治力量，新的经济力量，新的文化力量，都是中国的革命力量"③。1942年《在延安文艺座谈会上的讲话》中，他回答了文艺和文化工作的理论与实践问题，新中国成立后他提出了建设社会主义文化的"双百"方针，是社会主义革命和建设时期加强社会主义文化建设的理论指导。改革开放后，邓小平更加突出文化的地位作用，提出物质文明和精神文明建设要两手抓，两手都要硬。党的十二届六中全会上通过了《中共中央关于社会主义精神文明建设指导方针的决议》，其中明确："精神文明建设最重要的作用是为物质文明的发展提供精神动力，为社会主义的发展

---

① ［美］塞缪尔·亨廷顿：《文明的冲突》，周琪，等译，北京：新华出版社，2017年版，第2页。

② 王沪宁：《作为国家实力的文化：软权力》，《复旦学报（社会科学版）》，1993年第3期。

③《毛泽东选集》第2卷，北京：人民出版社，1991年版，第663页。

方向提供有力的思想保证。"① 江泽民进一步强调文化建设的重要性，认为"我们能不能继承和发扬中华民族的优秀文化传统，吸收世界各国的优秀文化成果，建设有中国特色社会主义的文化，这是事关中华民族振兴的大问题，事关建设有中国特色社会主义事业取得全面胜利的大问题。"② 胡锦涛在党的十七大报告中首次提出提高国家"软实力"的文化建设战略目标，并将民族复兴与文化繁荣联系起来，提出"文化越来越成为民族凝聚力和创造力的重要源泉、越来越成为综合国力竞争的重要因素"③。党的十八大以来，习近平总书记从实现"两个一百年"奋斗目标和中华民族伟大复兴的战略目标出发，明确"文化是一个民族的血脉，是人民的精神家园。""必须推动社会主义文化大发展大繁荣，兴起社会主义文化建设新高潮，提高国家文化软实力。"④ 他在2013年12月30日中央政治局集体学习会上发表重要讲话，主题就是"建设社会主义文化强国，提高国家文化软实力"，提出社会主义核心价值体系是文化软实力的灵魂，优秀传统文化是文化软实力的根基，提升国民素质是文化软实力增强的重要保证等重要论述，强调拓展文化产业，不断扩大中华文化的国际影响力⑤；他在党的十九大报告中，强调文化自信是一个国家、一个民族发展中更基本、更深沉、更持久的力量，应通过讲好中国故事，展现真实、立体、全面的中国，提高国家文化软实力；他在党的二十大报告中再次强调文化自信自强，应"巩固全党全国各族人民团结奋斗的共同思想基础，不断提升国家文化软实力和中华文化影响力。"⑥ 可以说，中国共产党人关于文化软实力的认识都是站在国家战

---

① 《十二大以来重要文献选编》（下），北京：人民出版社，1986年版，第1174页。

② 《江泽民文选》第1卷，北京：人民出版社，2006年版，第507页。

③ 《胡锦涛在中共第十七次全国代表大会上的报告全文》，中国政府网，https://www.gov.cn/ldhd/2007-10/24/content_785431.htm.2007-10-24。

④ 《习近平关于实现中华民族伟大复兴的中国梦论述摘编》，北京：中央文献出版社，2013年版，第64页。

⑤ 《习近平：建设社会主义文化强国 着力提高国家文化软实力》，人民网，http://cpc.people.com.cn/n/2014/0101/c64094-23995307.html.2014-01-01。

⑥ 《中国共产党第二十次全国代表大会文件汇编》，北京：人民出版社，2022年版，第36页。

略高度，站在中华民族发展的高度，站在为人类文明进步贡献中国智慧和力量的高度。

（四）文化软实力理论成为中华文化对外传播的指导

中华文化历史悠久、源远流长，对人类文明的进步具有重大的贡献，与世界文化一直相互影响、彼此交融。世界多极化、经济全球化和文化多元化背景下，各种思想文化交流、交融、交锋更加频繁，文化在综合国力竞争中的地位和作用更加凸显。当前来看，中华文化在国际竞争中还处于弱势地位，存在力量较弱、话语权缺失、文化误读等在对外交流当中处于失衡境地的瓶颈问题。西方国家的文化话语霸权，加上历史认知、价值观念、思维方式等方面的差异导致中国国家形象被误解、曲解，甚至产生"中国威胁论""中国责任论"等负面言论，使中国国家形象陷于排他性、对抗性和刻板印象的困境。究其原因，一方面是由于长期以来，在经济、政治、军事、文化领域占据主导地位的西方国家掌控了强大的话语权，形成了"西强我弱"的失衡的国际传播格局，而近现代以来中国人民和中华民族通过艰苦卓绝的努力才从国家蒙辱、人民蒙难、文明蒙尘的境地中走出来，一步步走向民族复兴的光明前景，仍处于并将长期处于社会主义初级阶段，与发达国家之间仍然存在较大差距，包括文化话语地位的差距；另一方面，是因为我国国际传播起步晚，传播水平不足，传播能力与大国地位和综合国力不匹配。习近平总书记曾说，"'落后就要挨打，贫穷就要挨饿，失语就要挨骂'。经过几代人不懈奋斗，前两个问题基本得到解决，但'挨骂'问题还没有得到根本解决。"[1]这就说明我们国家的文化软实力还没达到与综合国力和国际地位相匹配的地步，还存在很大的提升空间。

21世纪以来，随着中国综合实力的迅速提升，文化强国成为时代主题和重要目标之一。从党的十七大报告提出"提高国家文化软实力"战略以来，中国文化建设的目标不断提升到文化强国的高度，实施了一系列的重大战略举措。党的十八大以来，我国对外传播领域高度关注"话语权"，党的十九大报

---

[1] 习近平：《在全国党校工作会议上的讲话》，北京：人民出版社，2016年版，第20页。

告更加强调文化层面的话语权，这个"话语权"更多的是指话语权力，即话语的影响力。2016 年 2 月，在党的新闻舆论工作座谈会上习近平同志说道，虽然国际社会对我国的关注度呈现新高，但中国在世界的形象仍是"他塑"而非"自塑"，处于有理说不出、说了传不开的境地。习近平总书记在中共中央政治局第三十次集体学习中强调："加强国际传播能力建设，形成同我国综合国力和国际地位相匹配的国际话语权"①，党的二十大报告再次强调，"全面提升国际传播效能，形成同我国综合国力和国际地位相匹配的国际话语权。"②加强文化软实力和话语权成为中华文化对外传播的理论指导。2023 年 6 月召开的文化传承发展座谈会上，习近平同志再次强调，要秉持开放包容的态度，对内提升先进文化的凝聚力感召力，对外增强中华文明的传播力影响力 ③。

二、文明互鉴观

文明是社会进步与开化程度的标志，人类文明共同进步依靠各个国家和地区不同文明之间的平等相待、交流互鉴、和谐共存。然而由于地理环境、气候变化、政治制度、人文历史等方面的差异，西方文明与中华文明之间，中华文明与其他世界文明之间都存在文明的差异，对于文明多样性是交流还是排斥，是对抗还是互鉴，思想观念不一、实际表现不同。中华文化以其开放包容的精神特质更加注重文明之间的交流互鉴，在马克思主义中国化时代化中逐渐形成了习近平文化思想指导下的新时代文明互鉴观。

（一）中华文明与世界文明的文化差异

从泰勒到马克思·韦伯，再到塞缪尔·亨廷顿，都充分肯定文化的价值，文化的多样性、差异性和交流融合。塞缪尔·亨廷顿在《文明的冲突》中将世

---

① 《习近平在中共中央政治局第三十次集体学习时强调 加强和改进国际传播工作 展示真实立体全面的中国 》，新华网，http://www.xinhuanet.com/2021-06/01/c_1127517461.htm.2021-06-01。

② 《中国共产党第二十次全国代表大会文件汇编》，北京：人民出版社，2022 年版，第 38 页。

③ 习近平：《在文化传承发展座谈会上的讲话》，《求是》，2023 年第 17 期。

界文明形态进行分类，分别是西方基督教文明、儒教文明、伊斯兰文明、印度教文明、东正教文明、日本文明、拉美文明和可能存在的非洲文明八种，充分肯定了文明的多样性以及文明之间的相互交流。但是以基督教文明为主流的西方文明追求个体、独立、自由，与以儒家文明为主流的东方文明崇尚集体、团结、秩序迥然不同，"西方文明观蕴含的'对抗''利己'和'扩张'基因，是导致世界困境和矛盾的根源。"特别是工业革命以来，西方国家以其经济优势扩大文明影响力，掌控国际话语权，排斥其他文明形态，"文明之间断断续续的或有限的多方向的碰撞，让位于西方对所有其他文明的持续的、不可抗拒的和单方向的冲击。""汤因比严厉批评了表现在'自我中心的错觉'中的西方的'狭隘和傲慢'"①。在西方国家掌控的国际舆论场上，"文明冲突论"与"文明优越论"一起，长期居于世界文明论争主流。而长期占主导地位的西方文明中心主义价值观念阻滞了文明的发展与进步。德国著名学者贝克认为："历史上从来没有一个时代像今天这样让我们生活在矛盾之中，机遇与挑战、合作与冲突、风险与安全、和平与战争、丰裕与匮乏、流亡与安定、恐怖与反恐，人类正处于'文明的十字路口'。"②东方文明发展的历史则证明，中华文化自身的包容性、中华文化与其他文明的交流互鉴对话的传统推动了中华文化不断传承和发展。如佛教从印度到中国的发展，儒家文明在日本和韩国的传播，中西方文化在近现代历史上的交流融通等等。"丝绸之路从兴起到衰落，再到如今复兴的数千年间，虽偶有因文化差异导致的文明冲突，但其体现的文化交流与文明成果共享的理念始终是不变的主线。"③实现中华文化走出去可以更好地宣传中华文化当中"和而不同""美美与共"等根本思想观念，促进世界文明的交流互鉴。

---

① ［美］塞缪尔·亨廷顿：《文明的冲突》，周琪，等译，北京：新华出版社，2017 年版，第 37 页，第 44 页。

② ［德］乌尔里希·贝克：《风险社会》，何博闻译，南京：译林出版社，2004 年版，第 2 页。

③ 陆桂英：《"一带一路"战略对建设社会主义文化强国的现实意义》，《观察与思考》，2016 年第 7 期。

（二）马克思列宁主义关于文明交流互鉴的思想

马克思在对世界不同地区、不同民族文化的研究和分类的基础上，提出了人类文化发展多样性的观点，发展出文明交流互鉴的思想。在《共产党宣言》中马克思、恩格斯指出："过去那种地方的民族的自给自足和闭关自守状态，被各民族的各方面的互相往来和各方面的互相依赖所代替了。物质的生产是如此，精神的生产也是如此，各民族的精神产品成了公共的财产。民族的片面性和局限性日益成为不可能，于是由许多种民族的和地方的文学形成了一种世界的文学。""世界文化的到来打破了民族性和地域性文化的狭隘性，使得各民族的文化成为世界的精神财富。"①因此可以看出，马克思恩格斯充分认识到世界文化的多样性以及世界文化处于互相交流、借鉴融合的发展状态，这是推动人类发展进步的必然之路。在此基础上，马克思恩格斯形成了世界交往理论，提出"交往是人类第一个历史活动——物质生活资料生产的前提，是历史转变为世界历史和人类历史前后相继的不可或缺的根本条件""随着生产交往的世界化必然带来文化的世界化，这是一种必然的附带结果"②。他们又在《德意志意识形态》中论述了关于"世界交往"的思想，即"各民族的原始闭关自守状态则由于日益完善的生产方式、交往以及因此自发地发展起来的各民族之间的分工而消灭得愈来愈彻底，历史就在愈来愈大的程度上成为全世界的历史。"③根据马克思恩格斯的观点，人类的交往使世界不仅在物质上联系紧密，在政治、经济、文化上也逐渐加强，世界文化通过相互交往而向前发展，这是历史的、必然的。列宁在此基础上也主张不同文明之间要注重交流和互鉴，他认为，建设社会主义文化离不开对人类历史上一切有价值的优秀文化成果的学习、继承和借鉴。他提出："无产阶级文化应当是人类在资本主义社会、地主社会和官僚社会压迫下创造出来的全部知识合乎规律的发展。"④"马克思主义这一革命

①《马克思恩格斯选集》第1卷，北京：人民出版社，1995年版，第276页。

②《马克思恩格斯选集》第1卷，北京：人民出版社，1995年版，第276-277页。

③《马克思恩格斯全集》第3卷，北京：人民出版社，2002年版，第51页。

④《列宁专题文集·论无产阶级政党》，北京：人民出版社，2009年版，第281页。

无产阶级的思想体系赢得了世界历史性的意义，是因为它并没有抛弃资产阶级时代最宝贵的成就，相反却吸收和改造了两千多年来人类思想和文化发展中一切有价值的东西。"①马克思列宁主义理论为中国共产党的文明互鉴观提供了科学的正确的理论指导。

（三）中国共产党开放包容、兼收并蓄的文明互鉴观

马克思列宁主义提供了文明交流互鉴的观点和方法，体现出"民族文化就是世界文明"这样一种开放包容的态度，主张加强"世界交往"推动人类发展进步。借助于马克思主义的世界观和方法论，只有树立对外开放的包容心态，主动汲取人类文化发展历史上一切进步的文明成果，才能在实践中推动中华文化走向世界。而中华优秀传统文化当中"兼容并蓄"的突出包容性特征，也契合马克思主义文化互鉴的价值理念，推动形成了中国共产党开放包容、兼收并蓄的文明互鉴观。

中华人民共和国成立以来，中国共产党在建设社会主义文化当中注重对世界优秀文化的借鉴和吸收，也注重将中华文化主动推介给世界。毛泽东认为"近代文化，外国要比我们要高，要承认这一点"。②"我们的方针是，一切民族、一切国家的长处都要学，政治、经济、科学、技术、文学、艺术的一切真正好的东西都要学"③。他主张将人类优秀文明成果与中华文化相融合，古为今用、洋为中用，"向古人学习是为了现在的活人，向外国人学习是为了今天的中国人。"④这些理念与价值诉求充分体现了中国特色和中国胸怀，最终目的也是为了使中华文化能够在传承发展中发扬光大。邓小平提出的改革开放战略带领中国人民走向"富起来"，改革开放不仅仅是经济上的开放，也包括政治、文化方面的对外开放，向外国学习的同时发展中华文化和社会主义文化。中华文化对外传播应该在把握社会发展规律和文化发展规律的基础上，推动中华文

①《列宁选集》第4卷，北京：人民出版社，1995年版，第29页。
②《毛泽东著作选读》（下卷），北京：人民出版社，1986年版，第751页。
③《毛泽东著作选读》（下卷），北京：人民出版社，1986年版，第740页。
④《毛泽东著作选读》（下卷），北京：人民出版社，1986年版，第752页。

化真正"走出去"。邓小平指出，"要善于从其他国家和民族的文化中汲取营养，发展自己。我们讲借鉴，目的是通过经验和借鉴，使外来文化的精华，同我党的优良传统和革命精神有机结合在一起，并在新的实践上不断创新，建设和发展有中国特色的社会主义文化。"① 邓小平主张文化开放、文化包容，文化绝不能实行闭关主义，因为"中国的发展离不开世界。"② 因此，文化"引进来"和"走出去"是同等重要、相辅相成的，对外开放不仅是向外传播中华文化，把我国优秀文化推出去，同时也是学习、借鉴别国成功经验的过程。江泽民提出"引进来"和"走出去"文化战略，强调"坚持以我为主、为我所用的原则，开展多种形式的对外文化交流。"③ 胡锦涛在庆祝中国共产党成立90周年大会上提出推动中华文化走向世界是文化建设的重要内容，并强调构建现代传播体系，提高传播能力，他指出："要着眼推动中华文化走向世界，形成与我国国际地位相对称的文化软实力，开展各种形式的对外文化交流活动，提高中华文化国际影响力。"④ 党的十八大以来，习近平总书记特别强调加强对外交流提升文化软实力，倡导加强文明互鉴交流。在2013年12月30日中央政治局集体学习会上，他就提出要求：积极创新对外传播理念，更新对外传播形式，加强传播能力建设，重塑中国大国形象⑤。他在党的十九大报告中强调："加强中外人文交流，以我为主、兼收并蓄。"⑥ 在党的二十大报告中强调："深化文明交流互鉴，推动中华文化更好走向世界。"⑦ 在2023年3月15日举行的

---

① 《十二大以来重要文献选编》（下），北京：人民出版社，1986年版，第1174页。

② 《邓小平文选》第3卷，北京：人民出版社，1993年版，第78页。

③ 《江泽民文选》第1卷，北京：人民出版社，2006年版，第507页。

④ 《胡锦涛在庆祝中国共产党成立90周年大会上的讲话》，中国政府网，https://www.gov.cn/ldhd/2011-07/01/content_1897720_3.htm.2011-07-01。

⑤ 《习近平：建设社会主义文化强国 着力提高国家文化软实力》，人民网，http://cpc.people.com.cn/n/2014/0101/c64094-23995307.html.2014-01-01。

⑥ 《习近平在中国共产党第十九次全国代表大会上的报告》，人民网，http://cpc.people.com.cn/n1/2017/1028/c64094-29613660.html.2017-10-28。

⑦ 《中国共产党第二十次全国代表大会文件汇编》，北京：人民出版社，2022年版，第38页。

中国共产党与世界政党高层对话会上，习近平总书记向世界提出了全球文明倡议，"共同倡导尊重世界文明多样性""共同倡导弘扬全人类共同价值""共同倡导重视文明传承和创新""共同倡导加强国际人文交流合作"①。正如亨廷顿的总结所言，"文明的冲突是对世界和平的最大威胁，建立在文明之上的国际秩序是防止世界大战的最可靠的保障。""避免全球的文明战争要靠世界领导人愿意维持全球政治的多文明特征，并为此进行合作。"②

（四）习近平新时代文明互鉴观的形成理路

党的十八大以来，以习近平同志为核心的党中央站在人类文明共同发展的制高点，呼吁跳出"文明冲突论""历史终结论""文明等级论"陷阱，倡导"文明交流""文明互鉴""文明共存"，这种以文明互鉴代替文化冲突，以人类文明发展为己任的大国思想格局得到国际社会的普遍认同，成为超越西方文明中心论的新的价值指向，也成为中华文化对外传播的理论指导。习近平认为，"独学而无友，则孤陋而寡闻。""无论是古代的中华文明、希腊文明、罗马文明、埃及文明、两河文明、印度文明等，还是现在的亚洲文明、非洲文明、欧洲文明、美洲文明、大洋洲文明等"，对于人类社会各种文明都应该采取学习借鉴的态度，吸纳有益成分，传承优秀文化基因③。在党的十九大报告中，习近平总书记提出"以文明交流超越文明隔阂、文明互鉴超越文明冲突、文明共存超越文明优越。"④ 在 2019 年 5 月首届亚洲文明对话大会上，他总结"亲仁善邻、协和万邦""惠民利民、安民富民"是中华文明的一贯处世之道和鲜明导向，也是向世界传播中华文化的主题主线。习近平总书记强调，"任何一

---

① 《习近平出席中国共产党与世界政党高层对话会并发表主旨讲话》，中国政府网，https://www.gov.cn/xinwen/2023-03/16/content_5746962.htm.2023-03-16。

② ［美］塞缪尔·亨廷顿：《文明的冲突》，周琪，等译，北京：新华出版社，2017 年版，第 5 页。

③ 《习近平：在纪念孔子诞辰 2565 周年国际学术研讨会上的讲话》，新华网，http://www.xinhuanet.com//politics/2014-09/24/c_1112612018.htm.2014-09-24。

④ 《习近平在中国共产党第十九次全国代表大会上的报告》，人民网，http://cpc.people.com.cn/n1/2017/1028/c64094-29613660.html.2017-10-28。

种文明，不管它产生于哪个国家、哪个民族的社会土壤之中，都是流动的、开放的。文明发展绝不能搞自我封闭，唯我独尊。"①党的十九届六中全会作出的《中共中央关于党的百年奋斗重大成就和历史经验的决议》总结中国特色社会主义新时代的历史成就时，既强调了中华优秀传统文化的突出优势，也强调了通过"加强国际传播能力建设，向世界讲好中国故事、中国共产党故事，传播好中国声音，促进人类文明交流互鉴，国家文化软实力、中华文化影响力明显提升。"②2021 年 5 月 31 日，习近平总书记在中共中央政治局第三十次集体学习中，对加强我国国际传播能力建设再作部署，要求"讲好中国故事，传播好中国声音，展示真实、立体、全面的中国，是加强我国国际传播能力建设的重要任务。要深刻认识新形势下加强和改进国际传播工作的重要性和必要性，下大气力加强国际传播能力建设，形成同我国综合国力和国际地位相匹配的国际话语权，为我国改革发展稳定营造有利外部舆论环境，为推动构建人类命运共同体作出积极贡献。"③

新时代进入新征程，2022 年 10 月 16 日在党的二十大上，习近平总书记要求在新征程上"加强国际传播能力建设"，"深化文明交流互鉴"，真诚呼吁"世界各国弘扬和平、发展、公平、正义、民主、自由的全人类共同价值，促进各国人民相知相亲，尊重世界文明多样性，以文明交流超越文明隔阂、文明互鉴超越文明冲突、文明共存超越文明优越，共同应对各种全球性挑战"，从而促进世界和平与发展，推动构建人类命运共同体。④2023 年 6 月 2 日在文化传承发展座谈会上，习近平总书记再次强调，中华文明的和平性作为突出特

① 《习近平：在纪念孔子诞辰 2565 周年国际学术研讨会上的讲话》，新华网，http://www.xinhuanet.com//politics/2014-09/24/c_1112612018.htm.2014-09-24。

② 本书编写组：《〈中共中央关于党的百年奋斗重大成就和历史经验的决议〉辅导读本》，北京：人民出版社，2021 年版，第 57 页。

③ 《习近平在中共中央政治局第三十次集体学习时强调 加强和改进国际传播工作 展示真实立体全面的中国》，新华网，http://www.xinhuanet.com/2021-06/01/c_1127517461.htm.2021-06-01。

④ 《中国共产党第二十次全国代表大会文件汇编》，北京：人民出版社，2022 年版，第 38 页，第 49-52 页。

征，从根本上决定了"中国始终是世界和平的建设者、全球发展的贡献者、国际秩序的维护者""中国不断追求文明交流互鉴而不搞文化霸权"①，旗帜鲜明地亮出了中国共产党的文明互鉴观，强调以中华文化在全球层面的推广和传播推动文明交流与互鉴，是构建人类命运共同体的价值诉求。在2023年全国宣传思想文化工作会议上，"着力加强国际传播能力建设、促进文明交流互鉴"作为"七个着力"之一，成为习近平文化思想的主要内容之一。

第三节　中华文化对外传播的时代意义

历史发展至今天，国际之间的政治经济文化交流程度达到了前所未有的广度和深度，中国与世界之间的联系也越来越紧密，"人类交往的世界性比过去任何时候都更深入、更广泛，各国相互联系和彼此依存比过去任何时候都更频繁、更紧密。"② 如何以中华文化的对外传播为途径使中国更好地走向世界，使世界更好地了解中国，在相互交流中推动中华文明和人类文明的共同发展进步，这是一个重大时代课题。习近平文化思想中提出着力加强国际传播能力建设、促进文明交流互鉴的要求，在全球文明倡议中共同倡导重视文明传承和创新、加强国际人文交流合作。五千年中华文明发展过程中，具有一定标识性、延续性和超越性的中华优秀传统文化在国际社会当中塑造了一个自由、开放、包容的正面形象，是中国国家形象的强大软实力和内在支撑。习近平同志在党的二十大报告强调，在"两个结合"的基础上，如何在新时代新征程上"推进文化自信自强，铸就社会主义文化新辉煌"，其中重要的一个方面就是"增强中华文明传播力影响力"，具体的举措就是"坚守中华文化立场，提炼展示中华文明的精神标识和文化精髓，加快构建中国话语和中国叙事体系，讲好中国故事、传播好中国声音，展现可信、可爱、可敬的中国形象。"重点是"加强国际传播能力建设，全面提升国际传播效能，形成同我国综合国力和国际地位相匹配的

---

① 习近平：《在文化传承发展座谈会上的讲话》，《求是》，2023年第17期。

② 习近平：《在纪念马克思诞辰200周年大会上的讲话》，《人民日报》，2018年5月5日。

国际话语权。深化文明交流互鉴，推动中华文化更好走向世界。"① 因此，以中华文化在全球层面的推广和传播深化文明交流互鉴，构建中国叙事体系，是坚持"两个结合"、实现中国式现代化目标要求的题中之义，也是建设中华文明的时代篇章、实现中华民族伟大复兴、构建人类命运共同体的价值诉求。

一、中国式现代化语境下的中华文化对外传播

"传统文化在海外传播能否成功，取决于两个基本条件：一个是接受方的心态，一个是传播者的心态。"② 当中华民族伟大复兴进入不可逆转的历史进程中后，西方国家看待中国就在心态上发生了变化，对中华文化的输入也持有了复杂、怀疑甚至排斥的心态，从而导致一些误读或曲解。如对中国经济、中国制度的妖魔化，将中国经济模式被扭曲为"国家资本主义"，政治制度被歪曲为"极权主义"，文化软实力如孔子学院被曲解为"锐实力"等现象，影响中国的国际形象，阻碍我国现代化发展进程。因而，中华文化在对外传播中肩负着一定的时代使命，那就是在国际舆论上赢得话语权利，为以中国式现代化全面推进中华民族伟大复兴营造良好的外部环境。

1.中国式现代化是物质文明和精神文明相协调的现代化，中华文化关系中国式现代化道路的选择

中国式现代化是物质文明和精神文明相协调的现代化，党的二十大明确了以中国式现代化全面推进中华民族伟大复兴的新征程，"中国式现代化赋予中华文明以现代力量，中华文明赋予中国式现代化以深厚底蕴"，因而"中国式现代化是中华民族的旧邦新命，必将推动中华文明重焕荣光。"③ 中国式现代化是赓续古老文明的现代化，是从中华大地长出来的现代化，是文明更新的结

① 《中国共产党第二十次全国代表大会文件汇编》，北京：人民出版社，2022 年版，第35–38 页。

② 任成金，李彤：《论中华优秀传统文化在国家形象塑造中的独特作用、现实困境及对策建议——基于〈中国国家形象全球调查报告 2012—2020〉的分析》，《中共杭州市委党校学报》，2023 年第 4 期。

③ 习近平：《在文化传承发展座谈会上的讲话》，《求是》，2023 年第 17 期。

果，中国式现代化与中华文明之间、与中华文化之间是深层的内在的历史的关系，实现中国式现代化应传承中华文明并创造人类文明新形态。习近平同志在文化传承发展座谈会上提出，"第二个结合"让马克思主义成为中国的，中华优秀传统文化成为现代的，让经由"结合"而形成的新文化成为中国式现代化的文化形态。①2023 年 3 月，在发表"携手同行现代化之路——在中国共产党与世界政党高层对话会上的主旨讲话"中，习近平同志深入探讨"现代化道路：政党的责任"这一重要命题，提出中国式现代化既传承历史文化、又融合现代文明，在全球文明倡议中倡导尊重世界文明多样性，弘扬全人类共同价值，重视文明传承和创新，加强国际人文交流合作，共同推动人类文明发展进步②。党的二十届三中全会在《中共中央关于进一步全面深化改革、推进中国式现代化的决定》中再次强调，中国式现代化是物质文明和精神文明相协调的现代化，必须增强文化自信，"传承中华优秀传统文化""构建更有效力的国际传播体系"③。要以中华文化的对外传播讲好中国式现代化道路的核心要义，也要以中华文化的对外传播为实现中国式现代化营造良好的国际环境。

必须看到的是，现代化道路的选择与国家和民族的文化有极其重大的关联。现代化是从传统社会走向现代社会的转型过程，近现代以来，世界上诸多国家逐渐走上现代化道路，但是各国发展基础不一、文化不一、环境不一，实现现代化的方式均不相同。因此，现代化的道路有许多种，每个国家的选择都不一样，需要综合考虑。但是，因为西方式现代化领先于其他非西方国家，国际学术界、国际社会关于现代化道路的讨论与选择，长期以来都是以西方式现代化作为标准和参考，因而"早期现代化理论的一个局限是，从欧洲中心主义的立场去理解传统与现代的关系，对现代化发展道路的阐释以西方国家走过的

---

① 习近平：《在文化传承发展座谈会上的讲话》，《求是》，2023 年第 17 期。

②《习近平出席中国共产党与世界政党高层对话会并发表主旨讲话》，中国政府网，https://www.gov.cn/xinwen/2023-03/16/content_5746962.htm.2023-03-16。

③《党的二十届三中全会〈决定〉学习辅导百问》，北京：学习出版社、党建读物出版社，2024 年版，第 37-39 页。

道路、西方国家文化和社会结构为唯一标准。"①这就形成了一种片面的现代化观，认为所有国家实现现代化只能走西方式的道路。直到一些发展中国家在学习西方式现代化模式、走西方式现代化道路中遭遇重重困难，甚至走向政权持续更迭、社会动乱频繁、人民流离失所的境地后，人们才开始反思将西方式现代化道路作为唯一正确标准的局限性，开始讨论并形成"多元现代化"理论。这一理论强调，现代化必须考虑各个国家制度和文化的差异，不同文明框架下产生的是不同的现代化模式，现代化也可以有不同的文明形式。中华文明形成并延续发展几千年，不仅是中国人民和中华民族的宝贵财富，而且对人类文明进步作出了巨大的贡献。然而在近现代历史当中，西方国家以工业化为重要特征率先实现现代化，并通过殖民和霸权在全世界掠夺资源、抢占世界，中华文化在国家蒙难之际也受到了前所未有的冲击，遭到西方现代化理论的质疑，认为儒家文化与伦理不适合现代化甚至是现代化的障碍。但是，东亚国家和地区的经济发展，特别是中国在改革开放后成为世界第二大经济体的经济快速发展奇迹，都有力地驳斥了这个观点，证明了儒家思想价值和中华优秀传统文化作为根基的国家和地区同样能走上实现现代化的道路，取得现代化建设的卓越成就。而中国恰恰是选择了一条与中华优秀传统文化相契合的现代化道路，才能获得这样的成就。中华优秀传统文化当中蕴含的伦理规范，受中华文化长期滋养的中国人所形成的人生观和价值观，都为现代化发展提供了强有力的精神动力，比如勤劳、奋斗、节俭、诚信、敬业等等。"中国式现代化的文化形态是基于我国历史传承和文化传统形成的。""中国式现代化以'古而又新'的姿态彰显了中华文明的特质。"②

2.中国式现代化是马克思主义与中华优秀传统文化有机结合的创造性成果，中国式现代化的推进离不开"两个结合"这一必由之路

中国式现代化的文化形态形成于马克思主义与中华优秀传统文化有机结

---

① 陈来：《中华文明赋予中国式现代化以深厚底蕴》，《人民日报》，2023 年 8 月 28 日。

② 臧峰宇：《中国式现代化的文化形态与中华民族现代文明》，《教学与研究》，2023 年第 10 期。

合当中。习近平总书记在文化传承座谈会上就强调了，深刻理解"两个结合"时要知道，"结合"的结果是互相成就，造就了一个有机统一的新的文化生命体。① 中国式现代化是在马克思主义指导下同中华优秀传统文化结合的成果，马克思主义中国化时代化的过程需要结合中国的实际，结合中华优秀传统文化。为什么中国能够走出半殖民地半封建社会并越过资本主义制度，选择更加具有先进性更加优越的社会主义制度，这是中华文化当中的核心要素与科学社会主义价值观相契合的结果。马克思主义与中华优秀传统文化之间是相互契合、相互成就的，如中华文化当中"天人合一""世界大同""民为邦本""为政以德"的宇宙观、天下观、社会观、道德观，与马克思主义当中"人与自然和谐共生""共产主义""人人平等""无产阶级道德"的价值主张、理想追求之间，是高度契合的。中华文化作为中华民族和中国人民的根，我们在推进马克思主义中国化、实现中国式现代化的道路中必须发掘好、继承好、弘扬好中华优秀传统文化，把中华文明当中最突出最有特色的优秀基因展现出来，在中华优秀传统文化的土壤当中，结合马克思主义的科学性和中国特色社会主义的时代性，形成治国理政、繁荣发展的新思路、新思想，开辟马克思主义中国化时代化的新境界。这一过程同样也推动中华优秀传统文化融入时代的新进程、人民的新期盼，进行创造性转化和创新性发展，在新的征程上与马克思主义相互熔炼，给予中国式现代化深刻的文化内涵和文化特色，向世界展示出与众不同的文明亮点，彰显中华优秀传统文化的自信与魅力。

3.中华文化对外传播必须突出中国式现代化的文化形态，展现中国式现代化的特色与中华文明的突出特征之间的极大关联性

在中华文化的对外传播当中必须要讲清楚的是，中国式现代化的文化形态中深刻蕴含着中华文明的突出特性。中国式现代化有基于中国国情的特色，包括人口规模巨大、全体人民共同富裕、物质文明和精神文明相协调、人与自然和谐共生、走和平发展道路五个方面，中华文明具有突出的连续性、创新性、

---

① 习近平：《在文化传承发展座谈会上的讲话》，《求是》，2023 年第 17 期。

统一性、包容性与和平性，中国式现代化的五个特色当中深厚的文化根基是与中华文明的五个突出特性相互关联的。

一方面，中国式现代化的五个特色蕴含了中华文明的特性。其中，中国式现代化是人口规模巨大的现代化，这个艰巨性和复杂性在世界上都是前所未有的，因此需要保持稳扎稳打的心态，具有创新突破的精神，"稳中求进、循序渐进、持续推进"，这就要求发扬中华文明当中的突出的连续性和创新性，保持历史耐心，创新突出难题，为取得长期的成果而不断奋斗；中国式现代化是全体人民共同富裕的现代化，这既是一个长期的历史过程，更是一个需要全体人民团结起来勠力同心的过程，需要发扬中华文明当中突出的统一性，加强凝聚力和向心力，实现中华民族和全体中国人民共同朝着一个目标奋斗；中国式现代化是物质文明和精神文明相协调的现代化，就要求在大力发展物质文明的同时传承发展好中华文明，彰显出中华文明的中国特色，在新时代推动建设社会主义先进文化，创造人类文明新形态；中国式现代化是人与自然和谐共生的现代化，中华文明突出的连续性、包容性使我们坚持走人与自然和谐共生的现代化道路，坚持天人合一的自然辩证法，保护自然和生态环境，实现中华民族的永续发展；中国式现代化是走和平发展道路的现代化，中华文明突出的和平性决定了中国式现代化是走和平道路的现代化，中国始终高举和平、发展、合作、共赢的旗帜构建人类命运共同体，力求为人类谋进步、为世界谋大同，绝不走一些国家通过战争、殖民、掠夺等方式实现现代化的老路。习近平总书记强调，"中国式现代化是赓续古老文明的现代化，而不是消灭古老文明的现代化；是从中华大地长出来的现代化，不是照搬照抄其他国家的现代化；是文明更新的结果，不是文明断裂的产物。"①

另一方面，中华文明的突出特征是走好中国式现代化道路的力量源泉。中华文明突出的连续性赓续了优秀传统文化当中所蕴含的民族智慧、精神和生生不息的力量，是中国式现代化能够在规模巨大、繁重复杂的情况下扎实推进，使中华民族能够永续发展；中华文明突出的创新性意味着中华文明并非固守不

---

① 习近平：《在文化传承发展座谈会上的讲话》，《求是》，2023 年第 17 期。

变，而是始终推陈出新、守正创新，"苟日新，日日新，又日新"，中华文化强调承前启后、继往开来，勇于接受新事物，解决新课题，处于"不忘本来、面向未来"的历史自信当中，因而使中国式现代化能够超越现代化的老路，面对国际国内的双重考验奋勇前进；中华文明突出的统一性，彰显出中华文化和中华民族的凝聚力，要求我们带领全国各族人民一起，在维护国家统一、民族团结中共享现代化的成果和幸福；中华文明突出的包容性彰显了中华民族对待人类文明的博大胸怀，意味着我们不会走那种因文明优越而唯我独尊并走上侵略扩张的现代化老路，而是带着相互尊重、学习互鉴、和谐共赢的胸怀和气度推动文明互鉴，走和平发展的现代化道路，使世界文明更加具有多样性，更加丰富多彩；中华文明突出的和平性提出，中国在国际社会始终是世界秩序的维护者与世界和平建设者，我们坚定地站在人类文明进步一边，推动构建人类命运共同体。正如基辛格曾说的，美国和中国都认为自己代表独特的价值观，"美国的例外主义是传经布道式的，认为美国有义务向世界的每个角落传播其价值观。中国的例外主义是文化性的，中国不试图改变他国的信仰，不对海外推行本国的现行体制。"①

总之，"中华民族的古老文明构成中国式现代化的底色，是其本体性规定；以马克思主义为指导，党领导人民在革命、建设、改革中创造的革命文化和社会主义先进文化，则是中国式现代化的本质性规定；吸收人类优秀文明成果，在全球化的过程中获得时代性与空间性规定，这共同构成了中国式现代化的文化内涵和精神气质。"②中国式现代化与中华文明、中华优秀传统文化具有深刻的内在逻辑关系，因此在中华文化的对外传播中，必须讲好中国式现代化中蕴含的文化因素，突出中国式现代化的文化形态，彰显中国式现代化的文化特色，才能在世界营造利于中国式现代化发展的良好环境。

---

① ［美］亨利·基辛格：《论中国》，胡利平，等译，北京：中信出版社，2015 年版，第 IX 页。

② 徐伟新：《中国式现代化的文化底蕴和文化特质》，《理论导刊》，2023 年第 5 期。

二、中华民族伟大复兴征程中的中华文化对外传播

一个民族的伟大复兴，需要强大的物质力量，也需要强大的精神力量。中华文化的多彩源自中华民族众多民族文化的相互融合和汇聚，中华民族是以"滚雪球"的方式经历各个历史时段融合成为一体，灿烂的中华文明是各族人民共同创造的，中华文化是各民族文化的集大成，中华文化在历史的"大一统"中形成了多彩且一体的特征，中国特色社会主义就是根植于中华优秀传统文化的沃土而成长起来的。新时代，我们比历史上任何时候都更加接近于中华民族伟大复兴，其中就包含了坚定的文化自信所赋予的力量，文化自信是民族复兴的长久动力和精神保障，特别是 2023 年 10 月召开的全国宣传思想文化工作会议上宣告了习近平文化思想的正式形成，"标志着我们党对中国特色社会主义文化建设规律的认识达到了新高度，表明我们党的历史自信、文化自信达到了新高度"[1]。

（一）中华民族的伟大复兴突出表现为文化复兴

文化强民族才会强，中华民族伟大复兴蕴含着深层的文化意蕴，中华民族伟大复兴突出表现在文化复兴上。"复兴"的含义就是再次兴起，中华民族的伟大复兴，指的就是中华民族曾经在历史上有过走在世界前列的灿烂辉煌的文明，但是因为种种原因在一定时期内被掩盖了光彩。当中国国力和世界影响力重新振兴的时候，中华文明的辉煌也将再次重现，文化就是复兴的依据与根基。历史经验告诉我们，单纯追求物质上的财富和经济上的发展而忽视思想理论与文化进步，忽视文明的发展，不仅不会实现国家和民族的振兴，还会带来更大的灾难。如"德意日三国由变革而强盛，但由于缺乏现代文化和价值观指向以致走上法西斯道路而覆亡，给人类文明造成巨大的灾难。拉美国家上世纪 80 年代曾出现经济快速发展的局面，但由于文化和制度的缺陷，导致现代

---

[1]《习近平对宣传思想文化工作作出重要指示》，求是网，http://www.qstheory.cn/yaowen/2023-10/08/c_1129904934.htm.2023-10-08。

化进程跌入'中等收入陷阱'而难以自拔。"① 因此，文明的发展和文化的繁荣才是一个国家和民族真正成熟的标志。习近平总书记曾强调，"文化兴国运兴，文化强民族强"②，只有在高度的文化自信和文化自觉下实现文化自强，才能推动中华民族伟大复兴巨轮扬帆远航。中华民族伟大复兴作为一个涵盖广泛的系统概念，包括了政治、经济、文化、社会文明与生态文明的全面振兴，包含了物质与精神协调并进、文化与进步交相辉映等多方面、多层次、多维度的深刻内涵。其中，精神文明赋予其价值性的阐释，聚焦国家富强、民族振兴和人民幸福的价值维度，深刻回答民族复兴进程中我们同步"建设什么样的精神文明、如何建设精神文明的时代之问"，具有独特的文化意蕴。作为新时代中国特色社会主义理论与实践的重大命题，中华民族伟大复兴也是中华文化国际影响力生成的价值支点与理论基点，民族复兴与文化影响力之间的关联关系就体现在，中华民族伟大复兴内在地蕴含着中国文化国际影响力的勃发生成。自近代以来中华民族的发愤图强、不懈奋斗，迎来了光明前景，文化才能够由此乘势振兴、影响海外。而文化影响力"对内凝聚民心提供民族复兴动力，对外传播民族复兴的道义内涵，为世界和平与发展作出应有贡献。"③ 在实现中华民族伟大复兴的历史阶段中，国家文化软实力既是综合国力的一个象征，也必将产生推动物质文明、政治文明、精神文明、社会文明、生态文明全面发展的深层力量，中华文化将在综合国力的提升中获得世界的广泛认同和支持。

（二）文化自信是中华民族最基础最广泛最深厚的自信

中华民族共同体意识的根基就在于中华文化，中华文化是中华民族的突出优势。习近平总书记曾在北京大学师生座谈会上指出，"中华优秀传统文化已经成为中华民族的基因，植根在中国人内心，潜移默化影响着中国人的思

① 齐勇锋：《中华民族伟大复兴的文化根基和历史使命》，《中国特色社会主义研究》，2014 年第 2 期。

② 习近平：《论党的宣传思想工作》，北京：中央文献出版社，2020 年版，第 10 页。

③ 闫玉清，赵兴银：《中华民族伟大复兴与当代中国文化国际影响力的生成》，《毛泽东邓小平理论研究》，2020 年第 9 期。

想方式和行为方式。"① 习近平总书记在庆祝中国共产党成立 95 周年之际发表的重要讲话中，深刻提出中华优秀传统文化是中华民族最深层的积淀，他指出，"文化自信，是更基础、更广泛、更深厚的自信。在 5000 多年文明发展中孕育的中华优秀传统文化，在党和人民伟大斗争中孕育的革命文化和社会主义先进文化，积淀着中华民族最深层的精神追求，代表着中华民族独特的精神标识。"② 每个民族都有与其他民族不同的文化，拥有悠久历史和文明的中华大地上，各民族经过数千年的交往交流交融逐渐形成了多元一体的中华民族共同体，体现出具有独特文明特征的中华文明范式。作为中华民族的"根"与"魂"，中华优秀传统文化不仅能够体现中华民族的文化特点，而且是中华民族的突出优势，中华文化是中华民族伟大复兴的前提和精神根基，中华民族伟大复兴需要以中华文化发展繁荣为条件，实现民族复兴必须要从中华优秀传统文化当中吸取精神营养。历史以来，"中国能够在危难困厄中奋起，在百舸争流中领先，靠的就是自强不息的民族精神和绵绵不绝的中华优秀传统文化。"③ 因而在中华民族伟大复兴的伟大征程中，我们既要以严肃传承的态度进一步弘扬中华优秀传统文化，也要按照时代要求改造传统文化的形式与内涵，实现中华优秀传统文化的创造性转化、推动创新性发展。在文化繁荣发展中开启中华民族伟大复兴的新叙事，在坚定的文化自信中，通过中华民族与其他民族的交流互鉴，更好地讲好中国故事、阐释中国理念、传播中国价值。

（三）民族复兴是中华文明与社会主义精神文明发展的必然要求

中华民族伟大复兴当中蕴含着中华文明的突出特征和社会主义精神文明的东方智慧。"中华民族伟大复兴的内核包括经济互惠的合作观、政治互信的安

---

① 习近平：《青年要自觉践行社会主义核心价值观：在北京大学师生座谈会上的讲话》，北京：人民出版社，2014 年版，第 7 页。

②《习近平：在庆祝中国共产党成立 95 周年大会上的讲话》，求是网，http://www.qstheory.cn/dukan/qs/2021-04/15/c_1127330615.htm?_hgOutLink=news/newsDetail&id=321887.2021-04-15。

③ 韩震：《中华民族伟大复兴的文化叙事》，《人民论坛》，2017 年第 36 期。

全观、文明包容的对话观等，其凸显了和平与发展的时代主题。"① 从中华文明的突出特征来看，中华民族伟大复兴就植根于中华文明的连续性、创新性、统一性、包容性与和平性等特征当中。中华文明起源于亚洲大陆黄河和长江流域的中心，这里地理气候条件和农牧经济造就了中华民族天人合一、和而不同、兼容并蓄的包容性农耕文化和道法自然的哲学观念。"秦汉以降，政治上统一的国家制度、文化上统一的语言文字和各民族多样化的经济社会生活，使中华民族既建构了以宗法制、郡县制、科举制和儒释道文化为支撑的大一统封建国家的弹性体制和结构形式"②，又形成了具有连续性、包容性的国家治理和制度文化传统。儒学、佛教、道家经历相互冲突、相互辩论后最终融合发展，成为以儒学为中心的具有文化包容性的中国精神指导。但近代以来中华民族在列强侵略和西方文化冲击下经历了一段屈辱的历史，仁人志士和社会精英们在批判性继承传统文化中又创造性地吸收了马克思主义，将科学社会主义核心价值观念与中华文化结合起来，形成了具有东方智慧的社会主义精神文明，指导中国人民从站起来到富起来再到强起来。中华文明在数千年历史中是通过连续不断的、创新创造的、统一包容的、争取和平的发展轨迹实现民族的强大繁荣，又走向新的民族繁盛的。从中华民族伟大复兴的目标来看，第二个百年奋斗目标是把我国建成富强民主文明和谐美丽的社会主义现代化强国，而中国古代传统的社会理想模式当中，就有诸多类似的理想社会。如儒家思想当中的"大同"与"小康"，陶渊明笔下没有战争没有剥削的"世外桃源"，明清时期提出的富裕的理想社会等等，与科学社会主义价值观当中的人民民主、共同富裕等相互契合，都为民族复兴的伟大理想提供了文化根源。中华优秀传统文化是实现民族复兴的重要历史文化资源，是社会主义先进文化建设的历史根基。

（四）中华民族伟大复兴必将推动人类文明的发展进步

中华民族伟大复兴的历史使命包括推动人类社会的共同发展，创造人类新

---

① 詹小美：《中华民族伟大复兴的文化意蕴与精神动力》，《人民论坛》，2023 年第 13 期。

② 范周：《中华文明包容性的内在意蕴、时代价值与实践遵循》，《人民论坛》，2023 年第 14 期。

型文明形态，因此必须推动中华文化的对外传播，为人类文明发展作出贡献。多文明的世界中，文明之间的力量对比导致以文明为基础的世界秩序出现，亨廷顿在《文明的冲突》中深刻指出，"文化的共性和差异影响了国家的利益、对抗和联合。世界上最重要的国家绝大多数来自不同的文明。最可能逐步升级为更大规模的战争的地区冲突是那些来自不同文明的集团和国家之间的冲突。"① 中华文明当中独特的能够包容文化差异、促进交流互鉴、实现和平共赢的突出特性，具有化解文明冲突，创造文明新形态，改变世界文明格局的重要作用。中华民族作为中华文明的创造者，也能够在中华民族伟大复兴中通过进一步增强文化的传播力、号召力和影响力，推动文化交流互鉴和人类文明的创新发展。因此，中华文化对外传播过程当中，就要讲好中华民族伟大复兴的深刻内涵、目的意义，这是为了将中华民族最深层的精神追求和独特的精神标识展现出来，将东方文明和东方智慧传播到世界，实现人类文明向着丰富多元的方向发展进步，从而减少冲突与战争，实现长久的和平与发展。从目前来看，中华民族伟大复兴已经对人类文明产生了巨大深远而又积极的影响。比如，中国动摇了"西方中心主义"一统天下的神话，成功探索出一条不同于西方国家的发展道路，在对外开放、经济转型、人才培养和科技发展中为发展中国家提供了有益的经验，产生了"社会主义市场经济体制""全过程人民民主""中国新型政党制度"等新型文明模式和形态，不少发展中国家都在学习借鉴中国的改革开放、发展转型的经验，走向和平发展、合作共赢的道路。

三、中华文化对外传播与构建人类命运共同体

习近平总书记在 2023 年文化传承发展座谈会上的讲话中指出，中华文明的包容性，"决定了中华文化对世界文明兼收并蓄的开放胸怀。"② 面对逆全球化和民粹主义的沉渣泛起，中华文化的对外传播肩负着更大的历史使命，那就

---

① ［美］塞缪尔·亨廷顿：《文明的冲突》，周琪，等译，北京：新华出版社，2017 年版，第 8—9 页。

② 习近平：《在文化传承发展座谈会上的讲话》，《求是》，2023 年第 17 期。

是在增强中华文化的国际影响力当中，以中华文化的核心要素和中华文明的突出特性，推动构建人类命运共同体。

（一）中华文化蕴含着为人类做出贡献的使命担当

中华文化当中就深刻蕴含着为人类共同事业而担当的使命感、责任感，中国古老智慧当中的"独乐乐，不如众乐乐"，孔子提出的"大道之行也，天下为公"，张载的"为天地立心，为生民立命，为往圣继绝学，为万世开太平"（被冯友兰称作"横渠四句"）的历史担当，康有为《大同书》当中的"大同世界"，孙中山的"三民主义"和"天下为公"的政治理想，都充分体现出中国人胸怀天下的格局担当。钱穆说，"实在只有发扬中国文化，不仅为救中国，亦可以救人类，此乃中国人当前一大责任大使命所在。"[①]中华人民共和国成立之初，积贫积弱的中国面临着诸多发展建设的难题，中国人民从站起来走向富起来的道路充满了艰难险阻，需要我们花大心思、下大力气去解决，但是我们的优秀传统文化就内在地蕴含着深刻的人类命运与共的情怀。因此即使在中国需要更多帮助的时候，毛泽东就提出了"中国应当对于人类有较大的贡献"[②]，当我国的经济刚刚走上正轨、恢复发展时，就不吝啬于向其他贫穷落后的国家伸出援手；改革开放初期，当中国敞开胸怀迎来对外开放和发展时，邓小平提出了中国可以"对人类作出比较多一点的贡献"[③]，使改革开放不仅具有改变中国人民生活的价值，也具有了推动人类进步的意义，走向全面小康生活的中国人民最终不仅历史性地解决了困扰中华民族数千年的绝对贫困问题，也为许多发展中国家的脱贫致富提供了先进标杆与经验、帮扶资金与技术、发展愿景与希望；中国特色社会主义进入新时代新征程，中国人民从站起来、富起来，正在向强起来的方向前进，习近平总书记明确宣示中华民族要"为世界和平与发展作出新的重大贡献"[④]，超越西方国家标榜的"利益共同体"的狭隘性，提出

---

① 钱穆：《中华文化十二讲》，北京：九州出版社，2017 年版，第 96 页。

②《毛泽东文集》第 7 卷，北京：人民出版社，1999 年版，第 156–157 页。

③《邓小平文选》第 2 卷，北京：人民出版社，1994 年版，第 237 页。

④《习近平谈治国理政》第三卷，北京：外文出版社，2020 年版，第 6 页。

"构建人类命运共同体"，共建"一带一路"倡议为世界各国共同发展提供合作平台，惠及亚洲和欧洲 60 多个国家和 40 多亿人口。2023 年以来，"中国倡导以和为贵，促成沙特伊朗历史性和解，斡旋缅北达成停火协议，在巴以问题上为恢复和平奔走"①，这都是中华文明突出特性的重要体现。

（二）中华文化在民族复兴征程上彰显着胸怀天下的格局

新征程上中国共产党明确提出，不断谱写马克思主义中国化时代化新篇章，进行理论创新和实践创新的立场观点方法之一就是"必须坚持胸怀天下"。党的二十大报告强调，"中国共产党是为中国人民谋幸福、为中华民族谋复兴的党，也是为人类谋进步、为世界谋大同的党。我们要拓展世界眼光，深刻洞察人类发展进步潮流，积极回应各国人民普遍关切，为解决人类面临的共同问题作出贡献，以海纳百川的宽阔胸襟借鉴吸收人类一切优秀文明成果，推动建设更加美好的世界。"②这就说明，中华文化当中蕴含的人类命运与共情怀成为激励中华民族伟大复兴的精神动力。在历史与时代变化中，要求不同，但使命责任不变，中华民族在吸收人类优秀文明成果的同时，注重以自身文化优势特色为解决人类共同问题作出贡献，为建设更加美好的世界而努力。面对人类共同的问题和挑战，中华民族呈现出极大的胸怀和担当，不仅以自身的和平发展和伟大复兴推动解决巨大问题，同时推动国际的合作共赢来解决巨大挑战。比如，中华民族通过全体人民的共同努力在 2021 年实现全面小康，7 亿多人的脱贫攻坚工作是世界上惠及人口最多、规模体量最大的，意味着全球消除绝对贫困现象的时间提前了 10 年，也为其他国家实现小康提供了经验和借鉴；又如面对金融危机、粮食安全、气候变化、能源短缺、恐怖袭击等全球性挑战，中国致力于推动各国各地区携手应对，既在联合国大会、20 国集团峰会、联合国气候变化大会、世界贸易组织的多边谈判以及核问题多方谈判中积极斡

———————

① 新华时评：《中国软实力快速提升从何而来》，中国一带一路网，https://www.yidaiyilu.gov.cn/p/00LE1122.html.2024-03-13。

②《中国共产党第二十次全国代表大会文件汇编》，北京：人民出版社，2022 年版，第 18 页。

旋、发挥重要作用，又通过积极主办 APEC 峰会、"一带一路"国际合作高峰论坛、博鳌亚洲论坛、中国共产党与世界政党领导人峰会等等，发出推动世界发展和人类文明进步的倡议，其中就蕴含着中华优秀传统文化当中"天人合一""和而不同""己所不欲勿施于人""讲信修睦""亲仁善邻"等文化价值理念，就是通过各种途径传播和彰显中华文化的胸怀与魅力。

（三）中华文明具有突出的和平性的文化底色

在中华文明的突出特性当中，中华文明突出的和平性是人类命运共同体理念的文化底色。"人类命运共同体理念，缘于中华文明的和平性，缘于中华民族历来崇尚'和为贵''和而不同''协和万邦''兼爱非攻'的优良传统。"[①]中华民族一贯的交往之道就是亲仁善邻、协和万邦，倡导以仁爱道德感化对方，而不是以武力征服天下，如孔子主张"远人不服，则修文德以来之"，荀子认为"四海之内若一家"，老子提出"以道佐人主，不以兵强于天下"。中华民族历来主张文明之间交融共生、美美与共，文明没有优越等级之分，中国绝不将自己的价值观念和政治体制强加于人，如孟子的"夫物之不齐，物之情也"，史伯提出"和实生物，同则不继"，魏源认为"履不必同，期于适足；治不必同，期于利民"等，都是强调和而不同。中华民族历来重视树立正确的义利观，坚持弘义融利、取利有道，成人之美才能实现合作共赢，如孔子提出"不义而富且贵，于我如浮云"，孟子认为"生，亦我所欲也，义，亦我所欲也，二者不可得兼，舍生而取义者也"。因此，西方传教士利玛窦就曾评论中国说，"虽然他们有装备精良的陆军和海军，很容易征服邻近的国家，但他们的皇上和人民却从未想过要发动侵略战争。他们很满足于自己已有的东西，没有征服的野心。在这方面，他们和欧洲人很不相同，欧洲人常常不满意自己的政府，并贪求别人所享有的东西。"[②]

---

① 马忠才：《中华文明的和平性：人类命运共同体理念的文化底色》，《中央民族大学学报（哲学社会科学版）》，2023 年第 4 期。

② ［意］利玛窦，［比］金尼阁：《利玛窦中国札记》，何高济，王遵仲，李申译. 何兆武校. 北京：中华书局，1983 年版，第 58—59 页。

不管是过去张骞凿通西域、郑和下西洋与各国人民进行友好的商贸、文化交流，还是当前成为世界第二大经济体，拥有巨大的经济实力和综合国力但始终倡导和平民主，尊重各国主权和领土完整，中华民族始终秉承文明基因。"中华民族传承和追求的是和平和睦和谐理念。我们过去没有，今后也不会侵略、欺负他人，不会称王称霸。中国始终是世界和平的建设者、全球发展的贡献者、国际秩序的维护者、公共产品的提供者，将继续以中国的新发展为世界提供新机遇。"[1]

（四）文化传播践行了构建人类命运共同体的价值理念

"全人类共同价值观"的提出，就是中华优秀传统文化推动构建人类命运共同体的智慧硕果。为推动构建人类命运共同体，习近平总书记在2023年中国共产党与世界政党高层对话会上作《携手同行现代化之路》的主旨讲话中，首次提出"全球文明倡议"，明确了实现"全球文明倡议"的四条路径，即尊重世界文明多样性，弘扬全人类共同价值，重视文明传承与创新，加强国际人文交流合作。其中，全人类共同价值观是新时代中国共产党的伟大创造，也是中华优秀传统文化的伟大传承。中华优秀传统文化为全人类共同价值提供了思想来源，能在中华智慧中找到对应的价值资源，二者在价值观念上具有契合性。

当世界面临百年未有之大变局时，面对人类向何处去的时代之问、世界之问，全人类对未来充满期待的同时，世界各种不稳定、不确定的因素也在不断增加。习近平总书记创造性地提出了"全人类共同价值"，即以和平、发展、公平、正义、民主、自由为内核的全人类共同价值，这是在2015年第七十届联合国大会一般性辩论上正式提出，并在博鳌亚洲论坛、世界经济论坛视频会议和中国共产党与世界政党领导人峰会等多个国际性场合谈及，在党的二十大报告中呼吁世界各国弘扬这一共同价值，共同应对各种全球性挑战。"全人类共同价值观"以整个人类社会为利益主体，将"和平、发展、公平、正义、民

---

[1] 习近平：《坚定信心 共克时艰 共建更加美好的世界》，《人民日报》，2021年9月22日。

主、自由"作为衡量标准，目标是寻求人类共同面对的重大问题上的价值共识，为构建一个持久和平、普遍安全、共同繁荣、开放包容、清洁美丽的"人类命运共同体"提供价值遵循。可以说，全人类共同价值倡导各主体间的彼此关怀与友爱互助，是中华优秀传统文化中"仁者爱人"价值观的传承与发展；致力于推动国际秩序公正合理化，倡导建立公正平等的国际新秩序，是中华优秀传统文化"天下为公"价值观的守正与创新；超越"普世价值"的"排他性"思维，倡导人与人、国与国、文明与文明之间的平等与和谐，是中华优秀传统文化"和而不同"价值观的凝练与升华。①

习近平总书记强调，我们要"以宽广胸怀理解不同文明对价值内涵的认识，尊重不同国家人民对价值实现路径的探索，把全人类共同价值具体地、现实地体现到实现本国人民利益的实践中去"②。倡导弘扬全人类共同价值观、推动构建人类命运共同体，就要将蕴含共同价值理念的中华优秀传统文化作为对外传播的重点，在人文交流、文明互鉴中扩大影响。中华优秀传统文化对人类命运共同体内涵的解释力最强，且世界对中华文化的认识和研究仍有较大的空白之处，或者主要停留在显性文化上而没有深入文化的思想内涵。当前世界百年未有之大变局和中华民族伟大复兴战略全局的大背景下，我国既要为国家的改革发展稳定营造有利外部环境，也要秉承使命担当为世界的繁荣发展作出自己的贡献，就要加强对人类命运共同体理念、全人类共同价值观的国际传播，通过讲好中国故事、提高中国的国际话语权，将表达精神内核的中华优秀传统文化作为传播重点，让更多的人知道和了解这个重塑国际秩序和改善全球治理的中国方案。

① 张瑞涛，刘泽翱：《赓续与转化：全人类共同价值的传统文化根基》，《中国石油大学学报（社会科学版）》，2023 年第 5 期。

②《习近平谈治国理政》第四卷，北京：外文出版社，2022 年版，第 425 页。

第 二 章

叙事背景：中华文化对外传播的历史演进

中华文化曾在历史很长一段时间当中具有重要的世界影响力，费正清曾说，"在很长一段时间内，是中国文明影响着欧洲而非相反。"[①] 因而中华文化对外传播曾有着非常有益的历史经验，值得我们进行深入挖掘和学习借鉴，从而形成新时代新征程上如何讲好中国故事的叙事背景。对中华文化对外传播的历史考察可以发现，中华文化对外传播各个历史阶段的传播主体、知识内容、表现形式、渠道载体、交流机制等均有不同，为新时代文化传播与文明互鉴提供了有力的思考借鉴。探寻新时代中华文化对外传播的新方法、新路径，首先应该对中华文化海外传播的历史进程进行全面、系统的梳理，找到其中的演进机理，对文化传播的叙事方式进行概括分析，从而总结其中的优良传统和好经验好做法，发现长期以来我国在中华文化对外传播当中的优势与不足，以利于新时代中华文化对外传播工作的新发展。

第一节　中华文化对外传播的历史进程

在漫长的封建社会，中华文化影响世界的渊源长、历程久、程度深。从西汉起，中国传统文化在国外便有了具有实质意义的传播，通过使节往来、商业

[①]［美］费正清：《中国：传统与变迁》，张沛，等译，长春：吉林出版社集团有限责任公司，2013 年版，第 212 页。

贸易等方式展开，英国人赫德逊曾说，蒙元世纪欧洲发现旧世界的最大意义是发现中国①。到明清时期，中西文化交往在欧洲大陆掀起"中国文化热"，基督教的传教士们通过翻译中国文化典籍，撰写关于中国政治、地理、历史、文学等方面的著作传播至欧美，引发世界巨大反响。欧洲中世纪晚期有关中国的三大游记:《马可·波罗游记》《曼德维尔游记》《鄂多立克东游录》，将中国表述为地大物博、城市繁荣、商贸发达、交通便利、君权强盛、政治安定的人间乐园，塑造了此一时期西方对中国形象的集体记忆。② 武斌曾在《追寻中华文化走向世界的脚步》一文中回顾，写作《新编中华文化海外传播史》和《中华文化海外传播简史》可以看到中华文化在海外的传播"内容非常广泛，影响十分深远，意义特别重大。"形成了一幅中华文化走向世界、影响世界的波澜壮阔又丰富多彩的万米长卷。③ 从地理位置来看，近处，中华文化泽被四邻，朝鲜、日本和越南等受到中华文化的濡染成为东亚文化圈的成员;远处，中华文化经中亚、西亚传至欧洲，越大洋传至美洲，使自己的光辉辐射四方，文化成果成为全人类的共同财富。中华文化的对外传播历史研究能够使我们从世界的视角重新认识和理解中华文化本身及其特性，揭示出中华文化的世界价值，更加增强对于民族文化的自信心和发展文化的责任感、使命感。对于中华文化的对外传播，主要从古代、近现代和当代中国的文化传播三个方面进行历史与当下的回溯与对比，从而从中总结出一定的特色与启示。

一、古代中国的文化传播

武斌总结，历史上中华文化的对外传播，总共是有 4 次大的高潮，分别是汉代、唐代、元帝国时代和明清之际。④ 汉朝时期疆域广大，中华文化的基

---

① ［英］赫德逊:《欧洲与中国》，李申，等译，何兆武校，北京:中华书局，1995 年版，第 135 页。

② 周宁:《天朝遥远——西方的中国形象研究》，北京:北京大学出版社，2006 年版，第 3 页。

③ 武斌:《追寻中华文化走向世界的脚步》，《南开大学报》，2022 年 11 月 4 日。

④ 武斌:《中华文化海外传播简史》，济南:山东人民出版社，2022 年版，第 3-4 页。

本形式和格局已经逐渐成熟，出现了第一个鼎盛时期，而且处处体现出包容和进取的精神，中华文化从东、西、南三个方向向世界播撒自己的辉煌，在世界文化格局中初步确立了自己的地位；唐代在我国古代是最强盛和发达的时代之一，中华文化也达到了兴盛壮丽的状态，进一步扩大了与世界各国的交流范围和领域，长安成为中外文化交汇融合的中心，这一时期的文化传播形成了"东亚文化圈"的东亚文化秩序；元朝时期的版图横跨亚欧，开放的国际环境下东西方的交往空前频繁，大量使节的往来和商贸的繁荣形成了文化大交流的壮观景象，中国的火药、指南针和雕版印刷术等都是在这一时期传到欧洲的，这一时期也有譬如马可·波罗等来华欧洲人士首次直面中华文化并把它介绍到西方；明清之际，来华的传教士们成为中华文化对外传播的主体，他们通过翻译中国的学术典籍、撰写专著和书信来往等方式，介绍中国历史地理、政治制度、民俗艺术、文学文化等，对欧洲的启蒙运动产生了重大影响，这一时期，中国的瓷器、漆器、茶叶和丝绸等也大量销往欧洲，影响了欧洲的生活方式和艺术风格。因此，中华文化在古代对外传播的历程当中创造了辉煌的历史，成就了东方文明大国的国际形象，具有许多值得总结和发扬的优秀经验。

（一）古代中华文化对外传播的开端

文化传播从无到有，都有一个开始的过程，包括最早进行文化传播的地方与对象，最早开展文化传播的内容等。中华文化最先传播到的地方，或者说最先受到中华文化影响的国家或地方，是离中国地域接近，交通也便利的地方。

1.中华文化泽被四邻，最早传入朝鲜半岛

中华文化在周边地区形成了相对独立的汉字文化圈、儒家文化圈，这一地区主要包括日本、朝鲜半岛、越南、新加坡、马来西亚等地。特别是日本、朝鲜、越南的民族传统文化中有许多部分源自中华文化，因而他们受中华文化的影响最深。"朝鲜半岛与中国山水相连，是最早接受中华文化传播并受到深刻影响的地区。"①据考古发现的材料证明，中华文化传播到朝鲜半岛始自新石器

---

① 武斌：《中华文化海外传播简史》，济南：山东人民出版社，2022年版，第2页。

时代，包括从考古当中发现的新石器制作技术、稻作文化、制陶技术、墓葬习俗等都受到中国东北以及山东半岛相关文化的影响。如"受中华文化影响，朝鲜半岛中西部开始出现刻画纹陶器系统，并逐渐蔓延至朝鲜半岛全境。"①"中国黄河流域的古文明进入并影响朝鲜半岛，至迟可以上溯到殷末周初。"②《海东绎史》中记载，商周期间"箕子率五千人入朝鲜"，这五千人只是个概数③，将殷商的田亩制度和中原的先进生产技术与文化都带到了朝鲜，甚至有学者主张用"箕氏朝鲜"代称古朝鲜，因"相传箕氏朝鲜为商的贵族箕子率众东走朝鲜而建。"但实际上箕子未来之前就有古朝鲜族，箕子主要是促进了文化传播。④ 箕子一行与当地的游牧文化族群共存、融合，共同成为古朝鲜基础。⑤因而《后汉书·东夷传》记载，"昔武王封箕子于朝鲜，箕子教以礼仪、田蚕，又制八条之教"，《汉书·地理志下》中记载，箕子"教其民以礼义、田蚕织作"，推动朝鲜文明的发展进步。到汉朝之后，古朝鲜之地成为汉朝直接管辖的郡县地区，其族民绝大部分融入了汉族和高句丽族之中⑥，不仅有汉人官吏到属于汉文化势力范围的朝鲜北部地区的四郡任职，还有大量商贾前往经商，百姓垦荒，经贸往来和文化交流更加频繁和密切。有美国学者认为，朝鲜半岛的汉置郡县是"持续4个世纪之久的汉文明前哨站"⑦。朝鲜历史上的"三国时代"，即在朝鲜半岛上出现了高句丽、百济、新罗三个国家鼎足之势的时期，既是王朝之间战争频繁时期，也是与外部世界建立密切联系特别是向中华文化

---

① 金象晕：《朝鲜半岛新石器时代文化的时空框架及谱系研究》，吉林大学博士学位论文，2021 年版，第 163—164 页。

② 彭林：《中国礼学在古代朝鲜的播迁》，北京：北京大学出版社，2005 年版，第 1 页。

③ 王成国：《关于古朝鲜研究的几个问题》，《社会科学辑刊》，2004 年第 3 期。

④ 李德山：《关于古朝鲜几个问题的研究》，《中国边境史地研究》，2002 年第 2 期。

⑤ 金洪培，冯英盾：《汉代以前我国华北、东北及朝鲜半岛地区的人类迁徙与文化交融研究》，《世界民族》，2023 年第 5 期。

⑥ 李德山：《关于古朝鲜几个问题的研究》，《中国边境史地研究》，2002 年第 2 期。

⑦ ［美］费正清，赖肖尔，克雷格：《东亚文明：传统与变革》，黎鸣，等译，天津人民出版社，1992 年版，第 282 页。

大规模学习的时期。朝鲜半岛"其对华夷秩序的接纳程度超过了中国周边的任何国家。"[①]费正清在《中国的世界秩序》一书中也指出，朝鲜人可能是在非汉族系国家中唯一"诚心"接受中华秩序的案例[②]。因为地理位置的不同，朝鲜半岛各个国家文化传播中吸收的重点也不一样，高句丽交往的重点在北方，主要是吸收中国北朝系统文化，百济和新罗重点是接受南朝系统文化。三国都在礼仪制度、宗教和历法上与中国历代王朝有广泛交流。如汉字、儒家思想的传入，汉字包含了儒家思想的内核，儒家文化经朝鲜学者的理解消化后融入民族特色，形成具有本土特点的儒学。其中，《旧唐书·高丽列传》中记载，高句丽"俗爱书籍，至于衡门厮养之家，各于街衢造大屋，谓之扃堂，子弟未婚之前，昼夜于此读书习射。其书有五经及《史记》《汉书》、范晔《后汉书》《三国志》、孙盛《晋春秋》《玉篇》《字统》《字林》；又有《文选》，尤爱重之。"高句丽还设立了儒家文化的教育机关"太学"和"扃堂"，传授经典著作和中国史书，使儒家文化成为官方的统治思想。佛教传入中国后与中华优秀传统文化相结合，形成发展为中国化的佛教，也传入朝鲜三国。

2. "以和为贵、以德为邻"的中日文化交流开端

中国和日本是两个一衣带水的国家，在文化交流当中影响和意义重大。有学者提出，"中日文化交流史具有持久性、全面性、双向性和自主性特点"，从中日两国的交流交往来看，"合则两利，斗则俱伤"，自秦开始，"在孤岛上度过了万余年采集狩猎时代的日本迎来了文渊武备的中华文明的冲击。稻作、冶铁、青铜、纺织等技术的东渡促进了日本初期部落的形成；汉字、铜镜、铜铎、铜剑等华夏文明的东传开启了日本文明的序幕。"[③]朝鲜半岛的三国时期，百济与日本保持着密切的关系，因此，中国的汉字、佛教、制陶技术等文化通

---

① 李旻：《朝鲜半岛的对外观念演变路径："敌友"和"文明"的视角——从三国时代到朝鲜王朝》，《当代韩国》，2019 年第 4 期。

② John King Fairbank, The Chinese World Order, Harvard University Press, 1968, p. 276.

③ 滕军等：《中日文化交流史——考察与研究》，北京：北京大学出版社，2011 年版，第 2 页。

过百济传入日本。有日本学者指出，位于朝鲜半岛中部的乐浪郡成为汉人"通往南面韩人的居住地区和更为靠南的倭人居住的日本列岛的前进基地，或者是交流基地。"①在中日文化交流当中，百济使节"或许为日本使节充任向导"②。

中日文化交流的开端是由一个移民集团开始的，秦始皇时代，徐福带着当时中国的生产技术和先进的社会文明东渡到日本，《史记》中四次提及徐福，讲述他入海寻求长生不老药的故事，"这段历史，成为中外文化交流的佳话，具有极其丰富的历史和文化价值。"③宋代诗人欧阳修就在《日本刀歌》一诗中写道，徐福带着五谷种子和文化书籍到了日本的事迹，即"徐福行时书未焚，逸书百篇今尚存"。对于徐福东渡的目的地到底是日本还是朝鲜半岛，学术界有多种阐释，但不可否定的是在日本留下了文化交流的深刻印记④。日本有很多关于徐福的遗迹和纪念地，比如纪念徐福的金立神社，当地举行的"徐福大祭"，新宫市徐福上陆地碑等，学者们从考古学、地理学、航海史、中日关系史等多角度进行论证。不过在此之前有学者认为，中国向日本的移民可能比秦更早，关于泰伯后裔移民日本的记载，也得到了考古学方面的证实。根据《后汉书》记载，公元57年，日本南方的一个小国——奴国遣使朝贡。⑤汉以后仍不断有中国人移居日本，带去了农业、兵器制造、冶金和铁加工技术等，对日本的经济、政治和文化都产生了重要影响，其中影响较大的稻作文化，包括水稻、原始农具、农田水利技术等，因为稻作和大米可以看作日本历史的象征。法国历史学家布罗代尔认为，对某些地区来说，"接受稻米种植'是获得

---

① ［日］上垣外宪一：《日本文化交流小史》，王宣琦译，武汉：武汉大学出版社，2007年版，第2页。

② ［日］木宫泰彦：《日中文化交流史》，胡锡年译，北京：商务印书馆，1980年版，第152页。

③ 李广志：《徐福传说与中日文化交流》，《民族论坛》，2014年第2期。

④ 文贝武、黄慧显：《论徐福东渡日本的必然性》，《青岛海洋大学学报（社科版）》，1994年第1—2期。

⑤ 滕军，等：《中日文化交流史——考察与研究》，北京：北京大学出版社，2011年版，第3页。

文明证书的一个方式'"①。水稻的输入使日本社会发生了时代变革。5世纪时，统一日本后的大和国朝廷向中国南朝宋、齐、梁等频繁派遣使节进行交往，这一时期大量中华文化流传到日本，不仅包括生产技术和物质文化层面，还有文字、宗教、艺术、思想等精神文化层面，特别是汉字传入日本。属于弥生时代后期的山口县冲之山松原遗址中出土的土瓮中装有116枚钱币，其中就有汉代的'半两'和'五铢'钱②。在公元3—4世纪，汉籍已经通过官方渠道传入日本；5—6世纪，佛教典籍的传入使识字阶层扩大，并使汉字与日语进一步结合。③

3.丝绸之路凿通西域，中华文化走向世界

丝绸之路是一条中华文化走向世界的大道，汉建元三年（公元前138年），26岁的张骞带领100多人从长安城出发一路向西，去寻找一个叫大月氏的国家，联合抗击匈奴。其中过程曲折，多年被匈奴困顿，最终于公元前129年抵达，最后于公元前126年回到长安，这一经历和功绩，司马迁在《史记·大宛列传》中写道："然张骞凿空，其后使往者皆称博望侯，以为质于外国，外国由此信之。"给予了高度评价。《旧唐书·西戎传》也评论道，"西方之国，绵亘山川，自张骞奉使以来，介子立功之后，通于中国者多矣。"称颂张骞凿通西域，扩大中国对外交流的功绩。这条交通大干线后被称为"丝绸之路"，"丝绸之路"一名，是德国地质学家费迪南·冯·李希霍芬创用的。此后汉朝与西域各国使节往来不断，汉朝使节到达了除乌孙、大宛、大月氏以外的安息、奄蔡、犁轩、条枝、身毒等地。历史学家向达指出，狭义地说，"中国史上的西域可说是相当于今日的中亚地方"④。丝绸之路成为了连接亚欧的国际商道，东

① ［法］费尔南·布罗代尔：《十五至十八世纪的物质文明、经济和资本主义》第1卷，顾良，施康强译，北京：生活·读书·新知三联书店，1992年版，第168页。

② 屈彤：《中国古印在日本的传播及影响》，《文化艺术研究》，2019年第3期。

③ 刘元满：《汉字在日本的文化意义研究》，北京：北京大学出版社，2003年版，第52页。

④ 向达：《中外交通小史》，北京：商务印书馆，1930年版，第15页。

起西汉的都城长安（即今西安），向西北经河西走廊，出玉门关后，越过帕米尔高原到达地中海沿岸，再由海路到达当时的罗马，连接起当时世界上最强大的两个国家①。张骞"凿空"西域以后，从长安至中亚西亚的商道上商贸逐渐兴盛，使节、商贾穿梭往来，而丝绸之路的开辟，实际上包括军事外交、商业诉求和传道弘法三种推动力量，宗教信徒也往返于丝路上推动文化交流。② 在丝绸之路上，汉朝的缯帛、漆器、黄金、铁器等是各国所欢迎的产品，特别是丝绸，使希腊、罗马称中国西部为"赛里斯国"（Seres），即"丝国"。

习近平总书记在出席"一带一路"国际合作高峰论坛并发表主旨演讲中就说过，古丝绸之路是人类文明的宝贵遗产，自张骞开始，一代又一代"丝路人"架起了东西方合作的纽带、和平的桥梁，跨越埃及文明、巴比伦文明、印度文明、中华文明的发祥地，不同文明、宗教、种族求同存异、开放包容，它不仅是一条通商易货之道，更是一条知识交流之路，在文明交流互鉴当中将世界各国紧密联系起来。可以说，"轴心时代之后逐渐形成的丝绸之路，长久维系了中华、印度、欧洲、阿拉伯等四大文明并立互鉴的人类文明总体格局。"③丝绸之路是中华文化与西方文化相遇、交流、对话的道路，将丰富的中华物产、中国的生产技术和科学知识传往西方世界。其中，丝绸是中国人对世界物质文化的一个伟大贡献，是"中国最早的、持续时间最长的、分布地区最广的大宗出口货物，而且直到明清时期，一直是向海外输出量最大的、最受欢迎的中华物产之一。"④经过波斯人，丝绸之路西运的丝绸远达罗马，成为贵族追赶时髦的奢侈品，在罗马创造了一种新的时尚和审美，使中华文化在欧洲引起了第一股"中国风"，有法国学者说，"自从罗马的贵族夫人们身穿透明罗纱以

---

① 王丽亚：《张骞凿空》，《前线》，2020 年第 8 期。

② 冯天瑜：《开辟"丝绸之路"的三大动力源》，《湖北社会科学》，2014 年第 9 期。

③ 李利安：《敦煌：见证丝绸之路文明交流互鉴的恢宏气象》，《中国宗教》，2024 年第 1 期。

④ 武斌：《中华文化海外传播简史》，济南：山东人民出版社，2022 年版，第 54 页。

来，欧洲就已经非常向往中国了。"① 到了拜占庭帝国时期，丝绸已经从贵族推广到各个阶级，养蚕制丝技术也传入欧洲。

（二）古代中华文化对外传播的兴盛

盛唐时代是古代中华文化发展历史上的巅峰，也是对外传播的又一个高峰。"唐文明的辉煌灿烂，堪称中华文明发展长河中的高光时段，并成为与世界其他文明交流互鉴的重要时期。"② 唐朝的文化繁荣是一次普遍而全面的繁荣，既超越前朝又领先于世界，具有完备的制度文化、发达的文学艺术、成熟的科学技术以及闻名于世的商业大都市，在与西方文明的低迷衰落对比中更显得光彩照人。如长安，"第七世纪以降之长安，几乎为一国际的都会，各种人民，各种宗教，无不可于长安得之。"③ 现在遍布世界各地的"唐人街"，实际上也是唐文明作为中华文明突出代表的现实写照。唐朝是中国古代史上对外关系最活跃的时期之一，对外交通在陆路与海路的东西南三个方向都十分顺畅，与朝鲜、日本、东南亚、西亚、欧洲诸国等都保持着政治、经济和文化上的联系，互派使节。周边的国家称中国皇帝为"天可汗"，在东亚和中亚地区，形成了以唐朝为中心的国际秩序和文化秩序，被称作"东亚世界体系"。为了营造良好的对外传播环境，在国力强盛的唐朝，政府先后设置安西、安北、安东、安南、单于、北庭六大都护府，以推行唐朝先进的科技文化，与周边各国签订盟约维持地区和平，促进文化交流。

1."中华文化圈"（东亚文化圈）的形成

唐代对外文化交流的最重要的成果就是在东亚地区形成以中华文化为中心的东亚文化秩序，形成了东亚文化圈，又称"中华文化圈"，范围包括朝鲜、

---

① ［法］于格：《海市蜃楼中的帝国——丝绸之路上的人、神与神话》，耿昇译，喀什：维吾尔文出版社，2004 年版，第 5 页。

② 拜根兴：《开放包容是唐文明发展强化的突出特征》，《中国史研究动态》，2023 年第 6 期。

③ 向达：《唐代长安与西域文明》，北京：生活·读书·新知三联书店，1957 年版，第 41 页。

日本和越南等东亚、东南亚地区。东亚文化圈反映出地理和文化上中国的中心地位，以农耕文明为传统，以儒家为代表的思想体系。在唐朝，朝鲜半岛和日本先后形成了封建中央集权国家，以更加积极热情的态度学习、吸收中华文化，从本身的民族传统和文化特征出发实现中华文化的本土化。构成东亚文化圈的要素包括汉字、儒学、中国化佛教、中国式典章制度和中国科学技术，文学、艺术、生活方式、风俗民情等也广泛传播开来。汉字的传播是东亚文化圈形成的基础，费正清曾说："倘若没有汉字的影响，东亚必然不会成为世界文明中如此独特的一个整体。"①

儒家文化在东亚的传播。高句丽、百济、新罗都曾派遣贵族子弟入唐留学，学习儒家经典成为一时风气。其中，作为儒家思想的核心，中国传统儒家礼乐文化很早就传入东亚各国，对他们的制度、思想、文化产生深刻影响，"雅乐作为承载着儒家思想和价值观念的载体，作为象征符号，超越了形式本身，并以潜移默化的方式在朝鲜半岛发挥着道德教化和社会秩序构建的作用。"②7世纪前后，新罗统一了朝鲜半岛，正值盛唐时代，新罗"对以盛唐文化为代表的汉文化的强烈追慕、借鉴和利用"③，以官方往来、贸易关系、派遣留学生、求法请益僧、民间交流等多种方式学习和吸收中国文化和制度，并以此为光荣。其中，"新罗与唐朝的朝贡·册封关系愈发常态化和体系化。新罗累计向唐朝派遣贺正使、谢恩使、告陈使、奏请使等多种形式的遣唐使170多次。"④唐太宗就对新罗做出了"诚君子之国也"的评价，唐玄宗更是认为新罗"颇知书记，有类中国"。新罗还进一步加强对儒家学术文化的引进并推广，突出表现为移植中国的教育制度，推广以儒家经典为主要内容的教育，制定了以儒家经典和汉学作为选择人才的主要考试科目的"读书三品出身法"。《三国史

---

① 费正清：《中国：传统与变迁》，长春：吉林出版社，2008年版，第6页。

② 杜心乐，徐强：《儒家礼乐文化的东亚传承与影响：基于朝鲜半岛对雅乐之受容的研究》，《东岳论丛》，2023年第6期。

③ 杨润生，李德山：《论唐代汉文化向新罗的传播》，《东疆学刊》，2024年第1期。

④ 李旻：《朝鲜半岛的对外观念演变路径："敌友"和"文明"的视角——从三国时代到朝鲜王朝》，《当代韩国》，2019年第4期。

记》卷十《新罗本纪第十》中记载，788年，"春，始定读书三品以出身。读《春秋左氏传》，若《礼记》，若《文选》，而能通其义，兼明《论语》《孝经》者为上；读《曲礼》《论语》《孝经》者为中；读《曲礼》《孝经》者为下。若博通五经、三史、诸子百家书者，超擢用之。"至朝鲜时代初，政府为了荡涤高丽末期佛教的消极影响，建立起完全儒家化的社会，确定以崇儒排佛为立国纲领。①"高丽王朝（918—1392）统治朝鲜半岛的时候，将佛教定为国教，但却将儒教作为'齐家治国'之学加以倡导，且历代国王皆尊儒华化。"②

唐代的中日文化交流也进入了前所未有的辉煌，日本从圣德太子开始多次派遣唐使，学习和模仿中国政治文化的社会改革，除两国史学家公认的19次遣唐使外，中国文献还有7次"日本国遣使来朝"的记载，这是一项重大的事情。因为造船和航海技术还不发达，每次出使都生死难料，必须具有强烈的冒险精神和求知精神，唐朝历代皇帝也十分重视，优礼有加，成为中日文化交流中的辉煌壮举。在接受儒家礼乐文化当中，"日本的宫廷雅乐还与日本浓厚的宗教（比如佛教和神道教）相联系，融入独特的宗教仪式，形成了具有宗教特色的雅乐传统。"③日本奈良，是仿当时唐朝首都长安建成，许许多多的文化也随之传播到奈良乃至整个日本。唐朝政治文化和律令制度对日本的影响，集中体现在日本大化改新时期的重大改革中，《续日本纪》卷三四说，"日本中古之制度，人皆以为多系日本自制，然一检唐史，则知多模仿唐制也。"

宗教文化在东亚的传播。至公元837年，朝鲜半岛在唐留学生已达216人，其中一部分是佛教僧侣。④许多新罗佛教僧侣也以献身佛法的巨大热情来中国求法请益，早在朝鲜三国佛教肇始时期就有圆光、慈藏、义湘等著名高僧，新罗统一三国后佛教更是极度兴盛，赴唐求法之人更多，使新罗具有"佛教王

① 彭林：《中国礼学在古代朝鲜的播迁》，北京：北京大学出版社，2005年版，第106页。

② 王曰美，章治：《儒学在朝鲜王朝的传播与本土化》，《东岳论丛》，2023年第6期。

③ 杜心乐，徐强：《儒家礼乐文化的东亚传承与影响：基于朝鲜半岛对雅乐之受容的研究》，《东岳论丛》，2023年第6期。

④ 张延玲：《世界通史》，广州：南方出版社，2000年版，第387页。

朝"之称。如从朝鲜三国时代的金铜佛像与山东佛像比较，可以看到佛教造型样式之间有密切关系，明显是从山东佛像样式接受而来的①。唐中期以后，中国密宗和禅宗大为发展，新罗留学僧中归宗密宗和禅宗的人数也最多，新罗还通过官方赐赠和入华求法请益僧携带等方式将大量汉文佛典带回新罗。日本的留学僧中杰出的唐文化传播者就有"入唐八家"，他们将这一时期的佛教经籍、佛教艺术与文化引进日本。为了赴日本弘法传戒，唐朝高僧鉴真在 5 次渡海失败并双目失明的情况下，终于在 754 年踏上日本领土，把律宗传到日本，受到热烈欢迎。天皇命授鉴真"传灯大师法位"。鉴真在日本设立戒坛，建立"唐招提寺"，对日本佛法的校订做出贡献，他及随行弟子一行对日本佛教发展做出了重大贡献，还把唐代先进建筑、绘画、雕塑、医药等文化技术介绍到日本，中国的豆腐已经有 2000 多年的历史，日本人视唐朝鉴真和尚为豆腐界的鼻祖。圣德太子于 604 年推出的《十七条宪法》中，除了中国儒家、墨家思想的体现，也兼取了佛家的思想。②"唐代佛教对日本佛教影响巨大，因此从日本佛教中重新反观中国唐代佛教的样态与精神，这对我们了解自身文化形态具有重要的意义。"③

商品、文学、技术在东亚的传播。新罗与唐朝的官方贸易包括金银、牛黄、人参等珍宝，唐王朝也给予隆重的接待，山东半岛与新罗的民间贸易也相当发达。新罗商船还航至日本，连通整个东亚海域三国，形成了"东亚贸易圈"。作为中朝文化交流史的重要人物，被誉为"朝鲜汉文学的奠基人""汉诗学宗师"的崔致远就在《奏请宿卫学生还蕃状》中指出新罗学习唐文化的热情和派遣留学生的重要性，他本人也是由新罗派遣到唐朝的留学生中仕唐甚久、诗文卓著，为中华文化向新罗进行传播的重要贡献者之一，"其诗歌中含有大量中国人名、地名、景物、风俗、古人故事等元素，通过其诗歌中的中国

---

① 金申：《朝鲜三国时代佛像中的山东佛像影响》，《中原文物》，2007 年第 6 期。

② 刘德有，马兴国：《中日文化交流事典》，沈阳：辽宁教育出版社，1992 年版，第 50 页。

③ 平燕红：《唐密五大愿望及其在日本佛教的发展》，《佛学研究》，2020 年第 1 期。

元素，可了解其在唐时期的行迹及其心中的中国情愫。"① 由于留学生、汉文典籍和教育制度对中华文化的推广，新罗时代还出现了一些杰出的汉文作家和诗人，高元裕、金立之、金可纪等人均有诗被收于《全唐诗》中。唐朝间的中日经济交流往来十分频繁，宁波、杭州、扬州等地成为贸易往来的重要口岸，鉴真东渡就是从扬州起航，明州港作为中日贸易港口在唐后期兴起，主要原因是"明州及其周围盛产丝绸、瓷器等货物"②。日本专门设置"大唐通事"和"唐物使"，就说明日本对唐朝商品的广泛需求与贸易的兴盛。日本向中国派遣唐使学习政治文化是重要目的，而第二个目的就是经济因素，日本皇族、贵族、高级僧侣为显示地位和富有常常以拥有多少唐货而夸耀争胜，通过商品贸易唐代服饰也在日本贵族中流行，被称为"唐风贵族服"，《源氏物语》中就描写过主人公源氏公子一次穿着"白地彩纹中国薄绸常礼服"。除了贵重服饰，唐朝的笔墨纸砚、建筑技术、珠宝器皿、饮食文化等都得到日本的喜爱。

值得一提的是，文学艺术是中日交流史中影响巨大的一类。当时，跟随遣唐使一起来中国的还有日本的留学生和留学僧，其中以吉备真备和阿倍仲麻吕最为著名，他们留学国子监，通过考试入仕唐朝。

吉备真备十分博学，回国后成为推动奈良时代文化发展的有名政治家，"他向日本广泛传播了中国文化，对加速日本的封建化和社会发展作出了重要贡献。"③ 阿倍仲麻吕（唐玄宗赐名朝/晁衡）则与唐朝著名诗人都有密切交往，王维就有一首《送秘书晁监还日本国》的诗作，赞颂他的高尚德行和为中日文化交流作的贡献，阿倍仲麻吕也以《衔命还国作》赠答友人，收录在宋代编辑的诗文集《文苑英华》里，"晁衡在华十几年已变成一位具有文士风度的中国通了。"④ 唐玄宗也因特别喜爱他的才学留下他终身仕唐，历经三朝皇帝。"晁

① 袁棠华：《崔致远诗歌中的中国元素研究》，《延边大学学报（社会科学版）》，2020 年第 4 期。

② 车垠和：《明州出海唐商的兴起与东亚贸易格局》，《社会科学辑刊》，2008 年第 5 期。

③ 刘明翰：《论吉备真备》，《文史哲》，1997 年第 1 期。

④ 滕军等：《中日文化交流史——考察与研究》，北京：北京大学出版社，2011 年版，第 106 页。

衡无疑为中日两国友好事业作出了重大的贡献。他深爱中国，同样也深爱日本。"①井真成墓志在中国发现后，中日友好协会会长平山郁夫说道，"井真成墓志表明日中两国早在一千多年之前就有着十分频繁和高水平的交流，是遣唐使将中国的文化、佛教、艺术等带回日本并影响至今。"鉴真被誉为"日本律宗的开山、医药的始祖、文化的恩人"②。在他的影响下，奈良时代至江户时代，日本的寺院一直发挥着医疗站的作用。日本也按照中国的样式，依照中国古代城市规划理论和风格建立首都、新都。在相当长的历史时期里，"汉文学是日本的主流文学、官方文学、上层文学。从飞鸟、平安时代，一直到江户、明治时代，上自天皇、贵族，下至民间学者，都不断地写汉诗和汉文，创作了大量汉文学作品。"③日本《汉诗文图书目录》统计，从奈良时期到明治时期编印的日本汉诗总集、别集共有 769 种、2339 册，收入 20 余万首诗。汉诗写作成为当时日本贵族和文人的一种基本修养。

2.中国与阿拉伯国家的商贸往来推进科技文化交流

两汉以来，"丝绸之路"和海上"香料之道"为古代中国和阿拉伯国家之间的交流开启了先河。阿拉伯历史和地理学家马苏第在《黄金草原》中就写道，公元 5 世纪前半期幼发拉底河畔的希拉城下就有中国商船同各国商人进行贸易。唐朝是中国与阿拉伯世界之间经济贸易空前交流活跃、空前繁荣的时期，来华最多的商人是阿拉伯人和波斯人，大量中国产品输入阿拉伯世界，"从中国采购的货物则以蚕丝、丝织品、瓷器、茶叶、铜铁器皿等为大宗"④，还有中国的铁器。中国的四大发明都是通过阿拉伯传入西方，其中，中国的造纸术、炼丹术在唐代传入阿拉伯，造纸术的发展推动了阿拉伯科学与文化事业的进一步繁荣昌盛，尤其是撒马尔罕和巴格达造纸厂生产的纸为翻译事业的发展提供了最方便的条件，古希腊的许多科学著作得以保存下来，伊本·纳迪姆

---

① 陈福康：《关于晁衡的汉诗》，《上海大学学报（社会科学版）》，2008 年第 6 期。

② 叶小文：《鉴真：一位值得永远纪念的人物》，《江苏民族宗教》，2003 年第 12 期。

③ 武斌：《中华文化海外传播简史》，济南：山东人民出版社，2022 年版，第 140 页。

④《历史上中国与阿拉伯国家的交往及其影响》，《光明日报》，2018 年 7 月 2 日。

指出："来自中国的制造技术在胡罗珊被广泛应用，如造纸技术。"①"在我国造纸术向西方传播过程中，中世纪的阿拉伯人发挥了重要作用。"②当西班牙为阿拉伯人占据时，阿拉伯造纸术也随之传入西班牙，进入欧洲其他国家，而炼丹术在欧洲成为近代化学的先驱，"化学（chemistry）"一词的原意就是阿拉伯文中的炼丹术（alchemy）。这一传播过程，也是中国科学技术和中国国家形象的传播旅程。

关于瓷器，"公元9—10世纪时期，中阿之间的海上交往频繁，大量中国陶瓷输往阿拉伯地区……达到了中国瓷器外销的第一个高峰"。③9世纪到过中国的波斯商人苏莱曼在《中国印度见闻录》中就把精美的瓷器作为中国一大特产进行了介绍，说"中国人持有白色黏土制作的碗，它像玻璃一样美丽，可以看见里面所盛的液体"，这本书当中对中华文化包括风俗文化、中国物产的介绍十分丰富，风俗如服饰、饮食、婚嫁、宗教等诸多方面，物产有黄金、白银、珍珠、锦缎、丝绸、瓷器等，《中国印度见闻录》还记录了中国的饮茶风俗和医药学等，这本书先于同样是关于中国游记的《马可·波罗游记》约4个半世纪。沟通红海、阿拉伯海和地中海的埃及有一个福斯塔特遗址，是出土中国瓷器数量最多、品种最全、延续时间最长的遗址，属于唐至五代时期的就有40余片瓷器，包括邢窑白瓷、越窑青瓷、长沙窑青釉瓷、巩义窑釉绿彩瓷④。波斯作家塔利比也介绍瓷器说，"有名的中国瓷器是些透明的器皿，能制煮食物的罐、煎食物的锅，也能做盛食物的碗。以杏色的为上，胎薄、色净、音脆，奶白色的次之。"⑤中国瓷器沿着海陆两路顺畅的商道源源不断地运到伊

---

① ［苏丹］加法尔·卡拉尔·艾哈迈德著，王光远编译：《丝绸之路文化带：唐朝至元朝时代中阿文化交流与互鉴》，《西亚非洲》，2021年第6期。

② 张文德：《阿拉伯人与中国造纸术的西传》，《历史教学》，1994年第12期。

③ 秦大树：《中国古代瓷器外销的第一个高峰——9~10世纪陶瓷外销的规模和特点》，《故宫博物院院刊》，2013年第5期。

④ 凌宇，张丽伟：《古代瓷器铭文所见"一带一路"地区中外民族交流》，《西南民族大学学报（人文社科版）》，2018年第12期。

⑤ 沈福伟：《中西文化交流史》，上海：上海人民出版社，2006年版，第187页。

朗、波斯等国，受中国唐三彩技术的影响，波斯烧出了带有伊斯兰色彩的铅釉陶，被称为"波斯三彩"，而阿拉伯人掌握的陶瓷上彩上釉技术改进后开拓了彩瓷加工法，发明了青花瓷，这些对中国的制瓷技术产生了很大影响，阿拉伯具有典型伊斯兰文化色彩的陶瓷式样、纹饰和风格也使中国瓷器的造型工艺发生了很大变化，这是文化交流当中产生的相互影响，也是中阿经济文化交流的历史见证①。比如说1980年在扬州出土的一件青釉绿彩背水扁瓷壶（考古工作者鉴定是唐中期长沙窑产品）当中，就书写了阿拉伯文字，装饰有云气纹②，具有阿拉伯—伊斯兰文化特征，证明了中阿之间贸易与文化的交流。总之，中国先进的制作工艺得到阿拉伯国家和人民的称赞，历史学家麦斯欧迪在《黄金草原与珠玑宝藏》中就写道："在真主所造物中，该国人民拥有最为灵巧的双手，极为擅长雕刻与绘画，任何一个民族都无法制造出超过他们所造之物的东西。"③

（三）古代中华文化对外传播的绵延

宋朝在积极推动文化传播交流中遵循仁爱德义、宽容友善的精神准则，如在广州、杭州、泉州等港口和贸易城镇设置众多驿馆招待外宾，解决外商居住、子女求学的外来人员问题，推动了文化和贸易特别是海上贸易的兴盛繁荣，创造了张耒在《张右史文集·思淮亭记》中所描述的"南商越贾，高帆巨舻，群行旅集。民居旅肆，烹鱼酾酒，歌谣笑语，联络于两隅。自泗而东，与潮通而还于海"的盛景。

1.制度文化成为对朝文化传播的重点

高丽王朝创立后继承新罗时代学习引进中国文化的政策和传统，继续通过密切的官方往来、贸易交流、派遣留学生和留学僧等多渠道吸收中华文化，其

---

① 白野：《从中国瓷器看古代中阿经济文化交流》，《中国穆斯林》，2021年第1期。

② 朱江：《海上丝绸之路的著名港口——扬州》，北京：海洋出版社，1986年版，第69页。

③［阿拉伯］麦斯欧迪：《黄金草原与珠玑宝藏》（阿文）第一卷，穆罕默德·穆赫伊丁·阿卜杜勒哈米德校订，开罗：世界图书出版社，1989年版，第146页。

中，唐朝的制度文化成为其学习借鉴的重点。高丽王朝的创建者太祖王建的诗作《训要十首》第四首就写道："惟我东方，旧慕唐风，文物礼乐，悉遵其制"。高丽君主中，成宗最推崇儒学，认为要用"五常"之义去教育臣民，以"六经"所载为制度规范。彭林在《中国礼学在古代朝鲜的播迁》中就将高丽时代的礼制作为这一时期的重点内容，阐释了在与中国的交往中，成宗制礼、高丽礼制格局的形成，具体有祭祀、祭祖、丧服与国恤、军礼、宾礼和冕服制度、嘉礼等等，"经过几百年的努力，高丽王朝的礼仪制度已经达到了儒家经典所论定的规模，并开始全面影响到高丽社会和文化精神的走向。"中央官制的基本框架也是唐朝的三省六部之制。[①] 在儒学发展中高丽引进了中国的宋学即理学，被称为"朱子学"，著名的高丽儒学者有安珦，李齐贤，郑梦周等，高丽忠宣王王璋是元世祖忽必烈的外孙，曾长期住在元大都，退位后设"万卷堂"集齐两国名儒探讨学问，收集古今书籍，推动中国性理学输入高丽并迅速传播，李成桂推翻高丽王朝建立朝鲜王朝后，确立了以朱熹性理学为主干的儒学在国家意识形态中的主导地位[②]。在北宋赴高丽的移民中，有许多文人、武士、医生、术士和画工等，传播推广了先进的宋文化，以义天最为著名，他是朝鲜天台宗始祖，编印了《高丽续藏经》。中国印刷术传到朝鲜，朝鲜人仿照中国技术雕版印书，高丽王朝雕版印刷了大量的儒学经典、历史和医学等书籍，工程浩大的是 11 世纪刊刻的《大藏经》，是世界佛教文化史上的一件盛事。

明代随着大量中国书籍传入朝鲜，社会学习中华文化蔚然成风，"从统治阶层对儒家思想的咀嚼与吸收、儒家文化向社会底层的推广与灌输、崇儒重教促进朝鲜民族文化进步、学习运用中国科学技术"等多方面来看，都反映了以儒家思想为代表的中华文化成为了朝鲜文化血脉的文化本质。[③] 朝鲜半岛的最

---

① 彭林：《中国礼学在古代朝鲜的播迁》，北京：北京大学出版社，2005 年版，第 50-51 页。

② 彭林：《中国礼学在古代朝鲜的播迁》，北京：北京大学出版社，2005 年版，第 138 页。

③ 高艳林：《明代朝鲜中华文化血脉的形成》，《廊坊师范学习学报（社会科学版）》，2017 年第 3 期。

后一个封建王朝李朝与中国明清两朝保持着密切的联系，学者认为，李朝学习中国文化制度，"使得它汉化的程度较朝鲜历史上任何一个朝代都要大得多"①。李朝与明朝建立了藩属关系，清朝时也用多种名义互派使节团，密切了两国关系，两国的文人学士也结下了深厚的友谊。朝鲜使团入华后的见闻记录成书刊印后，元代叫作"宾王录"，明朝时多称"朝天录"，清代多称为"燕行录"，这些记录数目繁多，内容丰富，影响也很大，对中国当时的政治、经济、文化、社会风俗都记载在内，如《北京风水》《城郭市肆》《人物谣俗》。在中国的书籍访购、编刻、刊印与交流等，是明清时期朝鲜燕行使的重要任务②。日本学者认为，"燕行使是世界外交史上曾经存在过的一种十分特殊的现象。在大约500年之间，他们基本上是沿着同一条道路往返于汉城（今首尔）和北京之间。如果考虑到高丽时代以前的情况，其历史还会更长。"③朝鲜16世纪末出现的"实学"继承了儒家的经世传统，在社会领域文化领域提倡实学、实习、实用的"崇实"精神，是受明清实学的影响，启发和刺激了朝鲜、日本的实学。洪大容是朝鲜实学中北学派的主要代表人物之一，他超越了儒家范围，研究自然科学，他与严诚之间的"洪严之交"是中朝两国文化交流的佳话。到了清代，根据社会由虚转实的需要，朝鲜实学的各派代表人物又从顾炎武、魏源等人的经世实学、"利用厚生之学"、高扬清代考据实学以及清代学者的气实体论思想中吸取了大量的思想资源。④

2.中日文化交流以文学艺术为突出亮点

从北宋到元代，中日两国僧侣之间的往来非常频繁，中国禅宗文化东传日本，也有日本僧人来华学禅，最为杰出的有明庵荣西、希玄道元。日本全面移

---

① ［美］费正清，赖肖尔，克雷格：《东亚文明：传统与变革》，黎鸣，等译，天津：天津人民出版社，1992年版，第308页。

② 漆永祥：《朝鲜燕行使在中国的书籍访购、编刻、刊印与交流研究》，《文献》，2023年第3期。

③ ［日］夫马进：《朝鲜燕行使和朝鲜通信使——使节视野中的中国·日本》，伍跃译，上海：上海古籍出版社，2010年版，第191页。

④ 葛荣晋：《清代文化与朝鲜实学》，《中国文化研究》，2001年第3期。

植中国的禅林制度，设置"五山十刹"，五山十刹制度原是南宋时期中国的官寺制度，在佛教和宋学的东传过程中被日本效仿成为具有本土特色的官颁禅寺制度①，不仅成为日本禅宗佛教传播和活动的中心，还成为学术活动以及文学艺术中心。"五山文化"成为泛指这一时期以僧侣为主体的汉文化活动，包括宋学的研修讲习、汉文学的创作、汉籍的校注和刻印等，还形成了日本独特的"五山儒学"，代表人物就有熟读佛教经论、儒家经典、诸子百家之书的虎关师练。历代幕府将军皈依禅宗，将修禅作为武士道的思想支柱和武士生活的模本②。在吸收佛教文化外，"宋代的宋学、茶道、书法、建筑、绘画和印刷术等也都通过僧侣传入日本并广为传播"③。宋朝的艺术品，包括大量书法绘画作品传入日本，对日本禅林和绘画艺术有很大的刺激和影响，禅宗思想也进入日本传统艺术，使花道、茶道、连歌、能乐、庭园等更有自然美，纯宋风禅寺的镰仓建长寺也成为日本禅宗建筑及伽蓝布局的范本，这种建筑类型也被称为"禅宗样"④，被誉为"画圣"的水墨画家雪舟等杨在中国之行中结识了一大批中国的文士和画家，从明代宫廷画风中学习了许多绘画元素，又领悟到中国的自然风物，成为日本画坛的"千古之一人""日本水墨画始祖"。

明朝，日本规模庞大的遣明使团为巩固和发展中日交往，加大经济文化交流做出了卓越贡献，这也得益于造船和海航技术水平的提升。遣明使团中就有日本学者了庵会见中国儒学宗派始祖王阳明的重要事件，当时王阳明撰《送日东正使了庵和尚归国序》并亲笔手书赠之，"阳明序真迹在日本珍藏至今五百余年，是中日文化交流史上的重要见证。"⑤使团回去也要带回大量汉籍与佛

① 陈永华：《五山十刹制度与中日文化交流》，《浙江学刊》，2003 年第 4 期。

② 滕军等：《中日文化交流史——考察与研究》，北京：北京大学出版社，2011 年版，第 215 页。

③ 陈伟庆：《从宋代诗作看宋日交流》，《兰台世界》，2012 年第 15 期。

④ 张十庆：《中日古代建筑大木技术的源流与变迁》，天津：天津大学出版社，2004 年版，第 17–24 页。

⑤ 杨晓维，秦蓁：《了庵桂悟使明与阳明学之初传日本——基于〈送日东正使了庵和尚归国序〉真迹实物与文本的研究》，《史林》，2019 年第 5 期。

经，不仅内容丰富，经史子集应有尽有，有不少佛经、碑帖、地方志等，还有很多有价值的典籍、历史著作和文学作品。明清易代之际，有不少中国学者文人为躲避战乱东渡日本，为中华文化传播发挥了很大作用，影响最大的有才学超群的朱舜水，积极培养儒学人才、大力传播儒学思想，梁启超称其为"日本文化之开辟人，唯一之国学输出者"，他的思想"对日本倒幕和维新时代的精英人物产生了重大影响"①。明清的白话小说在日本广泛流传，"十之八九"都输入日本，四大名著、"三言""二拍"等对日本文学产生重大影响，出现了一批翻译和编写中国文学的作品。有统计提出，"江户时代至中日甲午战争以前的300年间，日译汉籍约有120种，其中中国文学作品占到90%"，其中《水浒传》的日文译本达10多种②。

3.中国与东南亚国家之间深化儒家文化、生产贸易交流

东南亚国家当中，越南浸染中华文化最深，"越南长久受中国文明浸染，在政治上依附于中国封建王朝"，"越南民族许多富有生命力的文化传统显示了越南文化与中国文化的关联"③。中国历史学家冯承钧在《占婆史》译序中就说道，"昔之四裔，浸染中国文化最深者，莫逾越南。"自秦汉至唐，中原王朝对越南地区进行直接管辖，中国历代官吏和移民到当地与居民杂居，广泛传播汉字、汉语、汉学，唐末经五代至北宋初年，在中原政局动乱之际，越南地方势力乘机崛起并自立国家。之后文化交流仍然广泛深入，也有大量中国人南下避乱，传播文化。因而越南历朝都推崇孔子的儒家思想，尊重中华文化并努力效仿。特别是11世纪初建立的李氏王朝，改变越南之前儒、道、佛并立的局面，提高儒学的地位，加强尊孔活动，后黎朝时代儒学在越南达到全盛时期，被推崇为国教，不仅广为普及儒家思想，作为社会政治经济制度的理论依据，而且注重道德实践。汉字也一直是历代王朝的官方书写语言，推行儒学教育和科举

---

① 吴飞:《儒家文化在日本的传播和实践——评周逢年的〈朱舜水思想在日传播研究〉》，《新闻爱好者》，2019年第3期。

② 武斌:《中华文化海外传播简史》，济南：山东人民出版社，2022年版，第246页。

③ 黄玲:《越南文学的民族叙事与中国民族文化》，《江淮论坛》，2012年第5期。

制度，在汉字和汉文学的影响下，越南使臣创造了一种特殊的文学品种"北使诗文"，这是两种"汉文学——产生于本土的汉文学与成长于域外的汉文学"交汇、合流、碰撞的结果①。科举制度在中越文化交流中对越南的政治、教育、文化和社会产生了重要作用，在人才选拔中构建起稳定官僚队伍，丰富完善教育体系和教育内容，促进了越南多元文化的融合，造就了越南士人阶层，塑造了新的社会结构。②

此外，中国与东南亚很多地区就有官方和民间的往来，包括泰国、缅甸、斯里兰卡、印度尼西亚、菲律宾等国。缅甸史书《琉璃宫史》中"三个龙蛋"的传说就是中国与缅甸先民同为宗亲的印证，三国时期蜀汉诸葛亮南征抵达中缅边境，向当地居民传授先进的生产经验和技术，缅甸民间至今还广泛流传着诸葛亮的传说，建有诸葛祠、武侯庙、孔明城等，明清时期，"旅居缅甸的华人成为中国建筑、冶炼、工艺、美术等文化在缅甸传播最为直接的推介者"③。中国与印度尼西亚之间有来往频繁的海上交通航道，历代有中国移民把工艺技术传播开来，造纸术、航海罗盘、火药等先后传入印度尼西亚，元朝时，《宋史》记载，"中国贾人至者，待以宾馆，饮食丰洁"④；梁末隋代时，中国公主下嫁暹罗，中泰两国的正式官方交往始于13世纪，中华文化在泰国获得广泛传播，谢清高的《海录》中说，暹罗人"颇知尊中国文字，闻客人有能作诗文者，国王多罗致之，而供其饮食"。泰国也是古代海上丝绸之路的要道，《明史》记载，明洪武四年（1371），"赐暹罗国王参烈昭毗牙织金、纱、罗、文绮和使者衣一袭"，把丝绸和丝织品作为礼品赠予泰国王朝。在建立了密切的商贸文化关系后，泰国工匠学习中国的制瓷技术，就"在宋加洛烧制出了类似

① 刘玉珺：《越南使臣与中越文学交流》，《学术研究》，2007年第1期。

② 李木洲，傅冠华：《科举制度在越南——基于制度文明的视角》，《杭州师范大学学报（社会科学版）》，2023年第6期。

③ 廖春勇，赵涵：《中国——缅甸文化交流的历史与未来》，《广西社会主义学院学报》，2022年第4期。

④［元］脱脱等：《宋史：卷四三二—卷四九六》，长春：吉林人民出版社，1995年版，第9681页。

中国浙江龙泉窑的青花瓷器。"① 中国与菲律宾的交往到唐朝就十分密切，贸易增多，中国商船定期开往菲律宾，先进农业生产技术传到菲律宾，菲律宾很多地方都发掘出中国古代的钱币、陶瓷器和装饰品等文物。可以说，在西班牙人东来之前，中国与菲律宾群岛已有着史籍确切记载的近 600 年的交往史，中菲之间商人贸易往来密切②。

4.中国与欧亚大陆国家强化贸易与科技文化交流

13 世纪上半叶，蒙古族在欧亚大陆上建立起的大帝国，"统治中国近百年的元朝帝国，曾经以摧枯拉朽之势横扫中原、西亚、东欧……"③ 同时整合了各种社会的文明，打破了民族的疆域，文化的藩篱，实现了前所未有的"和平"，进入了中西方文化大交流的时代。元朝，以大都为中心的交通网络发达，使节往来不绝，丝绸之路恢复和发展，交通的发达和人员的流动，进入了一个中国走向世界、世界认识中国的时代。欧洲人"发现了遥远的中国文化和印度文化，接触到了新的事物"④。在这个空前的文化交流当中，中华文化在欧亚大陆上得到空前传播，其中，蒙古族长期与中原汉民族相处后受到汉文化的影响和熏染，逐渐接受了农耕文化因素，特别是成吉思汗带领蒙古族进入中原地区建立统一全中国的元朝后，蒙古族上层社会也开始自觉接受汉文化，逐渐实现汉化。总体来说，"中原文化、北方草原文化、边疆各族文化、中亚伊斯兰文化、东欧基督教文化、南亚佛教文化等都在元朝得到广泛的交流与传播。"⑤

这一时期，大量的东方发明的输入，推动了欧洲的文化变化和社会变迁。其中，中国的四大发明——造纸术、印刷术、火药、指南针，对欧洲的航海、

---

① 朱振明:《中泰关系发展中的一个亮点：中泰文化交流》,《东南亚南亚研究》, 2010年第 4 期。

② 陈丙先，方园园:《帝国相接与文化融合：明后期中国与西属菲律宾的文化互动》,《广西社会科学》, 2015 年第 5 期。

③ 陈鼎波:《回到遥远的元朝》,《中国民族》, 2007 年第 4 期。

④ 许倬云:《许倬云说历史：中西文明的对照》, 杭州：浙江人民出版社, 2013 年版, 第135 页。

⑤ 汤晓方:《论元朝文化的历史地位》,《内蒙古社会科学》, 1985 年第 5 期。

战争、文化等都产生了重要影响，对世界文明发展史产生了重大影响，甚至对文艺复兴运动起到了至关重要的作用。马克思在《机械、自然力和科学的运用》中写道"火药、指南针、印刷术——这是预告资产阶级社会到来的三大发明。火药把骑士阶层炸得粉碎，指南针打开了世界市场并建立了殖民地，而印刷术则变成了新教的工具，总的来说变成了科学复兴的手段，变成对精神发展创造必要前提的最强大的杠杆。"这是对中国通过重大发明改变世界、影响世界文明发展历史的极大肯定。①

其中，造纸术与纸的广泛传播和使用，促进了近代欧洲科学的繁荣和文化的进步，促进了宗教改革和新思想、新科学的传播；印刷术差不多是和造纸术同时传入欧洲，大大提高了科学文化知识的传播，被誉为"人类文明史上的一个里程碑"，纸币和纸牌是欧洲最早知道的印刷品和雕版印刷品之一，德国人谷登堡以铅、锑、锡合金制成了欧洲拼音文字的活字，印刷了著名的"谷登堡圣经"，"谷登堡的铅活字具有其他质料活字所不具有的优势"，谷登堡印刷术带来了雪崩式后果②。吉尔蒙特在《印刷书与宗教改革》、爱森斯坦在《作为一种变革动力的印刷出版：欧洲近代早期的传播与文化变迁》等著作中肯定印刷术与宗教改革的关系。

印刷术改变了图书的流通方式和阅读方式，使读书不再是少数人的特权，使学术和教育从基督教修道院中解放出来，由于最初的印刷品都是宗教宣传品，使新教运动的观点广泛流传，如马丁·路德的《九十五条论纲》，推动了宗教改革和文艺复兴运动。火药在战争中显示出巨大威力，从阿拉伯传入欧洲后，得到迅速推广和应用，英国是较早使用和制造火炮的欧洲国家，恩格斯指出，"火器一开始就是城市和以城市为依靠的新兴君主政体反对封建贵族的武器。""但是火药和火器的采用决不是一种暴力行为，而是一种工业的，也就是经济的进步。不管工业是以生产什么东西为目的，还是以破坏什么东西为

---

① 李建军：《关于提升中华文化对外传播能力的思考》，《暨南学报（哲学社会科学版）》，2017 年第 7 期。

② 郑也夫：《活字印刷的起源》，《北京社会科学》，2015 年第 9 期。

目的，工业总还是工业。火器的采用不仅对作战方法本身，而且对政治上的统治和奴役关系起了变革作用。"①说明火药的传入对于摧毁欧洲封建制度，推动社会变革产生了巨大作用，促进了文明发展的进程。指南针主要是用于航海事业，宋元时代，指南针随着中国的航船航行到朝鲜、日本、南洋诸岛、印度洋和波斯湾沿岸，传到阿拉伯、欧洲，意大利商船最早使用罗盘，加上地理知识的进步，指南针环球航行成为现实，"十五世纪末哥仑布横渡大西洋发现美洲'新大陆'，十六世纪初麦哲伦船队环航地球成功，都是与磁针的应用分不开的。"②。此外，从中国传入欧洲的马蹄铁、马具和商船被欧洲人采用，加大了交通运输的效能。"从远方中国传来的奇妙无比的四大发明，对于西方文化，起到了激励、开放和推动这一伟大历史转变的重要作用。或者说，四大发明是从外部刺激西方文化内部发生蜕变和更新的重要文化要素。四大发明对西方乃至整个世界的历史进程都起到了革命性的作用，推动和促进了整个人类文明的结构性改变。"③

二、近现代中国的文化传播

晚清时期，西方文明对中华文明的强势冲击以及日本的崛起，使中华民族到了生死存亡的危机时刻，中国面临"三千年未有之大变局"，不仅领土遭到践踏、经济遭到侵蚀，文明遭到巨大挑战，蒙受被掠夺、被羞辱的劫难，民族文化也被西方列强和日本帝国主义以传教和办学为名遭到侵略。民族危机实质上就是文化危机，国力衰弱也导致中国文化的僵化和没落，造成近代中国文化对外传播的国际影响力落后。钱穆曾总结道："我们国家在近几十年来遭受到种种困厄灾祸，其最大原因，正为国人失却自信，不自尊重，把自己文化传统看得太轻了，甚至对自己文化产生一种轻蔑而排斥的心理，这是一切原因中之最大主要的原因。"④深刻阐明了近现代中华文化没落与国家危亡之间的深层次

① 《马克思恩格斯选集》第3卷，北京：人民出版社，2012年版，第547页。

② 王振铎：《中国古代磁针的发明和航海罗经的创造》，《文物》，1978年第3期。

③ 武斌：《中华文化海外传播简史》，济南：山东人民出版社，2022年版，第285页。

④ 钱穆：《中华文化十二讲》，北京：九州出版社，2017年版，第2页。

关系。直到 20 世纪初中国先进知识分子掀起新文化运动，开启中国近现代文化思想史的"黄金时代"，对中国文化进行复兴与再造，以民族复兴为己任的中国共产党引领中国文化走向世界，才拉开了新的文化传播巨幕。这一时期，具有特色和值得总结的文化传播方式与经验主要是以下几个方面。

（一）汉学研究的兴起与汉学研究机构的成立

不容忽视的是，当"西学东渐"成为近代中国文化交流的主要趋势时，也有因受到博大精深的中华文化影响的汉学研究机构、汉学家以及传教士和留学生推动"东学西传"，实现中华文化在近代史上的对外传播。鸦片战争之后，为了实现政治、商业上的利益，大批欧美传教士、外交官、殖民者和商人来到中国收集资料，客观上推动了中国典籍外传西方和欧美的汉学研究，培养了一批汉学人才，相继出现了许多汉学研究机构。如以基督教女传教士赛珍珠为例，她获得诺贝尔文学奖的作品就包括书写农民生活的《大地》，她在颁奖仪式上做了《中国小说》的演讲，就高度评价了中国古代白话小说对她写作成就的影响[1]。在汉学研究机构方面，其中，法国被誉为"无可争议的西方汉学之都""欧洲汉学研究的发源地"，有著名的伯希和、马伯乐、葛兰言等研究者[2]，形成巴黎法兰西学院、东方现代汉语学校等汉学研究机构。英国牛津大学、剑桥大学和伦敦大学等都开设了汉学讲座，成立英国皇家亚细亚学会。德国柏林大学成立了东方语言研究所，25 年间共有 480 人学习中文，对象主要为法律系大学生，也有部分银行职员、外交官、工程师和商人。[3] 俄国彼得堡大学等成立东方学系，开设课程，培养汉学人才。美国也在哥伦比亚大学等学府成立汉学研究机构。

（二）汉籍收藏与汉学家对中华典籍的翻译

欧美汉籍收藏为中国文化对外传播发挥了重要作用。英国大英博物馆是

---

[1] 刘丽霞：《近现代来华传教士与中国文化研究》，北京：中国社会科学出版社，2017 年版，第 212 页。

[2] 张璐，吴泓缈：《浅谈法国当代汉学研究》，《法国研究》，2013 年第 4 期。

[3] 魏思齐：《德国汉学研究的历史与现况》，《世界汉学》，2006 年第 1 期。

西方馆藏中国文物最多的地方，晚清时期收藏汉籍约两万册。法国国立图书馆是法国最大的汉籍收藏机构，驻法公使郭嵩焘记载馆中藏有中国书二万四千帙。1922 年伯希和为梵蒂冈图书馆编纂汉籍目录时发现该馆收藏的中国传统古籍总量约 350 部，包括一些稀见品种、独特版本、名家旧藏和中外学者批注本①。优秀汉学家对中华文化和典籍进行深入的研究，如法国的儒莲、顾赛芬、沙畹、伯希和等人，研究经、史、子、集等儒家文化，中国佛教和道教等。英国汉学家理雅各留华期间，在王韬的协助下对《四书》《论语》《大学》《中庸》《诗经》《道德经》等书进行英译出版，合称《中国经典》，理氏译本的成功在于"采用了专业性、学理性的翻译方式"②，推动了中国文化在欧洲的传播。卫礼贤是德国基督教同善会的一名传教士，1899 年来中国传教并开展教育和慈善事业，回国后以德文翻译出版《易经》和中国古代哲学经典《论语》《老子》《列子》《庄子》《吕氏春秋》《礼记》等，发表了大量有关孔子和中国儒家文化的论文，从西方视角确证了传统儒学的现代价值，"他的'中国'立场，让西方封闭的话语场内多了'他者'的声音"③。翟理斯在中国担任过多处英国领事，著有《中国历史及其他概述》《古今姓氏族谱——中国人名大辞典》，编写了《华英辞典》等，在他的著作与翻译作品中，"翟理斯有意抵制'西方中心主义'对中国形象的扭曲与丑化，通过对原文的操纵来重塑中国形象。"④这也是对中华文化的深刻认同感。外交官陈季同向西方介绍中国文学名著和中国传统文化，率先把《聊斋志异》译成法文译本，实际上是向西方介绍中国风俗生活特别是下层民众为主体的民族传统和民间文化，体现出强烈的民族主义情感

---

① 谢辉:《梵蒂冈图书馆收藏中国传统古籍的历程与价值》,《图书馆论坛》, 2022 年第 10 期。

② 乔辉, 刘雨欣:《理雅各〈尚书〉翻译出版对中国典籍域外传播的启示》,《出版科学》, 2024 年第 2 期。

③ 方厚升:《"儒者"卫礼贤的文化使命:重估儒学》,《孔子研究》, 2021 年第 1 期。

④ 庞学峰:《翟理斯的翻译对"西方中心主义"意识形态的抵制》,《中国翻译》, 2018 年第 4 期。

倾向①。

（三）西方学者对中华文明突出特征的挖掘

第一次世界大战期间，西方一些有识之士在国际重大形势中深入思考人类文明的发展前途问题，当他们深切认识到西方近代资本主义文明的弊端时，中华文明当中突出的和平性、包容性等特征吸引了他们的注意，他们从古老的中国文化中找寻有益的文化因素，汲取有价值的思想。比如，英国哲学家罗素在《中国问题》一书中就热情礼赞中国文明，他在对比中西文化中摒弃了西方中心论，将中华文化视为决定中国和世界未来发展的"为现代世界所急需"的第一要素。罗素对于中华文明的和平性大加赞赏，认为"我们的富裕生活、我们汲汲以求的大部分东西都是靠大范围压迫、剥削弱国而得。而中国目前还不很强大，不足以给其他国家造成伤害。他们得到的东西、受用的东西仅仅是靠发扬美德、费心尽力而来。"② 因此，罗素认为，"第一次世界大战表明，我们的文明有些地方出了错。""我们欧洲人不幸福、不快乐。""在这种痛苦中，西方描绘的希望图景变得苍白黯淡。""怀着这种心情，我出发前往中国，去找寻一种新的希望。"③ 这一时期，欧洲国家出现了一批以研究和传播中华文化为宗旨的学术组织与研究机构，如德国法兰克福大学中国学院、达姆斯塔特的"东方智慧学院"、法国巴黎大学中国学院等，深度挖掘中国文化。

（四）对近代中华民族抗争精神的表达

第二次世界大战期间，世界形成反法西斯统一战线，国际组织与各国友好人士在世界声援中国人民英勇抗日的正义战争，英国、法国、美国等左翼组织下的文化组织宣传中国人民的抗战精神与事迹，传播中华文化，翻译中国现

---

① 高有鹏：《近代文学发展中的文化输出问题——以外交官陈季同为例》，《河南大学学报（社会科学版）》，2016年第1期。

② ［英］罗伯特兰·罗素：《中国问题》，田瑞雪译，北京：中国画报出版社，2019年版，第6页。

③ ［英］罗伯特兰·罗素：《中国问题》，田瑞雪译，北京：中国画报出版社，2019年版，第14、16页。

代文学和抗战文学。特别是一些正直的西方记者、作家、医生等来到中国，亲身实地地感受中国人民的抗战实情，了解中华文化，写作了大量在世界上产生重大影响的报道、文章和著作，成为传播中国故事的重要作品。其中最为著名的就有美国记者埃德加·斯诺的《红星照耀中国》，斯特朗的《五分之一的人类》《中国的一百万人》，史沫特莱的《大地的女儿》，斯坦因的《红色中国的挑战》，福尔曼的《来自红色中国的报告》，爱泼斯坦的《未完成的革命》等。特别是美国记者埃德加·斯诺的《红星照耀中国》出版后，在国际上产生了巨大影响，开创了"西方了解中国的新纪元"[1]。打破了在国民党蒋介石的舆论封锁下西方对中国共产党的固有印象，"对外宣传了一个民主、平等和抗战的中国共产党"[2]，从而成为当时世界了解中国革命、中国共产党的重要正面窗口。

（五）具有国际影响的文化艺术传播

近现代，一些具有中国特色的文化艺术的传播成为具有国际影响的大事件，比如中国古典戏剧艺术，代表人物就是才华横溢的艺术家梅兰芳，他向世界观众展示了"登峰造极的演技和中国古典戏剧所具有的最深奥的秘密"，"梅兰芳在海外演出中的各方话语实际上营造了一个中西戏剧观交流、碰撞的言说场域"[3]，德国戏剧大师布莱希特受到梅兰芳的影响后，就写作了《中国戏剧表演艺术中的间离效果》。在绘画方面，国画艺术也在欧洲得到广泛传播，如刘海粟等国画大师在欧洲多地举办中国现代绘画巡回展，蔡元培说使中国文化"震动全欧"，并且因为他们的努力使中国传统与西方现代实现相互兼容——中国传统即西方现代[4]。在中国文学方面，鲁迅、郭沫若、茅盾等名人大家的作

---

① 闫玉清，赵兴银：《中华民族伟大复兴与当代中国文化国际影响力的生成》，《毛泽东邓小平理论研究》，2020 年第 9 期。

② 胡德坤，赵耀虹：《埃德加·斯诺与战时中共形象的国际传播》，《党史研究与教学》，2021 年第 5 期。

③ 郭超：《从 20 世纪 30 年代梅兰芳的戏曲跨文化传播看中国文化的现代化路径》，《文学评论》，2023 年第 4 期。

④ 杭春晓：《跨文化中的"潮汐效应"——20 世纪 20 年代中国语境中的"世界性"与"现代艺术"》，《文艺研究》，2024 年第 4 期。

品被翻译成英俄日等国语言文字出版，大量关于中国哲学、宗教、历史、科技等方面思想的作品被翻译介绍到国外，一些汉学家还写作充分肯定中国艺术、科技等方面的书籍，讨论中国文化在世界上的地位价值，如芬兰汉学家喜龙仁的著作《中国早期艺术史》《中国艺术三千年》。英国著名科技史专家李约瑟教授组织中英科学家写作的 7 卷本《中国科学技术史》等。

三、当代中国的文化传播

新中国成立后，我国对外文化交流全面复苏，随着国际地位和国际影响力的增强，国家通过外交活动和文化交流活动等不断加强中华文化对外传播，传播中国精神和中国形象。基辛格在《论中国》就说道，"自新中国成立伊始，中国就在世界的舞台上发挥着比其实际力量更加强大的力量"，"革命派认为中国是一种道义和政治力量，他们坚持通过自身的榜样作用，把自己独特的思想信念向钦佩中国的世界传播"①。作为世界上唯一一个文明没有中断过的文明古国，我们应当向世界展示中华文明的独特魅力。新中国成立以来特别是改革开放以来，我国文化供给能力不断提升，文化传播能力和成效不断提升。美国学者弗朗西斯·福山认为："当今全球化是由技术特别是通信技术推动的，这种技术使国界无法阻挡金融资本的流动之外，也无力阻挡思想、文化和图像的渗透。"② 在传播理念和传播技术不断发展进步的当下，中华文化依托文化外交、文化交流、文化宣传和文化贸易走向世界。新世纪以来的中华文化对外传播的内容、方式、途径等更加丰富多元，影响更加广泛，成效更加明显。

（一）文化交流领域

文化交流主要以文化传播机构和文化传播媒介为载体开展各类文化交流活动，彰显中华文化的魅力和世界影响力。

1.文化传播机构的发展

中华文化海外传播的历史进程中，影响较大的机构是在世界各地的孔子学

---

① ［美］亨利·基辛格:《论中国》，北京：中信出版社，2015 年版，第 94、315 页。

② 段龙江:《我国跨文化传播的困境与优化路径》，《人民论坛》，2021 年第 14 期。

院及孔子课堂。第一家孔子学院是 2004 年在韩国首尔设立的，其后发展至全世界，引导了世界人民学习汉语和汉文化的热潮。2006 年 6 月 26 日美国《时代》周刊亚洲版形容全球"汉语热"盛况时说道："如果你想领先别人，那就学习汉语吧！"2012 年，有英国、法国、美国等 40 多个国家将汉语教学正式纳入国民教育体系①，推动了孔子学院在世界各地的大发展。截至 2018 年底，统计数据显示，"全球已建立 548 所孔子学院和 1193 个孔子课堂，同时成立了 37 个中国文化中心。"② 来自中国国际中文教育基金会的数据显示，到了 2023 年底，中国已经通过中外合作方式，在 160 个国家（地区）设立了 1271 所孔子学院和孔子课堂。除了汉语教学，各类文化传播活动依托孔子学院开展，历史久远的儒家文化与特色鲜明的武术、书法等中华传统文化被各国人民所熟悉，产生了深远影响，通过孔子学院成为中华文化的对外传播的重要元素。中华文化中心在世界各地的设立也是中华文化海外传播当中的重要机构平台，形成了文化传播当中具有中国特色的靓丽风景线。如埃及中国文化中心有太极拳课、影视放映、中医讲座、中文歌曲和汉语比赛等，巴黎中国文化中心设有戏剧节和电影节，韩国中国文化中心有刻着孔子、孟子、老子、庄子圣像的院墙以及书墨气息浓厚的接待厅，曼谷中国文化中心开展了多样的文化活动、教学培训、信息服务等③。这些文化机构与孔子学院一起，成为中华文化对外传播当中进行文化交流的主要载体平台。此外，图书馆、博物馆等也逐渐成为文化产业发展和对外传播的机构载体，特别是新媒体时代，博物馆借助融媒体将文博资源进行数字化传播，实现了文物信息传播的多元演绎，推动了文化对外传播。④

---

① 任晶晶：《从"孔子学院事件"看中华文化公共外交的机遇与新路》，《领导科学》，2012 年第 32 期。

② 张周洲，陈越：《中华文化国际传播多元化路径探析》，《人民论坛》，2019 年第 25 期。

③ 张骥等：《中华文化走向世界策略研究——基于文化软实力建设的视角》，北京：中国社会科学出版社，2019 年版，第 139 页。

④ 杨扬：《融媒体语境下博物馆文化传播路径新探——以河南博物院为例》，《新闻爱好者》，2024 年第 5 期。

2.文化传播媒介的发展

当代中国的文化传播媒介经历了以传统媒介为主向新兴技术媒介的转型发展过程。全球化背景下互联网技术不断发展过程中，中华文化对外传播的媒介发生重大转变，新兴技术媒介特别是新媒体、自媒体逐渐成为文化传播的重要媒介。

（1）传统媒介方面

长期以来，官方媒介的宣传引导是中华文化对外传播的主流方向，包括官方的报刊、电视、电台等。与西方国家的传统媒体不同的是，"中国传统媒体（尤其是以传统媒体为主要形态的主流媒体）并不是作为中立的'第四权力'独立存在，它还要更多地肩负起传播主流价值、引导社会舆论的职能，并以积极的姿态参与到国家治理的实践中去。"[1] 比如2004年中国政府提出传媒走出去后，陆续推出了英文版环球时报，注资美国熊猫电视台，新华社创办新华视频，2009年商务部在美国有线电视新闻网投放了一段关于中国制造的广告。2011年国务院新闻办制作并推出国家形象宣传片《人物篇》，此片在纽约时报广场的大型电子显示屏播出，在政府的对外宣传当中，"和谐世界观（harmonious worldview）和睦邻政策（good neighbor policy）"是传播得最有成果的价值。[2] 为了用全球语言传递中国声音，到2024年3月，作为官媒代表的中央广播电视总台已成为拥有80种海外传播语种的国际主流媒体。总台CGTN的传播覆盖非洲、东南亚、南亚、中东、拉美和南太平洋等多地，中国外交部长王毅表态"中国将坚定做世界的和平力量、稳定力量、进步力量"[3]。官方媒介在文化传播中更加注重宏大、全面的国家形象与文化影响，2017年

---

[1] 殷昊，林奇富：《窄播时代的政治传播：中国传统媒体的挑战及其应对策略》，《公共行政评论》，2023年第5期。

[2] Liu,T.T.,&Tsai,T.C.(2014).Swords into ploughshares?China's Soft Power strategy in Southeast Asia and its challenges.Revista Brasileira De Politica Internacional,57(spe):28–48.

[3]《王毅：中国将坚定做世界的和平力量、稳定力量、进步力量》，人民网，http://world. people.com.cn/n1/2024/0307/c1002–40190892.html.2024–03–07。

以来中央电视台的《航拍中国》系列纪录片，以自然风光、名胜古迹、民俗风情、现代城市和文化传承五个部分的内容，将中国的壮丽风光通过航拍技术向世界观众进行展示，社交媒体的点评、转发等为中国元素的对外交流提供了有力的渠道，受海外观众喜爱的还有《舌尖上的中国》等介绍中华文化的纪录片。地方的官方媒介也对中华文化对外传播发挥了积极的作用。如湖南卫视和东南卫视举办的华人华侨春晚，围绕海外华人和海外中华文化传播讲好中国故事①。河南卫视自 2021 年以来打造的"中国节日"系列节目，用歌舞、戏曲、文物、美食等民俗文化元素展现中华优秀传统文化，弘扬中华美学精神②，将中国传统的春节、元宵节、清明、端午、七夕、中秋、重阳等节日繁华景象展现在观众面前，引发了海内外观众的热议。具有代表性的有《唐宫夜宴》《洛神水赋》《龙门金刚》《纸扇书生》等，实际上也是传统媒体与新媒体相结合的新时代文化成果。

民间资本发展了一些传播媒介，拓展了国际传播市场，比如 2005 年 10 月，金华邮电工程安装有限公司买下吉尔吉斯斯坦广电部在德隆电视台的股份，通过新疆维吾尔自治区广电厅向吉尔吉斯斯坦提供中央台和新疆台的优秀节目、影视作品。2005 年中国商人在阿联酋开通"亚洲商务卫视"并上星，发布中国商务资讯，介绍中国文化、旅游和商品，观众达 4 亿。"2008 年以来，我国在全球进行媒体分支站点建设，国际台用超过 60 种语言在国际范围内传播，从大众传播视角助力中国文化的全球流转。"③2009 年 7 月，松联国际传媒和天星传媒作为中国内地民营资本，联合购得美国洛杉矶天下卫视华语电视台④。

① 周菁，吴嘉玲：《华人华侨春晚：同圆共享中国梦》，《中国广播电视学刊》，2019 年第 4 期。

② 张艳：《探析电视节目的创新表达与文化传播——以河南卫视"中国节日"系列节目为例》，《新闻爱好者》，2023 年第 8 期。

③ 晏青：《中国文化全球传播的媒介逻辑与社交融入创新》，《南京社会科学》，2019 年第 7 期。

④ 姜飞：《新阶段推动中国国际传播能力建设的理性思考》，《南京社会科学》，2015 年第 6 期。

2009 年 8 月，温州籍商人叶茂西收购英国的 PROPELLER 卫星电视台，在英国传播中国文化、历史、经济发展和产品品牌。2014 年，当中信传媒指数上涨近 5 成，传媒业再成市场热点时，阿里联手中国建材等三家企业以 5 亿元人民币投资 21 世纪传媒，万达投资华夏时报，"弘毅资本、泛海集团、腾讯乃至国家电网在传媒资本市场也是身影频现。"还传出复星国际欲收购《福布斯》传媒的消息。① 这是党的十八大以来推动文化大发展大繁荣的政策使传媒产业迅速发展，也让大家重新认识到了传统媒体在传播影响力的价值。鉴于新兴媒体的冲击，传统媒体逐渐进行了自我调适，加入了融媒体、全媒体的文化传播格局当中，与新媒体技术和平台加强了合作交流。如人民日报、央视新闻、澎湃新闻等纷纷入驻微博播放短视频新闻，再如 2021 年国庆期间，中央电视台在 B 站、知乎等互联网社区发布的国庆动画视频、进行讨论分享，就是新的宣传策略的体现。

（2）新兴媒介方面

新媒体技术在全球的普及使跨文化传播走进"数字时代"，互联网新媒体的发展增加了文化传播的内容、方式、主体和途径。根据中国互联网络信息中心（CNNIC）《中国互联网发展状况统计报告》中的数据，2022 年 12 月我国网络视频（含短视频）、网络新闻、网络直播、网络音乐、网络游戏、网络文学用户规模分别达 10.31 亿、7.83 亿、7.51 亿、6.84 亿、5.22 亿和 4.92 亿，到 2023 年 12 月，我国网民规模达 10.92 亿人，网络视频用户规模达 10.67 亿人，因此，互联网上的社交媒体和网络视频平台成为文化传播的重要渠道。中国网络视听节目服务协会副秘书长周结提出，要"加快出海步伐，推动中华优秀文化以更加新颖、更具活力的方式走向海外"② 。国内主流媒体自 2009 年以来就陆续在社交媒体上开设官方认证账号，如以推特（Twitter）为例，Global

---

① 裴正义：《传媒与资本需要相向而行》，人民网，http://media.people.com.cn/n/2014/0717/c386880-25295567.html.2014-07-17。

②《第 53 次〈中国互联网络发展状况统计报告〉发布 互联网激发经济社会向"新"力（大数据观察）》，《人民日报》，2024 年 3 月 25 日。

Times、China Daily、People's Daily、China Xinhua News、CGTN 分别在 2009 年 9 月、2009 年 11 月、2011 年 5 月、2012 年 2 月、2013 年 1 月创建了官方账号①。国际社交媒体如 Twitter、Tumblr、Reddit、Facebook 具有对中华文化的高传播效果，特别是在生活与社会文化类、地方空间文化类和政治文化类内容上②。中国的流行电视节目通过适应性改变在各地传播与复制，文化元素也在本土化过程中获得新的意义，如曾在全球 195 个国家和地区播出的电视剧《甄嬛传》《琅琊榜》，《非诚勿扰》节目还曾在澳大利亚公共电视台 SBS 播出，播出后学者在社交平台 Facebook、Twitter 上进行了讨论。当前中国网红在 YouTube 平台上发展势头良好，传播领域排在前列的有古风类、美食类、谈话类、影视类、教学类、泛生活类③。截至 2020 年 12 月 5 日，李子柒的个人频道在 YouTube 上的订阅用户达 1360 万，超过美国 CNN（1150 万）和英国 BBC（879 万），更是远超我国新闻国际传播机构 CGTN（198 万）④。

元宇宙时代，中华文化对外传播具有新的表现，"元宇宙时代，谁能抢先将元宇宙会聚技术应用于文化创新、文化对外传播，谁就能抢占二次元世界的任何高地。"⑤在大数据算法、算力等技术日益发达的基础上，新技术也引导文化传播的新方式、新途径。如上海的米哈游公司出品的《原神游戏》风靡全球近二百个国家（地区），成为 2022 年第一季度全球玩家支出最高的游戏。⑥传统媒体在借助新媒体新技术的传播手段上也取得了意想不到的新成效。如河

① 晏青，杜佳芸：《中国春节文化海外传播的话语方式》，《对外传播》，2020 年第 3 期。

② 徐翔：《中国文化在国际社交媒体传播的类型分析——基于共词聚类的研究》，《现代传播（中国传媒大学学报）》，2015 年第 10 期。

③ 英颖，孟群：《中国网红在 YouTube 的跨文化传播》，《青年记者》，2022 年第 4 期。

④ 高宝萍，冯慧：《新媒体语境下中国国家形象跨文化传播困境与对策探究》，《理论导刊》，2021 年第 6 期。

⑤ 刘红喻，兰甲云：《元宇宙时代提升中华文化对外传播力的策略》，《湖南大学学报（社会科学版）》，2023 年第 3 期。

⑥ 郑天仪，曲茹：《"游戏出海"与中国文化对外传播———以国产游戏角色"云堇"为案例》，《对外传播》，2022 年第 4 期。

南卫视的中国节日系列节目，以传统节日这一中华文化核心元素为基础，充分运用新技术打造一个美轮美奂、时空穿越、虚实结合的舞台场景，又采用了当前年轻人偏好的二次元漫画与真人演绎相结合的叙事方式，不仅激发了广大中华儿女的文化基因、审美共鸣和爱国主义情怀，短时间内就推动集体点赞、评论、转发、分享等，也使受众迅速飙升至上亿户，并出圈至国内外受众层。① 移动媒体时代诞生了全新的文化传播范式，作为中国公司开发的应用 TikTok 已经成为具有全球影响力的平台，2021 年初《纽约时报》专门报道，9 月数据显示全球月活跃用户已超过 10 亿，其中，2023 年上半年的数据显示，TikTok 在美国的用户有 1.5 亿，主要是年轻人②。TikTok 短视频承载的中国文化元素受到广泛的关注，如 2022 年非物质文化遗产在海外短视频平台上的影响力报告中显示，TikTok 上非遗相关内容视频播放总量目前逾 308 亿次，关于"武术"的视频播放次数达 222 亿次，与春节相关的视频播放量超过 46 亿次，龙舞相关视频播放量超过 3000 万次，还有很多中国古代如农学、医药、建筑等科技文化也刷新了海外网友的认知。③ 因惧怕其影响力和抵制中国元素，美国政府多次对它采取封禁措施，甚至将它视为威胁国家安全的社交媒体平台，通过相关法案进行封禁。

（二）文化外交领域

公共外交是文化传播领域的官方主渠道。"中国利用主场外交将'中国化的世界理念'有效传达给参与者及外部世界，并赢得各方的尊重、信任和认同。"④ 可以说外交既是彰显国家软实力的一个重要方面，更是弘扬中华文化、推进文明互鉴的重要方式途径。当代中国外交以上世纪六七十年代为分水岭，

① 张琬：《河南卫视传统文化节目成功破圈的启发》，《广电时评》，2021 年第 16 期。

②《美国众议院通过法案 TikTok 在美面临被迫出售或彻底被禁》，https://www.bbc.com/zhongwen/simp/world-68563657.2024-03-14。

③《TikTok 助力非物质文化遗产海外走红》，新华网，http://www.news.cn/2022-06/13/c_1128737762.htm.2022-06-13。

④ 胡玉冰，樊淑娟：《跨文化传播中的话语力提升策略》，《甘肃社会科学》，2021 年第 6 期。

"大体上经历了革命外交和发展外交两个阶段"①。新中国成立以来的文化外交发展划分为"文化先行、外交殿后""全面开放、全面参与""内外合力、扩大交流"与"提质升级、合作共赢"四个历史阶段②。建国初期的文化外交以政治与革命为中心，大多是文艺演出、杂技等单向宣传，实施"一边倒"政策，意识形态色彩浓厚。70年代开始文化外交成为对外开放的一项重要内容，"乒乓外交"曾是中美关系缓和的一段佳话，开启了两国文化交流，推动"数以千计的科学、技术、教育、医药、体育、艺术等各界人士以个人或团体方式进行的横跨太平洋交往"③。到20世纪末，中国已与123个国家签订了文化合作协定，与160多个国家和地区有不同形式的文化往来④。新世纪以来，中国加入世贸组织也加深了与世界的文化交流，2009年成立了对外文化工作部际联席会议，在外举办中国文化年、文化节，"欢乐春节、亚洲艺术节、中非文化聚焦等一批重点文化交流活动覆盖100多个国家和地区，成为文化外交的标志性品牌"⑤。参加国际博览会也是展示国际形象和文化元素的重要途径，北京申奥和上海申博的成功也是中国走向世界、推动文化交流的重大事件。中国与联合国教科文组织合作，2004年中国成为加入《保护非物质文化遗产公约》的第6个国家，我国不断有项目列入《人类非物质文化遗产代表作名录》，截至2022年11月，共有35个项目入选（详见下表），成为世界了解中华文化的一道窗口。2024年12月4日，"春节——中国人庆祝传统新年的社会实践"列入联合国教科文组织人类非物质文化遗产代表作名录。

① 梁志：《新世纪以来当代中国外交史研究述评》，《中共党史研究》，2022年第6期。
② 杨悦：《新中国文化外交70年——传承与创新》，《国际论坛》，2020年第1期。
③ 李洪山：《中美文化冷战结束之开端——"乒乓外交"新探》，《社会科学论坛》，2012年第6期。
④ 孙家正：《面向21世纪的中国文化》，《对外大传播》，2001年第8期。
⑤ 杨悦：《新中国文化外交70年——传承与创新》，《国际论坛》，2020年第1期。

表 2-1 人类非物质文化遗产代表作名录（中国）①

序号	项目名称	列入年份
1	昆曲	2008年
2	古琴艺术	2008年
3	新疆维吾尔木卡姆艺术	2008年
4	蒙古族长调民歌	2008年
5	中国篆刻	2009年
6	中国雕版印刷技术	2009年
7	中国书法	2009年
8	中国剪纸	2009年
9	中国传统木结构建筑营造技艺	2009年
10	南京云锦织造技艺	2009年
11	端午节	2009年
12	中国朝鲜族农乐舞	2009年
13	妈祖信俗	2009年
14	蒙古族呼麦歌唱艺术	2009年
15	南音	2009年
16	热贡艺术	2009年
17	中国传统桑蚕丝织技艺	2009年
18	龙泉青瓷传统烧制技艺	2009年
19	宣纸传统制作技艺	2009年
20	西安鼓乐	2009年
21	粤剧	2009年
22	花儿	2009年
23	玛纳斯	2009年

① 《我国已有43项"非遗"入选联合国名录名册 居世界第一（附名单）》，环球网，
https://go.huanqiu.com/article/4Ag3eYufqdC.2022-11-30。

续 表

序号	项目名称	列入年份
24	格萨（斯）尔	2009年
25	侗族大歌	2009年
26	藏戏	2009年
27	中医针灸	2010年
28	京剧	2010年
29	中国皮影戏	2011年
30	中国珠算——运用算盘进行数学计算的知识与实践	2013年
31	二十四节气——中国人通过观察太阳周年运动而形成的时间知识体系及其实践	2016年
32	藏医药浴法——中国藏族有关生命健康和疾病防治的知识与实践	2018年
33	太极拳	2020年
34	"送王船——有关人与海洋可持续联系的仪式及相关实践"	2020年
35	中国传统制茶技艺及其相关习俗	2022年

在入选的非物质文化遗产中，以昆曲为代表的戏曲戏剧艺术，是非物质文化遗产中具有重要地位作用的中华文化，也是中华文化对外传播中的一枝独秀，成为中国外交中文化外交的一张靓丽名片。在国家政策的支持与鼓励下，中国戏曲走上了"出海"的道路。2013、2016 年，豫剧《程婴救孤》先后在美国百老汇、好莱坞登场，同时，昆曲《牡丹亭》在英国康桥一展中国园林的"春色如许"。2017 年英国剑桥大学开通"全球昆曲数字博物馆"，并在第二年开始了《不仅是音乐——剑桥大学昆曲文化遗产展》3 年成果展[①]。2022 年 8 月，北方昆曲剧院与苏格兰亚洲艺术基金会就推广中国昆曲艺术签署战略合作协议。这些非物质文化遗产以更强大的文化自信登上国际舞台，展示中华文化的魅力。

---

① 尚嘉宝：《从文化自信到文化输出：戏曲跨文化传播的可持续路径》，《中国戏剧》，2023 年第 6 期。

党的十八大以来，"共建'一带一路'""和谐世界""构建人类命运共同体""全人类共同价值"等关键话语的提出，在世界产生了巨大的影响力，2018 年 6 月中央外事工作会议确立了习近平外交思想的指导地位，成为新时代大国外交工作的科学指引。《大国外交》纪录片全方位展示了党的十八大以来中国特色大国外交的伟大进程和所取得的辉煌成就，文化和旅游部成为文化外交工作的主管单位，2013 年设立的国际艺术基金为推动中华文化走出去提供了新资源平台①。"一带一路"是中国特色大国外交的主要抓手，既蕴含了古丝绸之路的历史沉淀和文化符号，也体现了中国加强区域合作、推动世界和平稳定的现实主张。"一带一路"成为开放包容的国际合作平台和实现文明交流互鉴的载体，2017 年 5 月 14—15 日，首届"一带一路"国际合作高峰论坛在北京召开并取得丰硕成果，截至 2021 年底，中国已与 145 个国家、32 个国际组织签署 200 多份共建"一带一路"合作文件②。人类命运共同体理念的提出是中华文化及价值观在国际舞台上的深刻体现。2012 年 12 月 5 日与在华工作的外国专家座谈时，习近平总书记指出了"国际社会日益成为一个你中有我、我中有你的命运共同体。"③2013 年 3 月 23 日，在莫斯科国际关系学院演讲中，习近平总书记首次在国际场合向世界提出"命运共同体"这一概念。2017 年 1 月 18 日，在瑞士日内瓦万国宫出席"共商共筑人类命运共同体"高级别会议时，习近平总书记并发表题为《共同构建人类命运共同体》的主旨演讲，强调"和羹之美，在于合异""坚持交流互鉴，建设一个开放包容的世界""人类文明多样性是世界的基本特征，也是人类进步的源泉"等重要观点④。2021 年党

①　杨悦，肖羽婧：《十八大以来的中国文化外交——以国家艺术基金"走出去"项目为例》，《公共外交季刊》，2017 年第 1 期。

②《数说"一带一路"2021》，中国一带一路网，https://www.yidaiyilu.gov.cn/xwzx/gnxw/211497.htm.2022−01−05。

③《习近平同外国专家代表座谈》，新华网，www.xinhuanet.com/politics/2012−12/05/c_113922453.htm.2012−12−05。

④《习近平：共同构建人类命运共同体》，中国政府网，http://www.gov.cn/xinwen/2021−01/01/content_5576082.htm.2021−01−01。

的十九届六中全会上，习近平总书记总结新时代外交工作时强调中国特色大国外交以推动构建人类命运共同体为战略谋划，弘扬共同价值，引领人类进步潮流。此后，推动构建人类命运共同体成为我国和平外交、文明互鉴的目标，并作为中国式现代化的本质要求之一。

此外，自 2013 年开始的"汉学与当代中国"座谈会，自 2014 年创办的"青年汉学家研究计划"等，成为文化外交的重要载体平台。大力推进中华文化外译，2017 年中国就与 50 多个国家签订了相互翻译对方经典作品的协定；2022 年北京冬奥会，开幕式和闭幕式都受到了全世界各国人民的关注，将中华文化当中的"天下大同、天下一家""和而不同、美美与共""仁爱友善、团结和平"与奥林匹克体育精神当中的"相互理解、友谊、团结和公平竞争"完美结合，向世界呈现出一场具有文化魅力的盛宴，展示出中华文化的内在价值和影响力。①

（三）文化宣传领域

在文化宣传方面，中国通过增强文化自信、提升国际传播能力的顶层设计，制定出文化宣传的重大国家战略。新中国成立初期，中国文化传播的外宣活动主要是以毛泽东著作系列外译出版为代表，开展中国共产党关于国家建设、文化传统和社会变革的书刊外译。《毛泽东选集》四卷本、"老三篇"以及《矛盾论》《实践论》《毛泽东军事文选》《毛主席语录》等传遍了全世界。②新世纪以来我国逐步实施文化"走出去"战略。2000 年 10 月 11 日党的十五届五中全会通过了《中共中央关于制定国民经济和社会发展第十个五年计划的建议》，其中提出"实施'走出去'战略"。2005 年，胡锦涛同志在党的十六届五中全会上提出"加快实施文化产品'走出去'战略"，2006 年制定的《国家"十一五"时期文化发展规划纲要》将文化产品"走出去"列入国家战略工程。党的十七届六中全会通过《中共中央关于深化文化体制改革推动社会主义

---

① 樊泳湄：《从北京冬奥会看中华传统文化的世界意义》，《社会主义论坛》，2022 年第 3 期。

② 黄友义：《通过主题图书，翻译助力对外传播》，《中国翻译》，2019 年第 5 期。

文化大发展大繁荣若干重大问题的决定》，提出"培养高度的文化自觉和文化自信"，建设文化强国，增强中华文化国际竞争力和影响力。党的十八大报告将文化上升为"民族的血脉"和"人民的精神家园"，在强调树立高度文化自信的基础上不断增强"中华文化国际影响力"。

做好文化宣传工作，提升国际传播能力是重要任务。2008 年我国开启中国国际传播能力建设第一期工程，规划时间为 2008—2013 年。2014 年我国开启国际传播能力建设工程第二期，规划时期为 2014—2019 年，两期工程通过国家财政资金的支持，提升了信息传播新技术，推动了我国国际传播能力的发展转型。文化部制定《"一带一路"文化发展行动计划（2016—2020 年)》，2016 年 11 月，中央全面深化改革领导小组审议通过了《关于进一步加强和改进中华文化走出去工作的指导意见》，对加强和改进中国文化走出去工作在内容形式、体制机制、渠道平台、方法手段等方面提出要求，致力于提高国家文化软实力。2017 年《关于实施中华优秀传统文化传承发展工程的意见》提出，促进传统文化发展其中一项重要任务就是要"探索中华文化国际传播与交流新模式，综合运用大众传播、群体传播、人际传播等方式，构建全方位、多层次、宽领域的中华文化传播格局。"[1]2017 年 12 月，中央全面深化改革领导小组第三十次会议审议通过了《关于加强"一带一路"软力量建设的指导意见》，提出加强国际传播能力建设，为"一带一路"建设注入文化内涵，展现出"文以化人"的软力量。2018 年 8 月习近平总书记在全国宣传思想工作会议上强调展形象的使命任务，就是推进国际传播能力建设，提高国家文化软实力和中华文化影响力。2020 年，党的十九届五中全会《中共中央关于制定国民经济和社会发展第十四个五年规划和二○三五年远景目标的建议》提出"中华文化影响力进一步提升"的发展要求。党的十九大报告提出"加强中外人文交流，

---

① 中共中央办公厅、国务院办公厅印发《关于实施中华优秀传统文化传承发展工程的意见》，《人民日报》，2017 年 1 月 26 日。

以我为主、兼收并蓄"，并推动国际传播能力建设①。党的二十大报告强调增强中华文明传播力影响力，要加强国际传播能力建设。2023 年全国宣传思想文化工作会议要求，着力加强国际传播能力建设，促进文明交流互鉴。

在一系列文化宣传的政策引导和国际传播能力不断强化的背景下，中华文化在海外的传播过程中，依托博大精深的文化内容，逐渐形成了具有独特个性的文化品牌，产生更多丰富多彩的文化宣传形式，也扩大了文化宣传的辐射面和影响力。比如春节是中华文化的鲜明符号，在文化传播中春节的庆祝活动被更多的人所接受，在海外成为了全球华人与世界人民共同参与的重大节庆活动。随着海外华侨华人规模的扩大，由侨务部门主导、海外群众主要参与的活动也逐渐形成品牌，如"文化中国"系列品牌活动。近年来，海外 50 多个国家相继举办了不同规模的"中国文化年"活动，其中 2012 年德国的 40 多个城市共举办了 500 多场活动，这些活动全面展示了中国的传统文化和现当代艺术，包括音乐、戏曲、文学、电影、舞蹈、展览等②。在宣传媒介方面，有经典报刊开展的对外宣传，如宋庆龄于 1951 年创建，1990 年更名的《今日中国》有中、英、法、西班牙、阿拉伯等多种语言印刷版本，及时、深度报道当代中国的经济社会发展、人民生活以及文化艺术③。在文化宣传的形式内容方面，还有电视剧海外市场拓展对国家对外文化宣传、利用影视动画艺术展现中国茶香文化、茶韵文化、茶品文化，互联网背景下中国音乐跨文化宣传④，以武术、龙舟、舞龙舞狮、围棋等为主的中国传统体育形式在国际传媒领域移动化社交

---

① 《习近平在中国共产党第十九次全国代表大会上的报告》，人民网，http://cpc.people. com.cn/n1/2017/1028/c64094-29613660.html.2017-10-28。

② 张骥等：《中华文化走向世界策略研究——基于文化软实力建设的视角》，北京：中国社会科学出版社，2019 年版，第 139 页。

③ 朱志勇：《中西方文化交流与对外宣传策略——〈今日中国〉（英文版）的对外文化宣传报道研究》，《出版广角》，2015 年 Z1 期。

④ 张祎梁：《互联网背景下的中国音乐跨文化宣传理论与实践——评〈互联网语境中中国音乐的国际视野〉》，《中国科技论文》，2023 年第 11 期。

化可视化的宣传① 等。

（四）文化贸易领域

国际文化贸易不仅是国家扩大对外文化传播的一个重要途径，也是彰显中国文化软实力、争取国际话语权的一个重要方式，文化贸易的重点主要是文化产业和文化贸易的发展。

1.文化产业大发展

文化产品中所蕴含的文化属性区别于一般商品或服务，是对外文化传播的有效载体。根据中央商务部发布的《核心文化进出口产品目录》，文化产品主要包括工艺品、设计、表演艺术、新媒体、视觉艺术、出版物和影视媒介等7个种类。改革开放以来，我国对外文化交流的项目包括了文化、艺术、教育、科学、新闻、出版、电视、电影、图书和文物等，到2000年党中央就明确提出大力发展文化产业，推动产业的国际化发展，参与世界竞争。因此，文化产业的发展既有国家政府的强力推动，也有来自民间和大众的力量，体现在文化领域的方方面面。比如文学作品、影视作品方面，中国十大古典名著的外译，让世界通过文学作品更加了解一个国家和民族的文化内涵，2012年莫言获得诺贝尔文学奖使中国现当代文学作品得到更高层次的认可。再如，戏曲艺术的传播对于弘扬中华传统文化举足轻重，新中国拍摄的第一部彩色电影便是越剧《梁山伯与祝英台》，跟随周恩来总理走向国际，戏曲成为电影发展的源头。传统戏曲、文学作品经改编后，以电视、电影、网络短视频等多元化形式传播中国文化，形成新的文化产业和文化产品。又如，中国优秀影视作品在越南受欢迎程度越来越高，一些节目一播出就会有民间字幕翻译组迅速跟进，配好越南语字幕后在互联网平台供观众观看，成为民间自发的传播力量② 等等。

受文化产业起步晚、市场不成熟和人才短缺等困境影响，党的十八大以前

---

① 国家体育总局宣传司：《新中国体育文化宣传工作发展研究》，《体育文化导刊》，2019年第10期。

② 高宝萍，冯慧：《新媒体语境下中国国家形象跨文化传播困境与对策探究》，《理论导刊》，2021年第6期。

文化产业的发展还缺少顶层设计、鼓励政策措施和动力机制，文化市场活力不足，竞争力不强。随着文化体制改革的深化，《关于加快发展对外文化贸易的意见》等规范、鼓励和支持对外文化贸易的政策出台，人才的充实等，文化产业向着高质量发展的道路前进。主要表现为文化产品数量和质量持续提高，承载着深厚的中华文化积淀，使对外文化传播能力逐步增强。这些新特征首先就生动地体现在文化与科技的融合不断加深，出现各类文化新型业态，文化产品和服务更具有科技含量，也更具有吸引力，在推动经济社会发展中的作用也越来越重要。以 2021 年为例，出版物、工艺美术品及收藏品、文化用品、文化专用设备等不同类别的文化产品在当年文化进出口当中分别占 4%、31%、53%、12% 的比重。2021 年通过社交平台直播的原创民族舞剧《孔子》《李白》，文艺演出《祝福春天》，民族音乐会《春华国韵》等，关于演出的视频和帖文在网上的覆盖量达到1.3 亿人次[1]。同时，文化产业的大发展也表现为对外文化贸易平台载体的建设，如 2018 年首批认定了北京天竺综合保税区、上海徐汇区、江苏省无锡市等 13 个国家文化出口基地。此外，还有一些高新技术企业在积极拓展国际市场中，也使中国的科技文化受到世界的关注，比如华为自主开发的"5G""鸿蒙"系统，小米、比亚迪等企业在新能源汽车开发和销售方面的成就等。2022 年 7 月商务部等 27 个部门联合印发了《关于推进对外文化贸易高质量发展的意见》，为新时代对外文化贸易的持续发展、高质量发展指明了方向。

2.文化贸易大发展

国际文化贸易"成为衡量国家的对外文化传播能力和全球文化多样性的重要指标之一。"[2] 文化贸易既包括文化产品也包括文化服务的输入与输出贸易，《核心文化进出口产品目录》中，文化服务包括了建筑工程和技术服务、研究

---

① 李嘉珊，刘霞：《助力文化强国建设，推进文化贸易高质量发展》，《光明日报》，2022 年 7 月 7 日。

② 花建，田野：《国际文化贸易的新趋势与中国对外文化传播的新作为》，《上海交通大学学报（哲学社会科学版）》，2023 年第 4 期。

开发服务、广告、市场调研服务、个人、文化和娱乐服务以及版税和许可费服务，联合国教科文组织将文化服务贸易延伸到了知识产权授权、电脑服务、工程与建筑及技术服务、音乐服务等领域。全球化进程加快后，新世纪以来中国加入世贸组织，促进了文化贸易的跨越式发展。文化服务进出口贸易伙伴呈现多元化特征，沙特阿拉伯、印度、新加坡等"一带一路"国家进入我国对外文化贸易前十五。其中爱尔兰是我国文化服务的主要贸易伙伴之一，对他们主要是提供"计算机服务，境内广告公司或外国品牌境内关联企业收取市场推广费，以及购买汽车及建筑设计服务、视听产品使用权等"①。公共外交从理念到实践层面成为国际传播的新名片，同时带来了海外文化贸易的增长，新时代的"高铁外交"被认为是新的外交形式，仅 2014 年我国企业在海外就斩获近 1300 亿元铁路大单②。2014 年，中国在境外 44 个国家及港澳台举办 65 次中国电影节展活动，为中国文化产品卖出去提供了国际化的平台和卖场。2015 年复星集团 15 亿美元收购太阳马戏团。2016 年，万达集团宣布以约 10 亿美元收购美国著名电视节目制作公司 DCP 集团 100% 股权，曾为《阿凡达》《哈利波特》等大片制作特效的欧洲特效巨头公司 Framestore 公司被中国公司以 1.87 亿美元的价格收购。由中国公司首次在海外发起并主办的金树国际纪录片节在德国法兰克福举行，吸引全球 38 个国家和地区的近 400 部纪录片参加③。"2018 年处于文化服务出口核心层的文化和娱乐服务、著作权等研发成果使用费、视听及相关产品许可费等三项服务出口总额达 18.7 亿美元。"④2020 年 12 月，世界媒体实验室公布了 2020 年度全球媒体 500 强数据，中国（含港澳台）的 97 家媒体公司上榜，排名世界第二，但是从平均营业收入来看，与美国

---

① 李小牧，李嘉珊，刘霞：《我国对外文化贸易的发展变革与成就分析：2012—2021 年》，《国际贸易问题》，2023 年第 6 期。

② 姜飞：《新阶段推动中国国际传播能力建设的理性思考》，《南京社会科学》，2015 年第 6 期。

③《文化走出去，更要走进去》，《人民日报》，2016 年 11 月 23 日。

④ 张周洲，陈越：《中华文化国际传播多元化路径探析》，《人民论坛》，2019 年第 25 期。

还存在较大差距①。中国文化类跨国公司当中，具有核心竞争力的，就有名列2022 年中国跨国公司 100 强中第 4 名和第 12 名的腾讯集团、复星国际，前者海外资产达 5842 亿元，在游戏、电竞、影视、社交媒体等领域具有综合优势，后者海外资产达 2083 亿元，在艺术品、时尚、会展、旅游、娱乐等领域积极推进②。

数字文化贸易的发展随着互联网和数字经济的崛起成为文化贸易领域的重要力量，世界互联网大会落户浙江乌镇成为这一领域的标志事件。我国网络文学、网络游戏和动漫等领域开始抢占世界高位，特别是网络文学与美国好莱坞电影、日本动漫、韩国偶像剧一起被誉为"世界四大文化奇迹"③，成为中华文明国际传播的有效途径和重要载体。网络文学在海外的影响力主要体现在传统文化、女性情感和未来想象上，"网络作家在继承和发扬科幻传统的基础上，依托中国文化视角和价值立场，向世界展示了中国人基于和平、团结、共进的未来想象，为正在和平崛起与科技复兴的中华民族国家形象的建构提供了文化编码的动力。"④ 从统计数字来看，自 2008 年至 2018 年，我国文化产品进出口总额从 433 亿美元增长到 1023.8 亿美元，文化产品出口总额从 390.4 亿元增长到 925.3 亿元，年均增长率为 10.79%。2008 年到 2018 年，文化产品出口占世界文化产品出口的比重从 17.81% 增长到 33.39%⑤。而 2019 年、2020 年、2021年、2022 年中国文化产品出口金额分别为 988.8、972、1392、1636.8 亿美元。

① 张秉福，齐梦雪：《我国对外文化传播能力提升论略》，《新疆社会科学》，2022 年第1 期。

② 花建，田野：《国际文化贸易的新趋势与中国对外文化传播的新作为》，《上海交通大学学报（哲学社会科学版）》，2023 年第 4 期。

③ 李怀亮，方英：《国际文化市场报告 2018》，北京：首都经济贸易大学出版社，2019年版，第 436-437 页。

④ 陈奇佳，宋鸽：《当代世界如何想象中国——网络文学的文化书写及其国际传播》，《江苏行政学院学报》，2024 年第 1 期。

⑤ 易晓菲，刘玮：《我国文化产品出口现状与对策建议》，《农村经济与科技》，2020 年第 5 期。

第二节 中华文化对外传播的突出表现

中华文化的伟大，既在于它本身的博大精深和源远流长及其在发展过程彰显出来的特性，也在于它在人类文明中具有举足轻重的重要作用。中华文化的包容性使得它在传播过程中广泛吸收了人类文明的一切优秀成果，推动自己不断丰富和进步，而中华文化在自身进步发展中，始终承担为人类进步作出贡献的责任使命，其中就突出体现为中华文化对外传播的广泛性，及其所形成的重大影响力和感染力。中华文化对外传播的广泛性，既有传播内容的广泛，也指传播范围的广泛，传播内容包括中华民族数千年来的伟大文化创造，"物质产品、科学技术、典章制度、文学艺术、宗教风俗、学术思想等等"都在海外产生过影响，传播范围"近则泽被四邻，如朝鲜、日本和越南，世受华风濡染而成为中华文化圈的成员，远则经中亚、西亚而传至欧洲，或越大洋而传至非洲和美洲"①。英国学者约翰·霍布森就在《西方文明的东方起源》中深刻指出，如果没有东方的帮助，没有东方的贡献，西方的拓展与崛起无法实现甚至无法想象。欧洲的思想家伏尔泰、狄德罗、莱布尼兹等人都对中华文化十分赞许和倾慕，肯定中华文明在人类文明中的突出地位和作用。

中华文化对外传播中，文明是因交流而不断发展进步的。2014年3月—4月，习近平总书记在访问欧洲时的演讲中举例说道"历史上，中华文化曾经成为法国社会的时尚，在法国启蒙思想家的著作和凡尔赛宫的装饰中都能找到中华文化元素。同样，法国作家和艺术家的传世之作也深受广大中国读者喜爱。"②回顾中华文化从古至今的文化传播历程，可以从中总结出中华文化传播中的突出亮点和特色，也可以发现中华文明与世界文明之间互相促进、共同发展的轨迹。

---

① 武斌：《追寻中华文化走向世界的脚步》，《南开大学报》，2022年11月4日。

② 《习近平在中法建交50周年纪念大会上的讲话》，新华网，http://www.xinhuanet.com/world/2014-03/28/c_119982956.htm.2014-03-28。

一、以商品贸易为开端

中华文化在世界的传播以及对世界的影响正如她的历史进程一样源远流长，而中西方是从"物质领域的交换和交流，后来发展到艺术、思想、文化层面的交流与共享"①。物质的交流主要以商品贸易为开端，较为突出的就是丝绸、瓷器、茶叶等。其中，中国的丝绸以优良的品质成为罗马宫廷的奢侈品，踏出了陆上的"丝绸之路"。在漫长的历史当中，丝绸经销数量之大、范围之广、持续时间之长和影响之深远，世界其他产品都不能和中国的丝绸相比。正是在以丝绸为典型的商品贸易的过程中形成了以"古丝绸之路"为代表的贸易通道，使得中华文化对外传播有了持续不断的载体和渠道。可以说，中华文化海外传播源自古丝绸之路，秦汉时期就开辟了海上丝绸之路和陆上丝绸之路，传播中华文化，为世界文明发展进步作出贡献。古代的商人们通过丝绸之路将中国丰富的物产远销至世界各地，带有中国文化元素的丝绸、茶叶、瓷器、药材等远销中亚、南亚、西亚、欧洲、北非等地区②。瑞典学者斯文·赫定说，"中国内地沿着（丝绸之路）这条皇家驿道出口的商品中，无论在数量上或地位上，都没有哪一样能与华美的丝绸相媲美。两千年前，中国丝绸是世界贸易中最受崇尚、最受欢迎的商品。"③中国的文化传播是以商品贸易为开端，在世界各地提升了中华文化的国际影响力。公元前 3 世纪前后，古罗马的地理学家就将中国称为"塞里斯国"，而希腊语中的"赛里斯"与蚕和蚕丝的意思是紧密相关的④，凸显了当时经贸往来的重要性和深刻影响。丝绸是最有代表性的中国文化符号，正是有了丝绸贸易，促进中外交流的开展，才推动了中华文化向海外的传播。在丝绸之路在陆路和海路的开辟发展过程中，有一批具有爱国

① 武斌：《追寻中华文化走向世界的脚步》，《南开大学报》，2022 年 11 月 4 日。

② 吴建中：《新丝路，新作为：谱写"一带一路"图书馆建设新篇章》，《图书与情报》，2016 年第 6 期。

③ ［瑞典］斯文·赫定：《丝绸之路》，江红，李佩娟译，乌鲁木齐：新疆人民出版社，1986 年版，第 214–215 页。

④ 王义桅：《"一带一路"：机遇与挑战》，北京：人民出版社，2015 年版，第 12 页。

主义情怀的文化交流使者向世界人民传达和弘扬了中华文化的优秀人文精神，如西汉张骞、东汉班超、明代郑和等。

瓷器、茶叶与丝绸一起，号称中国送到欧洲商品中的"三大贸易"。中国的英文 China 来源于中国的瓷器，中国制陶技艺源自纪元前 4500 年至前 2500 年的时代，早于欧洲至少一千多年，且技艺精湛。16 世纪以来的 3 个世纪里，中国销售到欧洲的瓷器数量达到 3 亿件之巨，在世界上获得独一无二的认同和青睐，价值和品味可比肩西方任何一个门类的艺术品，成为欧洲王室和贵族奢华生活的重要物品，随着年代的深入和贸易的扩大也深入到各个阶层的日常生活当中，改善了他们的审美和生活环境。茶叶是世界三大无醇饮料中饮用价值最高、最普遍的天然饮料，中国是世界上最早发现茶树和利用茶树制作茶叶的国家，是茶文化的发祥地，中国的茶最早起源于古巴蜀地区，与咖啡、可可并列为当今世界三大饮料。荷兰在 17 世纪是最大的茶叶贩运国，18 世纪英国东印度公司开始支配世界茶叶贸易运销中国茶叶，现在世界有 50 多个国家生产茶叶，100 多个国家和地区进口茶叶，这些茶的种子和关于茶的文化都是直接或间接从中国传播出去的，已经成为世界人民一种普遍的生活方式。

商品贸易的开端实际上就是文化交流的开端，比如丝绸之路本身就是文化与经济的通道，"在促进中国与其他地区的文化碰撞与交流方面发挥了巨大作用，积极推进了世界文明发展的进程。"①对丝绸之路历史的研究不仅是对商业往来、经济发展的研究，更是对古代中国与周边国家文化互动、政治关系的研究，当代中国推进丝绸之路经济带和 21 世纪海上丝绸之路的发展，从根本上讲是从共同的历史文化交流记忆中推进新的文化交流。"一带一路"绝不仅仅是一个经济学意义的符号，更应是一个社会文化的概念。正如习近平总书记在哈萨克斯坦纳扎尔巴耶夫大学发表共建丝绸之路经济带的演讲中提出的，"加强政策沟通、道路联通、贸易畅通、货币流通、民心相通"，民心相通体现出共建人类命运共同体的职责。商品贸易带来的还有文化的深度交流、文化影响

---

① 张龙：《商品流动、海洋贸易与文化象征——中山大学（2014）"海上丝路"学术研讨会综述》，《广西民族大学学报（哲学社会科学版）》，2015 年第 4 期。

力的提升。比如法国在文化交流中审美情趣的改变，使他们追求中国趣味的艺术风尚和生活品味广泛流行，对中国文化的热情也得到增长，有学者总结，"法国18世纪'中国热'的特征是：法国的重农学派学者们具有理想和神秘的中国之形象，他们把中国视为'最智慧的国家'；商人们是具有'遍布珍异物和财富'的中国之理想，他们将中国以及整个东方视为财富之源；自由职业者们怀有崇尚'以深厚情趣和雅致而生活'的中国之信念，形成了浪漫中国之形象；学者们却形成了一种有关'文化高度发达'的中国之观点，将中国视为文明和礼仪之邦。"①从这些重大意义上来说，当代中国发展文化产业和文化贸易，也许比单纯的文化宣传工作的输出而言，在文化传播的有效性上来得更明显、更有力一些。

值得注意的是，在互联网快速发展的今天，电子商品的对外贸易逐渐成为文化输出不可或缺的重要载体。"不管你们是否认同，中国游戏事实上已经成为输出中国文化最主要的载体之一。"中国游戏在海外的销售额已经超过中国电影、中国音乐、中国动漫、中国图书的销售额总和。第三方机构 Sensor Tower 商店情报平台公布了 2022 年 9 月中国手游发行商在全球 App Store 和 Google Play 的收入排名。共 42 家中国厂商合计收入 18.8 亿美元，占全球 TOP100 的 38.3%。腾讯、网易、米哈游位列前三。②香港媒体报道，中国手游《原神》红遍全球，中国正改变全球电子游戏业。③

二、以儒家文化为主干

儒家精神主要是指中国的孔子文化，是中华文化精神中最具代表性的关键词。习近平总书记曾强调，"孔子创立的儒家学说以及在此基础上发展起来的

---

① 耿昇:《中法文化交流史》，昆明：云南人民出版社，2013 年版，第 58 页。

②《电子游戏已经成为输出中国文化的重要载体》，澎湃网，https://www.thepaper.cn/newsDetail_forward_20348336.2022−10−19。

③《中国手游〈原神〉红遍全球》，https://www.hk01.com/article/749121?utm_source=01articlecopy&utm_medium=referral.2022−03−20。

儒家思想，对中华文明产生了深刻影响，是中国传统文化的重要组成部分。"①
从汉武帝"罢黜百家，独尊儒术"开始，儒家思想本身就是一种官方的意识形
态，围绕儒家思想形成了中国古代的教育制度、科学考试制度等等，也对应产
生了以儒家为主的民间风俗习惯和文化传统，塑造了中国人的民族精神和品
格。"儒学铺染了中国人的生命底色，包含了我们的价值信念与民族精神，深
深影响了一代又一代的中华儿女。"②冯友兰在《中国哲学简史》中曾介绍德
克·布德（Derk Bodde）教授关于中华文化与其他文化的根本不同，以及儒家
文化在中国文化中的地位，德克·布德教授在《中国文化形成中的主导观念》
中说，"中国人不以宗教观念和宗教活动为生活中最重要、最迷人的部分。……
中国文化的精神基础是伦理（特别是儒家伦理），不是宗教（至少不是正规
的、有组织的那一类宗教。）……这一切自然标志出中国文化与其他主要文化
的大多数，有根本的重要的不同，后者是寺院、僧侣起主导作用的。"③冯友兰
认为，这是因为中国的哲学是入世的哲学，中国哲学的功用不在于增进积极的
知识，而在于提高精神的境界。钱穆认为中国文化的中心思想与主要特质就是
四个字："性道合一"，就是来自儒家文化。刘东的《中华文明读本》一书中，
除却原始巫术和对数的崇尚，将儒家道统作为中国人信仰与哲学的首位。正是
因为儒家文化是中华文化的核心主干，因而在中华文化对外传播的历史当中，
儒家文化通过商品贸易、国家外交、政治军事、科技文学等各个方面的文化交
流途径，成为中华文化对外传播的思想核心，在东亚、东南亚地区影响十分深
刻和重大，在阿拉伯、中亚、欧洲等地也产生了重大影响。中华文化对外传播
起源于古丝绸之路，形成了以儒家文化为主干的文化交流内容特色，但是在近
现代因为西方文化的巨大冲击曾中断并逐渐走向衰落。直到改革开放以后，随
着经济社会发展和综合国力的增强，中国文化软实力和中国人民的文化自信不

---

① 《习近平：在纪念孔子诞辰 2565 周年国际学术研讨会上的讲话》，新华网，http://
www.xinhuanet.com//politics/2014-09/24/c_1112612018.htm.2014-09-24。

② 杨朝明：《把握儒家思想精髓弘扬优秀传统文化》，《光明日报》，2018 年 12 月 4 日。

③ 冯友兰：《中国哲学简史》，北京：北京大学出版社，2013 年版，第 3-4 页。

断增强，中华文化对外传播又开辟了新的路径，有了新的发展，彰显出新的魅力。而儒家文化当中的优秀的核心思想，也成为了中华文化对外传播绵延发展、取得成效的关键。

回顾中华文化传播的历史进程，早在 3—5 世纪，儒学便传到其他东亚、东南亚国家和地区。在古代中国，中华文化以儒家文化为母体在东亚形成了大中华文化圈，塑造了一个国力充盈、政治清明、文教昌盛的盛世"大中华"形象，在这些东亚国家当中曾是长期居于统治地位的意识形态，成为国家统治的指导方针以及社会生活的行为准则，这些国家哲学思想的发展，直到近代以前，始终没有脱离儒学的传统。亨廷顿在发表于《外交》季刊的文章中曾把中华文明称为儒家文明，他也提出，许多学者在使用"中华"一词时，恰当地描述了中国和中国以外的东南亚以及其他地方华人群体的共同文化，还有越南和朝鲜的相关文化①，说明中华文化在东亚东南亚当中以儒家文化的影响最大最为深刻。如朝鲜半岛的高丽王朝就视儒学为"齐家治国"之学，模仿唐宋制度，设立御前经筵，定期讲述儒家经典，实行以儒学为主要内容的教育制度。日本文化当中也深植了儒家文化的根基，体现为文学、建筑、宗教、民俗等各个方面。"1972 年 9 月，日本首相田中角荣访问中国，毛泽东主席将影印宋刻本《楚辞集注》赠予田中角荣，表达了中日交流文化同源、以史为鉴的深刻内涵。周恩来总理则亲手题写《论语》中的'言必信，行必果'六字赠予田中首相，田中首相回赠日本飞鸟时代盛德太子的名言'信为万事之本'。"② 福泽渝吉在《文明论概略》序言中就说道，"我国（指日本）自建国以来二千五百年间，由于治乱兴衰，虽然也发生过不少惊人的事件，但是，能深入人心使人感动的，最先是古代从中国传来的儒佛两教，以后最显著的就是近年来的对外关系了。而儒佛两教是以亚洲的固有精神传播于亚洲的"③。在很长一段历史时

---

① ［美］塞缪尔·亨廷顿:《文明的冲突》，周琪，等译，北京:新华出版社，2017 年版，第 30 页。

②《述说纵贯千年的中日文化交流史》，《光明日报》，2018 年 7 月 5 日。

③ ［日］福泽渝吉:《文明论概略》，北京:商务印书馆，2009 年版，第 1–2 页。

期，我国处于东亚政治、经济、文化中心地位，以儒家文化为主干的中华文化在"东亚文化圈"的影响经久不衰。

中华文化对欧洲、阿拉伯国家的传播中也充分体现了儒家文化在中华文明当中的主干地位。学者曾强调，"我们已经知道欧洲的文艺思想时代实以中国之重要发明为其物质的基础，我们更应该知道欧洲十八世纪实以中国之哲学文化为其精神的基础。如赖赫淮恩（Reichwein）所说，中国思想在十八世纪之影响，至可称'孔子为此世纪之守护尊者'，换言之，十八世纪实为欧洲文化受中国哲学文化洗礼的时代。"[①]在十八世纪，巴黎的经济学家魁奈与法国文学家伏尔泰，英国哲学家大卫·休谟等都被称为"欧洲孔子"，既是对他们学问的肯定，也凸显了欧洲对于中华文化的推崇和赞誉，体现了儒家文化在中华文化中的核心地位。中国与世界的文化交流对话也深刻影响着中华文化的进程，儒家文化在时代发展中通过文化交流而不断充实和革新。比如自汉代以来中国与印度、阿拉伯乃至欧洲文化保持频繁对话，尤其是中印之间不断的佛教文化交流，使中华文化产生深刻影响。"如果没有印度文化和中华文化的沟通，儒学就不可能发展成宋明理学。"[②]柏应理的《中国哲学家孔子》是第一部比较完整地向西方介绍中国传统思想文化的书籍，也是影响最大的。法国耶稣会士李明在《中国近事报道（1687—1692）》中介绍了孔子和"四书""五经"，指出"孔子是中国文学的主要光辉所在……这正是他们理论最清纯的源泉，他们的哲学家，他们的立法者，他们的权威人物。尽管孔子从未当过皇帝，却可以说他一生中曾经统治了中国大部分疆土，而死后，以他生前宣扬的箴言，以及他所作的光辉榜样，他在治理国家中所占的位置谁也无法胜过他，他依然是君子中的典范。"[③]歌德被称为"魏玛的孔夫子"，他在年少时期就受到中华文

① 朱谦之：《中国思想对于欧洲文化之影响》，太原：山西人民出版社，2014 年版，第 48 页。

② 关世杰：《世界文化的东亚视角》，北京：北京大学出版社，2007 年版，第 5 页。

③［法］李明：《中国近事报道（1687—1692）》，郭强，龙云，李伟译，郑州：大象出版社，2004 年版，第 177 页。

化的影响，接触过儒家的伦理学说，特别注重中华文化的道德价值，认为"正是这种在一切方面推行的严格的节制，使得中国维持了几千年，而且还会长存下去。"①

三、以多元文化为特色

中华文化艺术的种类繁多，中华文化对外传播具有强大的载体和丰富的内容。不管是文学经典、戏剧作品，还是文物、手工艺品，多元化的文化类型是展示中华文化博大精深的重要视角，也受到了国外人民群众的多方喜爱。

（一）文学经典

文学是中华文化走出去的先行者，在朝鲜、日本遣送到唐朝的留学生当中，就有如崔致远、阿倍仲麻吕等学习到中华文学的精髓要义后成为唐诗大家者。文学经典的传播历史悠久，日本汉诗中的内容就与中华优秀传统文化直接关联，许多诗人运用了中国古代诗歌里的历史典故。如大江维时的《千载佳句》是当时学习中国唐诗的需求而编辑的一种参考书，共选唐诗七言佳句1813联，日本孝谦天皇天平胜宝三年编成了第一部日本汉诗集《怀风藻》，反映了奈良时代汉文学的勃发，标志着日本古代文学中汉文学创作系统的形成。回顾中国古典诗歌外译传播的历史，李白诗歌的英译已有200多年的历史，而杜甫诗歌的翻译，据张忠纲、赵睿才、孙微《杜集叙录》考察，19世纪以来，杜诗即被译为法、德、英、意大利、荷兰、挪威、捷克、匈牙利、罗马尼亚、俄等多种语言，影响遍及西方世界。东亚汉文化圈对白居易、李白、杜甫、王维等唐代大诗人的研究广泛而深刻，我国的"四大名著"：《红楼梦》《三国演义》《西游记》《水浒传》，均被翻译成多种语言，得到广泛传播②。其中，《大英百科全书》对《水浒传》的评价是，"因以通俗的口语形式出现于历史杰作

①［德］艾克曼：《歌德谈话录（全译本）》，洪天富译，北京：译林出版社，2002年版，第220页。

② 杨晓霭，胡一凡：《文学精雕的超越性及其跨文化传播》，《西北民族大学学报（哲学社会科学版）》，2022年第1期。

的行列而获得普遍的喝彩，它（《水浒传》）被认为是最有意义的一部文学作品。"① 许渊冲是我国古诗英译第一人，尤其是在翻译《蒹葭》中深入贯彻了"三美"（意美、音美、形美）的理论，恰如其分又悦耳动听，彰显了中国文学经典的艺术魅力。

虽然中华文化对外传播具有历史的优良传统，但是近现代以来的中华文化传播遭遇巨大转折和冲击，中国文学艺术对外传播也遭受挫折，也仍有以鲁迅为代表等一批彰显民族精神的文学巨匠在世界文坛中产生巨大影响力。新时代背景下，一批具有世界影响力的中国当代作家和作品正在不断增长，科幻、谍战、武侠、网络等题材和形式的当代文学作品受到国际读者的欢迎，如刘慈欣的科幻小说《三体》日文版首印的 1 万册在上市第一天就全部售罄，根据他的小说改编的电影《流浪地球》在海外的票房收入接近 1 亿美元，国产动漫影片《哪吒之魔童降世》在澳洲上映的第一周上座率达到 90%，票房创下华语影片的新纪录。中国网络文学抢占世界文学高地，"近百个国家和地区数百万读者每日访问英文武侠世界网"②，网络文学的传播范围涵盖了亚非美澳欧等国家，2022 年网络文学海外市场规模突破 30 亿元，海外访问用户规模突破 9 亿，"中国网络文学被赋予了在全球语境中讲好中国故事、传播中国文化、塑造中国形象的时代使命。"③

（二）戏曲经典

中国戏曲是最古老的戏剧文化之一，18 世纪最早翻译到欧洲且具有较大影响力的中国文学作品，其实是一部剧本叫作《赵氏孤儿》，最后经过改造演变成戏剧《中国孤儿》，马若瑟、伏尔泰、哈切特都对其进行过翻译和改编，其中法国来华传教士马若瑟以"删曲留白"的方式译为法文开启了戏曲西传的

---

① 王丽娜：《中国古典小说戏曲名著在国外》，上海：学林出版社，1988 年版，第 54—95 页。

②《老外迷上中国网络文学》，《浙江日报》，2016 年 12 月 19 日。

③ 彭红艳，胡安江：《中国网络文学国际传播的视觉化研究：文化逻辑与运营机制》，《上海交通大学学报（哲学社会科学版）》，2024 年第 1 期。

历史①。戏曲艺术是代表中华传统文化参与国际交往的重要类型，也是非常具有中国特色的高效的媒介。其中，京剧从 19 世纪开始就是重要的传播手段和文化符号。20 世纪初，梅兰芳先生作为弘扬中国戏曲文化的先驱，就曾赴日本、美国演出《霸王别姬》《贵妃醉酒》等经典剧目，得到极大的赞誉。中华人民共和国成立后，我国派出京剧演员在国际戏剧节和世界青年与学生和平友谊联欢节等活动中演出《三岔口》《闹天宫》等剧目，受到国际社会的广泛关注。

2008 年，美国出版的《100 部戏剧：世界最著名的戏剧排行榜》中，《牡丹亭》作为唯一入围的中国戏曲作品，名列第 32 位②。再如天津京剧院曾于 2009、2011、2014 年三次赴欧洲巡演，推动中华文化"走出去"，创造了人员规模 40 人，演出累计 7 个月，赴法国、意大利、西班牙等 50 座城市，在法国策勒歌剧院等 50 个场地演出近 160 场次，现场观众达到 12 万人次的历史纪录③。2019 年中国国家京剧院赴瑞士、葡萄牙、英国、美国等地演出《大闹天宫》《杨门女将》《太真外传·长生殿》等，著名的京剧表演艺术家于魁智、李胜素推广国粹，昆曲表演亮相法国巴黎的"盖娅传说·熊英"2020 春夏系列发布会，这都让海外观众兴奋不已。近年来，在大数据、人工智能、虚拟现实等技术加持下，抖音、快手、B 站、腾讯等平台正在成为戏剧在线传播的主阵地，《2020 快手非遗生态报告》显示，该平台戏曲艺术门类短视频创作数量高达 1 亿多条，国家级非遗项目的传播覆盖率也高达 93.6%，类型广泛涉及秦腔、黄梅戏、乱弹、豫剧、越剧、川剧等④。

---

① 庞庆，吕世生：《从马若瑟〈赵氏孤儿〉译本看中国传统戏剧海外传播》，《国际韩雪》，2023 年第 3 期。

② ［美］丹尼尔·S．伯特：《100 部戏剧：世界最著名的戏剧排行榜》（上），纽约资料汇编出版公司，2008 年版，第 20 页。

③ 赵新宇：《提升中华文化艺术国际传播效能的路径分析——以天津京剧院赴欧文明交流互鉴为例》，《新闻爱好者》，2023 年第 12 期。

④ 田青：《智媒时代：中国戏剧在线传播的创新路径》，《传媒》，2023 年第 7 期。

（三）文物典籍

中国的文物典籍是中华优秀传统文化的重要载体，而且是十分珍贵又不可再生的文化资源，在几千年的文明史上产生的文物典籍不计其数，保留下来的也以人文荟萃、繁巨浩繁著称，为文化自信打下了坚实的基础。

从中华典籍来看。有学者认为，"文化交流中最具长久影响力的方式是书籍的交流"，汉籍把中国的历史文化、思想宗教、文学艺术、民生医术、生产民俗等等文明成果记录在内，再传递给其他国家和民族。其中"中日之间不间断的书籍交流保证了中日文化交流的全面、深入地展开。""最迟在5世纪以前，汉籍已传入日本。"长期性、持续性的中国典籍东渡为中华文化全面深入地影响了日本提供了可靠的保证，也为处于孤岛的日本民族输入了永不匮竭的精神养分。[①] 中华典籍的内容包罗万象，是全面深入了解中华文化的一个独特的窗口。近年来，我国将中华典籍的传承与海外出版作为国家战略，通过《大中华文库》、经典中国对外出版工程、中国国家古籍保护、中国图书对外推广计划等重大工程给予支持和鼓励，其中，历史古籍出版社引领风潮，儒家、道家群经类著作最受欢迎。[②] 从中华典籍英译的情况来看，主流的中华典籍如《诗经》《黄帝内经》《论语》《中庸》《老子（道德经）》《法显行传（佛国记）》《易经》《西游记》，还有李白、王维、杜甫等的诗歌，在西方接受与传播的时间早，在西方读者群体影响力大。[③] 近年来，以流传千古的"典籍"为切入口举办的文化类节目《中国诗词大会》《朗读者》《国家宝藏》《典籍里的中国》等等，采用"电视＋新媒体"的形式传播中国历史文化，让古籍走出古斋和研究室，从小众变成了大众传播，形成了"舆论炸裂"的传播成效。

---

① 滕军等：《中日文化交流史——考察与研究》，北京：北京大学出版社，2011年版，第5-6页。

② 徐迪，凌洁，等：《文化使命与出版强国：中华文化典籍的海外出版现状、特点与策略》，《出版发行研究》，2023年第11期。

③ 柴橚，王泽皓，刘珊：《中华典籍英译研究的可视化分析（2013—2022）》，《外语学刊》，2024年第2期。

从中华文物来看。1935 年中国近代史上第一个国际文化交流项目"中国艺术国际展览会"在伦敦举行，这一展览计划"在'九一八事变'以及故宫文物南迁的背景下，受到包括王力、朱自清、梁思成等在内的 30 名北平学界人士的联名反对，但展出期间吸引了多达 42 万名观众，由此引发的'中国热'轰动一时"①。20 世纪 70 年代初，中国正式开启了"文物外交"历程。1973 年 9 月在英国伦敦举办了为期 4 个多月的中国出土文物展览，时任英国首相希斯亲自主持开幕式，女王伊丽莎白二世参观展览，打开了中国对外关系的新通道。目前，我国拥有不可移动文物 76 万多处，国有可移动文物 1.08 亿件 / 套，文物不言，自有春秋，要让历史文化遗产生动诉说中华文化的万千气象，讲好中国故事。近年来，我们发挥了文物在共建"一带一路"、深化文化遗产交流合作当中的"金名片"作用。"十三五"期间，文物走出国门，以文物展览加强与各国文化交流互鉴，先后开展了"华夏瑰宝"文物展、"绵亘万里—世界遗产丝绸之路"展、"东西汇流：13—17 世纪海上丝绸之路"文物展等，特别是与亚洲 46 国及埃及、希腊合作举办的"大美亚细亚—亚洲文明展"。2019 年，"凤舞紫禁：清代皇后的艺术和生活"展，"繁盛的中国 18 世纪"故宫珍宝展分别在华盛顿和克里姆林宫举行，《秦始皇兵马俑：永恒的守卫》在新西兰国家博物馆持续了 4 个多月。2021 年国务院办公厅印发的《"十四五"文物保护和科技创新规划的通知》中要求，"发挥好文物工作独特优势，展示真实立体全面的中国，增强中华文化影响力"，重点推进如"云南普洱景迈山古茶林文化景观、北京中轴线、西夏陵、江南水乡古镇、海上丝绸之路、二里头遗址、景德镇御窑遗址等申遗工作"，加快构建国家级文物传媒平台，通过文物展览交流、出境展览等方式，运用数字化技术等，"打造文物对外宣传品牌，向国际社会展示博大精深的中华文明，讲清楚中华文明的灿烂成就和对人类文明的重大贡献。"② 国家文物局以线上方式主办"亚洲文化遗产保护对话会"，真

① 陈履生：《文物海外展览——中国文化"走出去"的桥梁》，《群言》，2022 年第 5 期。
②《国务院办公厅关于印发"十四五"文物保护和科技创新规划的通知》，中国政府网，https://www.gov.cn/zhengce/content/2021-11/08/content_5649764.htm.2021-11-08。

正让文物活起来。2023 年，故宫博物院以"文物保护国际交流·合作·共享"为主题举办了太和论坛活动①。这一系列持续有效的重大活动，使中国文物不断走上世界舞台，配合重大外事活动为大国外交助力，为传播中华文化提供鲜活的产品供给，扩大了中华文化的影响力、吸引力。

四、以主客互动为渠道

中华文化对外传播的力量当中，既有带着中华丰富物产和文化思想走出国门的中国人，也有带着主动积极态度来求和、求学、求经等的外国使节、留学生、留学僧、外国文人学士等，主体与客体的相互补充才能使中华文化的对外传播能够取得如此广泛的影响和巨大的成就。因而，中华文化的对外传播实际上是双向性的，在主客互动中对双方的文明都产生了影响，促进了文明交流互鉴。

（一）主体的传播：主动走出去

中华文化的对外传播，首先离不开中国人的主动传播，包括中国对外移民在内的官方和民间交流，将我国丰富多样的物产、博大精深的文化介绍到其他国度，这也充分体现出中华文明的突出包容性、和平性，不以侵占和掠夺他国物产财富为目的，在对外交流中彰显出一个自信自立、开放大气的东方大国形象。中华文明诞生以来，但凡由中国人主动或被动走出国门，带着中华文化的根基和印记，向海外其他国家和地区的人民群众进行的物质和精神的文化交流，一般都属于主动传播，还有旅居、侨居或定居海外的华人华侨及其后裔，保存着中华文化的传统，有意或无意将属于中华文化的思想文化、节庆风俗、语言文字等传播开来的，也应属于主动传播的范畴。因此，包括商品贸易、文化贸易在内的多元方式都是属于中华文化主体的主动传播，特别是国家发动中华文化走出去战略以来，更加积极主动地向世界推介具有中国特色、体现中国精神和蕴藏中国智慧的优秀文化。

---

① 《第六届太和论坛在故宫博物院举办》，故宫博物院官网，https://www.dpm.org.cn/classify_detail/261775.html.2023−10−17。

主动传播中突出的历史案例就属张骞凿空西域、郑和下西洋。在古代中华文化对外传播的开端中，张骞凿空西域就是打通丝绸之路，推动中华文化走向世界的重大事件。明朝郑和下西洋在中华文化对外传播中是一次前所未有的高潮，也充分体现出中华民族"宣德化以柔远人""共享太平之福"的和平性，竭力以和平方式构建世界新秩序。"郑和下西洋是发展对外友好关系和开展国际贸易的伟大航海探险，郑和下西洋也证明了中国自古以来就奉行和平友邦的原则。"①郑和一行将传播中华文化作为重要使命和自觉行为，本着"王者无外，中天下而立，定四海之民，一视同仁"的精神宣传文教，以中国先进的文化成果影响海外各国。中华文明的礼仪典制、儒家思想、天文历法、度量衡制、农业技术、制造技术、建筑雕刻技术、医术、航海造船技术对东南亚国家产生了重要影响。郑和船队的货物，如丝绸、瓷器、烧珠、麝香、书籍、樟脑、铁鼎、铜器等，受到各国的喜爱和欢迎。郑和下西洋期间，还为当地人民做好诸如开山筑路、治疗疾病、传授先进生产技术等有益的事情，很多国家至今还保留着纪念郑和的各种遗迹，流传着关于郑和的故事，举行纪念郑和的活动，留下了历史和文化价值。"郑和七次下西洋，将中华文明远播南亚、东非、波斯湾、太平洋、印度洋，同时又引入西洋各种植物、动物、药物、生产原料等到国内"，极大地促进了中外文明的交流。②

（二）客体的传播：发现新世界

很多游学中国的国外商人、文人、学生等回国之后，就成为中华文化传播的重要客体，不管是通过著书、传学、传教还是其他方式。特别是在商人和旅行家的口头或者书面报道当中，中国被他们描述成为一个繁荣富庶、安居乐业、有礼有节、充满智慧的国度，中华文化则是丰富多彩又源远流长的。比如，当欧洲对中国大陆的印象还不是十分清晰之时，一部由马可·波罗口述、鲁思蒂谦笔录的《马可·波罗游记》第二卷当中就记载了中国元朝各国地区的

---

① 甄蕾，乔大元：《郑和下西洋的历史价值与现实意义》，《中央社会主义学院学报》，2013年第5期。

② 张静：《郑和下西洋与中华文明传播的起源》，《兰台世界》，2010年第1期。

繁华景象，极大丰富了欧洲人对中国的认识，为他们发现了一个新世界，以及一种优越的、迷人的、发达的民族的文化。以马可·波罗为代表的旅行家们着力描写了中国的疆域广大、人口众多、物质繁荣和社会富庶，不仅介绍中国的宫廷政治、礼仪规范，也介绍中国丰富的物产、风俗习惯和日常生活，"对中西文化交流和增进中西方人民的友谊，起了重大作用。"①《马可·波罗游记》被称为"世界第一奇书"，从14世纪初就有手抄本流传，其译本也创造了中世纪史无前例的记录。同样的游记还有《鲁布鲁克东行纪》中关于"契丹"（指中国内地）、"契丹人"（指汉族人）描述，关于中医的诊断和治疗。意大利传教士鄂多立克的《鄂多立克东游录》对中国广州、杭州等城市和物产的介绍，后面出现了拉丁文、意大利文、法文、德文等76种语言抄本。还有阿拉伯人伊本·拔图塔的《异域奇闻览胜》，详细介绍中国物产及造船、陶瓷、丝绸、棉织等行业，中国社会情况等。他们的介绍使欧洲人对中国的疆域、城市、风土等有了比较清楚的概念，也使他们对这个奇异的国度有了更多的关注和向往。

当然，著名学者、各界政要名人对中华文化的推崇与传播，同样是中华文化在世界产生更多更大影响的重要传播客体。基辛格在《论中国》一书序言中曾写道，他先后访问中国达50多次，正是在这些经历中增进了对中华文化和中国人民的了解，"如同几百年来前往中国的众多访客一样，我日益钦佩中国人民，钦佩他们的坚忍不拔、含蓄缜密、家庭意识和他们展现出的中华文化。"②历史时期，耶稣教会对孔子及儒家经典的宣传与评论，启蒙思想家们对中华思想文化的赞扬，都使中华文化在世界的影响力增强。德国学者利奇温在分析中国儒家思想对启蒙运动的影响时就指出，"孔子成了十八世纪启蒙时代的保护神……18世纪的整个前半叶，孔子又成为欧洲的兴趣中心"③，其中，在

① 余士雄：《〈马可·波罗游记〉与中西文化交流》，《欧洲》，1993年第4期。

② ［美］亨利·基辛格：《论中国》，北京：中信出版社，2015年版，序。

③ ［德］利奇温：《十八世纪中国与欧洲文化的接触》，朱杰勤译，北京：商务印书馆，1962年版，第68-69页。

启蒙运动中认识中国文化对于西方文化发展重要性的，莱布尼茨是第一人。莱布尼茨在编纂出版《中国近事——为了照亮我们这个时代的历史》当中集中表达了他对中国文化的看法，认为中国人虽然在数学和理性思辨上有一些不足，但是在处理日常生活的经验和技能上不比欧洲人差，而在道德修养上则远远高于欧洲人，而且"完美地致力于谋求社会的和平与建立人与人相处的秩序"，"肯定无疑的是，中华帝国之大，本身就决定了它的重要性；作为东方最聪明的民族，中华帝国的声望是卓越的，其影响被其他民族视为表率。"①伏尔泰也十分关注中国的文化，称赞中国人的道德和法律，对孔子推崇备至，认为孔子的哲学是一整套完整的伦理学说，规范指导中国人修身治国。正如钱穆所说："究竟哪一个民族包涵此种崇高品德的人最多些？我想只有推中国，这也是中国文化传统提倡立德之所致。"②魁奈晚年出版的《中华帝国的专制制度》一书向欧洲介绍了中国的经济、政治和法律制度，认为中国的制度是建立在对于自然法则的认识的基础上的，而中国的皇帝是按照自然秩序治国的典范。狄德罗在《百科全书》关于中国和中国人的哲学条目中，表达了对中国人讲道理，善政治，酷爱哲学，是一个优秀民族的看法，还专门介绍了35条孔子的"道德警句"和《易经》。

五、以文化自觉为导向

在几千年的漫长历史中，中华文化滋养哺育了世世代代的中国人，塑造了中国人的精神世界和文化家园。中华文化之所以能在世界上产生重大而广泛的影响，首先是因为中华文化长期居于世界文化总体格局领先地位的丰富性和先进性。习近平总书记2014年在布鲁日欧洲学院的讲演中曾说，在工业革命发生前的几千年时间里，中国经济、科技、文化一直走在世界的第一方阵之中。中国的经济和科技上的领先地位使文化更为丰富，也更有自信和力量。中

---

① ［德］莱布尼茨：《中国近事——为了照亮我们这个时代的历史》，［法］梅谦立、杨保筠译，郑州：大象出版社，2005年版，第13页。

② 钱穆：《中华文化十二讲》，北京：九州出版社，2017年版，第38页。

华文化的对外传播就证明了这种自信和力量，我们坦诚自信地进行文化交流，既积极主动地向世界播撒中华文化的优秀成果，展现中华民族与中华文化的强烈自信，融合于世界各民族的文化体系中，为人类文明发展提供源头活水和发展动力，也秉承开放姿态大规模地接受和吸收世界各民族文化，使中华文化更加丰满且保持旺盛的生命力，这也是自信自立的表现。实际上，文化交流、文明互鉴的产生就是一种文化自信的体现，传播者与接收者之间并没有文化底蕴的优劣之分，而是秉承着"各美其美，美美与共"的理念相互学习借鉴、共同进步，正如学者在观察中日文化交流当中所指出的，"当时日本僧俗各界的有识之士，能够正视自己文化的落后，主动向大唐学习，这恰恰是文化自信的表现。"①

近现代以来，中华文化历经重大磨难，工业革命后西方崛起，列强肆虐，沦为半殖民地的中国在文化上遭受劫杀，文化"走出去"被文化"西化"取代，弱国既无外交更无法传播自身的文化。但是因为中华文化深厚的历史底蕴，中华文化在学习西方、为我所用的同时创造了新的文化，完成了社会转变，使"中国近现代新文化既非单纯的西学东渐，也非中华传统文化全方位的直接延续，而是西学与中国传统文化相杂交、相化合的产物。"②对此，美国前总统尼克松就深刻认识到，中国文明作为世界上历史最悠久的连续不断的文明，在希腊和罗马的文明由盛及衰甚至没落的时候，中国的文明仍然在继续，当欧洲处于黑暗时代当中时，中国的学术、科技和哲学仍然在蓬勃发展。历史上"中国一再遭到入侵，但是，每次都是它同化了入侵者，最后使他们变为中国人了。""中国的过去的特色不仅是历史悠久，恢复能力强，有文化""在中国人看来，他们的文明不是一种文明，而是唯一的文明。"③这些论述从中华文明突出的延续性、统一性，以及中华文明旺盛的生命力来解释了中华民族的文

---

① 李庆本：《鉴真东渡与中华文化的海外传播》，《山东社会科学》，2019 年第 1 期。

② 冯天瑜，何晓明，周积明：《中华文化史（第 2 卷）》，上海：上海人民出版社，2005年版，第 924 页。

③ ［美］尼克松：《真正的战争》，常铮译，北京：新华出版社，1980 年版，第 153-154 页。

化自信与自觉。

中华人民共和国成立后，国家独立和民族自觉使中华文化走上再生，冷战后西方进一步强化文化输出和渗透，经过历史洗礼的中华文化展现新的形态。中国人民从站起来走向富起来、强起来，逐渐增强文化自信，重塑中华文化对外传播的道路和途径，这就是以文化自觉再次走上文化自信的道路。比如国家广播电视总局在非洲的乌干达、肯尼亚、坦桑尼亚三国举办了 2019 "视听中国——走进非洲"活动，将一些反映中国经济社会高速发展的电视剧《欢乐颂》《鸡毛飞上天》等推介给非洲观众，《国家宝藏》《中国诗词大会》等节目就以中华文化的魅力充分体现民族的自豪感，引发海外观众的高度关注。再如国家博物馆充分发挥自身优势，2023 年度与境外文博机构合作举办国际文化交流展，包括澳门"根系中华——青少年爱国爱澳教育基地常设教育展"，印度"G20 数字博物馆——文化走廊"展览等。一个国家的文化对世界产生的影响在很大程度上不仅仅是文化的因素，而是综合国力的表现，文化自觉的背后是对国家实力的自信，也向世界彰显了大国、强国形象。关于传统文化传播在国家形象中的塑造作用，近年来有许多学者分别从多个视角进行了重要论述，如从文化记录篇的影像叙事、饮食文化、丝绸之路、茶文化传播、太极拳文化符号、武术文化、书法文化等及其中蕴含的传统义利观、政治观、和合思想，推动塑造了国家经济形象、政治形象、文化形象、社会形象及生态形象。①

第三节　中华文化对外传播的困境与不足

大国形象应该是经济、政治、文化的复合体，刚柔相济才是完美中国形象，面对世界形势发展和当前全面建设社会主义现代化国家的目标要求，文化软实力建设必然是中国特色社会主义事业的重要一环，加强中华文化海外传播

---

① 任成金，李彤：《论中华优秀传统文化在国家形象塑造中的独特作用、现实困境及对策建议——基于〈中国国家形象全球调查报告 2012—2020〉的分析》，《中共杭州市委党校学报》，2023 年第 4 期。

是提升文化软实力的重要途径。尽管中华文化海外传播赓续优良传统，在历史与当下都取得了良好成效，彰显了中华文明的突出特性，展示了东方大国形象。但是面对国际国内对于提升文化影响力和话语权的形势要求，中华文化传播仍有极大的提升空间，应该深入科学分析当前文化传播中存在的问题和瓶颈，才能找到具体的解决方法和提升路径。

一、文化传播理念的误解和滞后

当前，中华文化在海外传播当中还存在一些隔阂、滞后性甚至是误解。一方面是理念的隔阂所导致的误解。"中华文化形成了崇道向仁尚和的同心圆结构，西方文化则更加注重理性分辨抗衡"[1]，"中国传统文化的仁、义、情是一种内在的人文主义，即不是面对并征服自然的，而是亲合自然的"，强调天、地、人、物各安其位、融洽相处[2]，与西方文化的理性至上、征服一切的斗争精神并不一致。可以说，中国文化更注重事物之间的联系与和谐，西方文化更看重差异与对抗，从而导致不同的思维方式，不了解这种思维方式就会在文化交流中产生误会和冲突。以学术研究为例，国外学者认为中国文科论文的价值不高，因为论点往往是总结他人观点不敢提出反对或批驳意见，而西方文化圈的学者却乐于将论点建立在反驳他人观点基础上，才会形成新理论新观点。对于西方文化的差异，文化传播者并没有足够重视这一方面的不足，不能在传播过程中对比中西思维，从西方文化视角上阐明差异、促进交流[3]，从而产生了一定的文化隔阂，影响了传播效果。比如，有的海外民众对中国美食和国粹中医的认识存在误解或者不认可，实际上各大菜系以及针灸、推拿、草药都是中华文化的瑰宝，如屠呦呦女士在青蒿素上的医学研究就是从古代文献对中药的阐释中得到了灵感。此外，不同主流意识形态国家之间的文化理解与接受都存

① 何哲:《公共治理：文化为什么是重要的？——兼论中西文化特质差异对公共管理的影响》,《中国行政管理》,2022年第8期。

② 高云梯:《浅谈中西传统文化核心理念之差异》,《理论学刊》,2000年第4期。

③ 张春燕:《消弭中华文化海外传播中思维方式冲突之途径》,《北京社会科学》,2020年第8期。

在一定的难度，"具有不同主流意识形态的文化交流也会产生比较强烈的冲突、对抗和排斥，所以任何一个国家的文化走向世界都会受到不同主流意识形态文化的冲击。"① 正如亨廷顿所说，"在后冷战的世界中，人民之间最重要的区别不是意识形态的、政治的或经济的，而是文化的区别。"② 不同国家的民族文化之间、不同的宗教文化之间还存在一定的排斥性，都成为中华文化对外传播必须重视和关注的现实困境。

另一方面是传播理念的滞后。"对外传播"这一概念引入我国之前，对于国际传播的研究都是围绕"对外宣传"而展开的，实际上对外宣传与对外传播是两个本质上完全不同的概念，前者以传播主体为中心，带有强烈的单向性，而后者以传播受众为中心，注重主体与受众的沟通交流，是双向的。中华文化对外传播的目标是使当地受众认同并接受中华文化，如果主客体之间不能达成双向交流，"即使是再好的文化内容和表现形式，也不会产生良好的传播效果。"③ 但是时至今日，"宣传"仍是我国传播活动中的高频词汇④，文化宣传工作依然是以官方为主导开展对外文化交流的主要途径。因而，我国仍然存在以"对外宣传"的思维指导文化传播，导致受众在接受心理上产生排斥，导致传播效果不尽如人意。因为思维理念上的差异，在传播内容选择上更倾向于以自我为中心，向世界展示一个积极正面的国家形象，但忽视受众的感受容易形成一个自说自话的局面，达不到良好的传播效果。比如海外民众对中国的印象还停留在改革开放之初社会落后、人民生活水平低下的阶段，实际上中国的高铁、电子支付、物流等行业已飞速发展，以致有的观众到中国之后才发现"中

---

① 史少博：《论中华文化走向世界的困境以及可能性》，《内蒙古社会科学》，2024 年第 1 期。

② ［美］塞缪尔·亨廷顿：《文明的冲突与世界秩序的重建》，周琪，等译，北京：新华出版社，2010 年版，第 5 页。

③ 王景云：《中华文化国际传播效能的提升之策》，《思想理论教育》，2023 年第 12 期。

④ 高宝萍，冯慧：《新媒体语境下中国国家形象跨文化传播困境与对策探究》，《理论导刊》，2021 年第 6 期。

国的网购、快递、银行、医院的运营效率之高"①，在深入了解后选择在中国定居不在少数。而在海外语境下，目前文化传播却达不到这个改变刻板印象、更新观念形象的效果。

二、文化传播内容产品结构失衡

目前中华文化对外传播的内容难以适应开创中华文化走出去的新局面的形势要求，不仅过于偏重中华文化的传统因素，而且过于偏重浅层符号展现②，对外传播的文化产品当中，传递的核心价值理念不多，传达的新时代新生活新内容不多，最终传播到受众当中产生深层影响的不多。

（一）过于偏重传统文化而忽视当代因素

中华文化的海外传播更多偏重于传统文化而不是当代中华文化，在海外受众当中留下深刻印象的也更多是传统文化。而中华优秀传统文化传播当中对于文化的普遍性意义和当代价值传播不足，与现代社会生活严重脱节，使国外民众对中华文化和中国社会的主观印象还停留在古代，并没有产生对当代中国的亲近感和融洽感。因此，他们对于新时代新征程上中国人民所追求的民族复兴伟业、所选择的中国式现代化道路缺乏共情和认同，不能从文化传播中获得推动实现民族复兴和构建人类命运共同体的良好氛围和环境。美国学者乔舒亚·库珀·雷默提出中国一些官员展示本国文化时习惯于选用传统文化，而意识不到如何利用当代中国的文化先锋。因为缺乏文化自觉，文化传播出现对内对外"两张皮"，"对内宣介马克思主义、社会主义文化，对外简单宣介中华传统文化。"③ 这也说明中华文化现代化程度不高，现代文化创造的总体质量不高，缺乏好而精的作品，中华文明的时代篇章还缺乏有效的传播载体与平台。

---

① 《澳大利亚小伙成中国网红 称在中国实现人生价值》，新华网，http://www.xinhuanet.com//world/2016-06/14/c_129061629.htm.2016-06-14。

② 张秉福，齐梦雪：《我国对外文化传播能力提升论略》，《新疆社会科学》，2022 年第 1 期。

③ 翁贺凯：《"提升中华文化影响力"：内涵、问题与路径》，《中央社会主义学院学报》，2021 年第 6 期。

内容结构的失衡在一定程度上也是对当前受众的分析不足导致的，要加强传播内容和形式的吸引力，就必须深入了解当前海外受众的生活环境、文化惯性和真正需求，从他们易于理解和接受的角度进行针对性的传播，并且加强马克思主义与中华优秀传统文化相结合的对外传播力度。2012—2020 年的《中国国家形象全球调查报告》显示，传统文化作为中国国家形象塑造的独特标识，在海外受众中的共鸣度最高。针对"中国国家形象"的选项调研，在受访者的选择当中，"历史悠久、充满魅力的东方大国"这一形象具有最高的认可度，针对"最能代表中华文化的元素"的选项调研，中华传统文化当中的"中医""武术""饮食"位居前三位，"孔子、儒家思想"以及"书法绘画"等也保持了较高的认可度①。此外，还有中餐、中药等传统文化元素在海外也具有较高的美誉度。

新时代中国文化主体既有中华优秀传统文化，也还包括革命文化和社会主义先进文化，后两者在近现代以来带领中国人民实现精神上的自信自立，也表明了博大精深的中华文化当中既有古代的神话故事，也有近代实现民族独立的革命故事、当代实现国家富强的奋斗故事。因此讲故事不能只是讲以前的故事，传播古代文化，即使要讲古代文化也要推陈出新，进行传统文化创造性转化和创新性发展，紧密结合中国式现代化道路进程，符合当代的要求，以中华优秀传统文化为视角讲好中国式现代化的文化根基所在，讲清楚中华民族伟大复兴的中国梦传统文化基因。

（二）过于偏重文化符号而忽视价值内涵

中华文化的内涵深刻，在语言文字上有多种表现形式，而且语言上有隐喻、假借等艺术手法，与西方文化直截了当的语言风格有很大差异，若使西方民众知其然并知其所以然，文化符号背后的文化深意、价值取向值得进一步阐释和推介。"从文化符号到精神标识，不仅是形式上的表述改变，更是有着深

---

① 任成金，李彤：《论中华优秀传统文化在国家形象塑造中的独特作用、现实困境及对策建议——基于〈中国国家形象全球调查报告 2012—2020〉的分析》，《中共杭州市委党校学报》，2023 年第 4 期。

切理论关怀和文化自觉的话语更新"①，将符号背后的精神标识阐释好，是文化传播的重要使命。而中华文化海外传播还停留在展现一些浅层的文化符号，比如儒家、方块字、孔子、功夫等，但是这些文化符号背后深层的文化积淀，所蕴含的中华文化意蕴与当代价值，海外民众了解不多甚至一无所知。目前来看，不管是通过文化机构、文化宣传活动，还是文化贸易交流等渠道，对外传播的中华文化大部分是浅层次的、零散的符号输出，如戏曲、书法、诗词、武术等文化符号，海外民众对文化符号都比较熟悉，但是缺乏对其文化符号背后深层意义内涵的了解，中华文化对外传播还没有形成一套能够传播中国价值观同时又具有世界影响力的知识体系，这无疑是削减了文化传播的效果和意义。有学者提出，当下国际传播中有关中华文化的传播，"最主要的弊端是对中华文化传播的片面化解读，多停留在文化符号的认知上。"②

在中华文化传播过程中，因为是浅层次的符号输出，就存在突出器物文化、精神内核少的困境。一说到中国，长城、丝绸、瓷器等都是重要的文化表征和代表性的文化符号，也体现着中华文化的品格，但是这些器物文化的传播并不能将深层的中华文化精神全部凸显出来，传播器物文化的时候也要通过讲好故事的方式深入传播好文化的精髓要义。特别是中国为什么选择马克思主义、选择中国特色社会主义道路，推动马克思主义基本原理同中华优秀传统文化相结合，其中就有深层的文化原因，那就是中华优秀传统文化当中的精神内核，是"中国人民在长期生产生活中积累的宇宙观、天下观、社会观、道德观的重要体现"，"同科学社会主义价值观主张具有高度契合性。"③ 因此，在新时代中华文化对外传播过程当中，必须将中华文明的突出特性以及当代价值讲清楚，必须将马克思主义与中华优秀传统文化的契合性讲清楚。

---

① 吴阿娟，韩阳：《从文化符号到精神标识：对外传播中优秀传统文化的提炼与融通》，《天津师范大学学报（社会科学版）》，2023 年第 6 期。

② 谌利：《国际传播视域下中华文化感召力的提升策略研究》，《新闻爱好者》，2023 年第 6 期。

③《中国共产党第二十次全国代表大会文件汇编》，北京：人民出版社，2022 年版，第 15 页。

（三）过于偏重形式展示而忽视质量创新

我国的文化传播往往重视活动场面，比如民俗展览、文物展览、歌舞表演、中国功夫等文化活动的展示，往往因为其即时性和流于形式不能产生很好的传播效果，难以得到海外民众的真正认同①。只有文化符号的输出说明我们在开展对外传播中缺乏创新和深层次加工，传播媒体缺乏责任意识，仅仅是简单地对内容进行复制、粘贴，没有发挥自身特点和优势加工传播内容，形成有影响力的产品，独特性和创新性体现不足。文化传播的产品质量决定着传播的成效，世界上较为经典的文化产品如美国电影、日本漫画等在全世界都有名气，中国功夫虽然作为中国的文化符号具有一定的知名度，但是形成的文化产品要么停留在某一个阶段，要么质量有限，而且没有产生如迪士尼乐园、漫画书那样具有高附加值的系列文化产品，吸引力和影响力有限。从近年来高收视率的节目中，据统计90%以上是从美国、韩国、英国等国外购买版权的翻版节目，如《奔跑吧兄弟》《中国好声音》《中国达人秀》等②，充分显示了我国文化产品的原创性、创新性不足，注重形式的发展但是内在的质量不高，导致在国际市场的竞争力不强。

面对加强国际传播能力建设、全面提升国际传播效能的时代要求，需要我们在优化文化传播策略、创新传播方式、丰富传播内容产品上更加着力，"深入实施文化传播差异化、资源配置系统化、传播渠道多样化、发展叙事形象化、网络传播交互化"③，以情动人、以理化人讲好中国故事，如使"情理融通成为考察短视频讲好中国故事的创新视域。"④特别是在数字化时代，数字技术与媒体的融合发展，讲好中国故事不能仅仅是依靠技术带来的炫酷，而要抓牢

---

① 袁媛，卢鹏，韩昀：《中华优秀传统文化对外传播实践路径探索——基于华侨大学"华文星火"中华文化海外传播实践项目》，《思想教育研究》，2019年第7期。

② 张骥等：《中华文化走向世界策略研究——基于文化软实力建设的视角》，北京：中国社会科学出版社，2019年版，第182页。

③ 王景云：《中华文化国际传播效能的提升之策》，《思想理论教育》，2023年第12期。

④ 张秀丽，李开渝：《从情感触发到共享触达：短视频讲好中国故事的情理融通研究》，《中国编辑》，2024年第1期。

"内容定力"管理，讲好反映传统文化、中国人物、中国智造、城市百态的引人入胜的故事[①]，例如像网络文学、文艺融入传统文化、科幻等元素，"用优质内容化解网生代的数字化孤独"，在人工智能时代大放异彩[②]。

三、文化传播渠道的单一与不足

中华文化是丰富多彩的，文化的影响是潜移默化的，文化传播应该是推动大众化的认同和接受，而不是只针对某一群体或采取单一方式进行传播，因而传播的渠道需要多元化、多样化。

（一）传播渠道方式单一

从目前的传播方式来看，中华文化对外传播的主渠道是官方机构，主要方式是官方宣传，方式单一且政府干预过多，民间交流少，缺乏丰富多样并且能够被广大民众接受的多样化传播方式渠道，特别是民间组织、企业和个人的参与少。实际上，社会、民间大众化的参与，以及个人在文化传播中的影响力非常重要，生活化的文化传播方式渠道最为有效。有学者对 5 个国家的孔子学院文化传播情况进行调研时就发现，中华文化走出去时，不具有政治性的与生活息息相关的文化传播效果良好，而行为文化和精神文化在跨文化传播中会面临文化冲突，要寻找与其他文化接近、共通的内容，在共鸣的基础上进行传播才能取得好的效果。此外，不同国家的传播方式应区别开来，传播过程中必须尊重当地传统与价值观念[③]。数字全球化蓬勃发展的当下，有学者对城市国际传播进行考察时发现，"国际传播叙事主体仍然局限于官方机构或主流媒体，尚未形成具有海外影响力的非官方意见领袖。"而过度依赖政府的宏大叙事会给

① 张靖:《数字化时代讲好中国故事的内容定力与形式创新》，《学习与探索》，2023 年第 12 期。

② 胡疆锋，赵世城:《2023 网络文艺：以磅礴想象力致敬未来》，《中国文艺评论》，2024 年第 2 期。

③ 吴瑛:《中国文化对外传播效果研究——对 5 国 16 所孔子学院的调查》，《浙江社会科学》，2012 年第 4 期。

人一种"高高在上"的姿态。① 与此同时，中国的国际传播还存在传播目标偏远导致传播的渠道方式单一，因为当前国际传播"主要针对的国际受众集中在了绝大多数的欧美国家和少数发展中国家及周边国家，从而造成了部分目标好高骛远、舍近求远。"反而与部分周边国家、地区"近而不亲"。②

（二）传播平台影响受限

传播渠道的不足还体现在我国媒体的对外传播平台影响力有限，首先是我国主流媒体对外传播平台的影响力有限。目前，中国主流传媒对外传播平台的目标受众并没有进入海外的主流人群，以中央电视台中文国际频道、英语新闻频道为例，虽然中文国际频道已经在亚、非、拉美、北美、欧洲和大洋洲的许多国家和地区都有节目播出，但是影响非常有限，主要受众对象是华人、华侨，英语新闻频道虽然以英语国家观众为对象，但缺乏品牌栏目影响力有限，而且官方媒体容易被海外民众视为中国政府发声的喉舌，使他们缺乏信任感。如"CGTN策划了一系列与中华优秀传统文化、旅游、美食等领域相关的节目和直播，但CGTN频道的这些视频在YouTube上的播放量并不理想"③。而在全球传播格局中，占据主导和控制地位的是西方发达国家的跨国传媒集团，依托这些超大规模的、多元化经营的跨国传媒集团，美国控制了全球90%的新闻和75%的电视节目的生产和制作，全球文化信息传播体系受美国主导④，而这一类平台中国缺乏，无法与之竞争。有学者分析，中国传媒在世界传媒业的位置是处于中游，但绝非砥柱，80个世界级传媒集团中国仅占3个，全球信息量只有4%来自华文媒体，与华人占世界比例极不相当，而4大英文通讯社

① 戴骋：《城市国际传播的实践困境与效能提升——以成都大运会为例》，《传媒》，2023年第1期。

② 沈悦，金圣钧：《中国特色国际传播叙事的多维转向与进路优化》，《云南社会科学》，2023年第6期。

③ 邢丽菊，鄢传若斓：《中国国家形象的塑造模式研究》，《东北亚论坛》，2022年第6期。

④ 张骥等：《中华文化走向世界策略研究——基于文化软实力建设的视角》，北京：中国社会科学出版社，2019年版，第195页。

占全球信息量的八成，90% 以上的互联网内容都是英语 ①。

（三）传播方法融合不足

因为中华文化对外传播的主渠道、主力军仍是政府和官媒，报道中自说自话、官方说教式话语和方式较多，叙事风格也没有充分考虑海外受众的风格，显得传播的方式方法不能满足文化传播的目标和要求，未能充分发挥民间传播主体的作用。如智库、企业、高校、非政府组织、社会团体以及民众个人的主体作用、多样化传播途径与方法并未完成发挥出来，主体之间特别是官方与民间主体之间相互配合、相互合作的作用也较为不足。中华文化对外传播的组织管理呈现扁平化，"担负传播任务的各部门经常独立作业，缺乏协调。"② 此外，中华文化对外传播对新媒体技术、社交媒体的运用重视程度还不够，而这些新兴媒介实际上已经成为世界文化传播的主渠道。比如 Google、Facebook、X 等互联网平台借助大数据搜集与分析、云计算等技术，运用"机器人水军"发布带有偏见性和针对性的推文并自动进行点赞、评论和转发，在构建新型网络交往生态中可能成为美国等西方国家主流媒体信息霸权的维护者。③ 在这方面，我们既要加强防范、抵御风险，也要进行反思，拓宽文化传播渠道，改进方式方法。

四、文化传播人才资源力量紧缺

中华文化源远流长，世界文明特色各异，要成为中华文化的国际传播者，需要具备"联接中外、沟通世界"的能力和素养，要有世界识见，即世界眼光和时代胸怀，正如鲁迅先生所说："国民精神之发扬，与世界识见之广博有所属。"世界眼光就是既要对本民族文化有充分的了解和高度的自信，也要能够

---

① 姜飞：《新阶段推动中国国际传播能力建设的理性思考》，《南京社会科学》，2015 年第 6 期。

② 谌利：《国际传播视域下中华文化感召力的提升策略研究》，《新闻爱好者》，2023 年第 6 期。

③ 戴骋：《城市国际传播的实践困境与效能提升——以成都大运会为例》，《传媒》，2023 年第 1 期。

在目的国的文化语境中熟悉对方文化，运用他人的语言讲好中国故事。因此，海外传播的专业人才既需要深刻掌握中华文化的深层意蕴和鲜明特色，同时也要熟悉世界各国风土人情并掌握相关语言，多方位的专业人才较为紧缺。

（一）汉语教师资源缺乏

教师、教材和教法问题成为制约国际传播事业发展的主要问题，其中的关键是教师问题①。孔子学院发展当中的制约因素就是师资，在一个关于孔子学院的调查研究中就提出了教师的发展前景、教师队伍建设的局限性影响了汉语教师的稳定性，如"教师工资待遇长时间没有实质变化，比如一名公派汉语教师，即使每年考核都是优秀，工作第一年和第六年的工资待遇也完全一样。""作为在孔院任职的教师，我们工作中缺乏一些激励机制。"②汉语教师的师资不稳定就不利于工作的长期有效开展。从总体来看，全球汉语教师的缺口已经达到500万③，国际汉语师资问题表现为"量"与"质"同样短缺，"在整体上'量'的短缺掩盖了'质'的需求，总体供不应求的现状掩盖了少数国家供过于求的现实"④。因为人力受限，加上不同地区经济发展水平差异影响，中华文化海外传播在资源配置上力量和资源过于集中，海外华校、孔子学院、中国文化中心等一般集中在经济发达地区或华侨华人聚居区，反而对本土民众影响不大。

（二）语言类专业人才匮乏

中华文化对外传播面对的是世界各国，除了通行的英语，其他非通用语言类人才十分缺乏，小语种的专业人才更是十分匮乏。比如"一带一路"沿

---

① 崔希亮：《汉语国际教育"三教"问题的核心与基础》，《世界汉语教学》，2010年第1期。

② 袁玉芝、李清煜：《融入、创新、发展：新时代孔子学院发展的困境与出路》，《中国人民大学教育学刊》，2021年第1期。

③《全球稀缺汉语教师500万》，搜狐网，https://www.sohu.com/a/21773577_115052.2015–07–08。

④ 吴应辉：《国际汉语师资需求的动态发展与国别差异》，《教育研究》，2016年第11期。

线 64 个国家就有 52 种官方语言，对专业语言类人才的需求与提供此项服务的人才之间有巨大的差距，"一带一路"互联互通的基础是民心相通，其关键就是语言相通基础上的文化交流，"需要通过语言战略来推进对对象国或地区的综合研究，需要培养关于对象国或地区研究的复合型人才。"①—项调研结果显示，"通过对我国 423 家语言服务机构调研，提供中译英、英译中服务的企业占比分别高达 96.93% 和 94.8%，仅有 2.60% 的企业提供中外互译服务，小语种服务能力极为匮乏。"②根据《2024 年中国翻译行业发展报告》的数据，市场对英语、日语翻译人才的需求在下降，但是对俄语、德语、朝鲜语、阿拉伯语翻译人才的需求有所上升。而对比供需状况来看，开设德语、阿拉伯语等语种专业的院校数量仍相对较少，德语仅为 119 所，阿拉伯语仅为 41 所，而开设英语和日语专业的院校数量分别达 994 所、503 所。语言类人才是中华文化对外传播的重要基础，当前这类人才特别是非通用语言人才的缺乏可能成为制约中华文化走出去的一个较为突出的因素。此外，粤语是粤港澳地区及东南亚和全球华人的主要通行语言之一，既是地域文化的载体和地缘情感的纽带，也是在文化传播中与全球华人互动并扩大辐射作用的重要语言载体，粤语国际传播人才的培养也需要得到进一步的重视③。

（三）技能型和综合性人才紧缺

中华文化领域宽泛、内容丰富，文化传播也需要有专业技能型人才和综合型人才。中华文化传播既需要对中华文化内涵意蕴、历史发展、核心价值都能深刻掌握的人才，才能保证中华文化能够原汁原味地走出去；中华文化传播也需要具有国际视野、了解他国国情并具备传播技能的人才，才能保证中华文化对外传播能够顺利地开展；中华文化传播当中不可避免地会涉及到经济、政治、法律等各个领域的交流活动，遇到相关专业性问题，比如交流活动各个

① 胡健:《"一带一路"的实践与中国的语言战略研究》,《学海》, 2020 年第 2 期。

② 程晓波:《"一带一路"大数据报告》, 北京: 商务印书馆, 2017 年版, 第 106–206 页。

③ 彭雨晴, 许莹冰:《粤语国际传播人才培养目标体系与行动逻辑》,《传媒》, 2022 年第 7 期。

方面是否符合国际法和当地法律法规，还需要一些具有专业知识、技能的人才，才能灵活应对和正确处理在中华文化传播当中可能遇到的各方面各领域的问题。文化资源只有通过生产、制作、传播才可能转变为现实的影响力，这就需要大量从事文化生产、制作、贸易、翻译等各个方面的高层次复合型人才，在新媒体时代还需要掌握信息技术的人才。但目前我们存在数量不够、质量不高、创新性人才缺乏等问题，高端人才还存在较大缺口。① 此外，传播人才的综合素养特别是思想政治素养需要引发更高程度的重视，得到更大程度的培养。目前，国际传播从业者思想观念方面存在影响传播实践和实效的问题，其中包括思想政治方面的综合素质，主要表现为"缺乏融通中外的智慧，未能从全球视野关照传播实践"，"忽视传播场域，片面迎合国内民族主义情绪"，"未能摆脱路径依赖惯习，缺乏对新闻观的创新实践"等②，正如 CGTN 主持人王冠所说的交流场景那样，"你说你的'西方式民主选举'，我说我的'东方式选贤任能'；你弘扬基督教文化，我弘扬儒家思想；你说南海航行自由，我说'横行'自由；你说卖台武器确保亚太安全，我说这是粗暴干涉中国内政。"③ 大家在国际传播中自说自话，没有立足于全球视野、文明互鉴和构建人类命运共同体的高度，根本没有达到相互交流的目的，更不用说文化之间的理解与认同。因此，国际传播人才队伍的培养既要注重能力，提升业务技能与专业水平，也要注重价值面向，加强综合素养，在百年未有之大变局背景下危机与新机并存的时代，注重培养他们坚定的政治立场、深厚的家国情怀和扎实的马克思主义新闻观。④

---

① 魏海香：《扩大中华文化国际影响力：现实困境与提升路径》，《新疆社会科学》，2020 年第 4 期。

② 孙利军，高金萍：《国际传播能力建设视域下的国际传播人才"三观"研究》，《当代传播》，2023 年第 5 期。

③ 王冠：《中国国际传播话语策略实战创新报告》，见《全球传播生态发展报告（2022）》，北京：社会科学文献出版社，2023 年版，第 237–250 页。

④ 胡正荣，王天瑞：《能力与价值：新时代国际传播人才队伍培养的关键》，《中国编辑》，2022 年第 8 期。

五、文化传播的机制和体系不畅

中华文化海外传播是一个庞大而复杂的系统工程，需要建立多项机制促进相互连通，但是目前还存在机制体系不畅的问题。

（一）责任机制

中华文化对外传播的主体职责分布不均。我国的文化传播体制是政府主导型，传播的主体相对单一，政府既是传播政策的制定者又是主要执行者，占据了绝大部分的主体地位与职责，使其他主体的作用发挥不充分，特别是非政府组织、企业和个人参与传播的力量不足，职责分工不均。一些参与传播的文化社团对政府的依赖性大，主要开展属于政府职责的传播活动，自身独立性不强还具有一定的官方色彩，传播内容和方式难以得到国外受众的普遍认同，甚至会产生误解和排斥[1]。

（二）传播机制

传播机制的不畅主要表现为传播理论应用不足、传播方式方法较为粗糙、传播重点不突出、传播内容缺乏吸引力。传播机制不畅通的主要原因是对传播受众的细分不明确，对目标受众的研究不足导致传播对象的针对性不强，没有在基于世界各地国情分析的基础上开展，传播项目和活动有同类和重复现象。受众不仅仅是接受传播的对象，往往也是传播的主体，因为新媒体发展迅速，个人在传播中的影响越来越大。而在文化对外传播当中，应该根据受众不同的文化背景、风格偏好等，对传播内容和传播方式进行个性化设计，满足个性化需求，加大传播内容和方式与受众的契合度。缺乏对受众的研究，就会失去信息传播的控制权，缺乏文化传播的吸引力和针对性，不能将受众作为文化传播的推动元素。当前，在全球跨文化传播遭受西方阻隔，国际传播合作机制遭到不合理修订的基础上，如欧盟、美国的《欧盟反击第三方宣传的战略传播》

---

[1] 张秉福，齐梦雪：《我国对外文化传播能力提升论略》，《新疆社会科学》，2022 年第 1 期。

《反宣传法案》等①，更加不利于中华文化对外传播机制的形成和有效运转。

（三）管控机制

中华文化对外传播的有效管控不足。我国目前的文化法与文化国际传播的关联性不大，文化产业立法滞后，海外文化传播的立法不符合实际需求，支持和保障中华文化对外传播的机制不足。信息化时代社交网络的发达使各国人民之间文化交流更加频繁、便利，但是一般人并不都具备文化传播的使命感和责任感，或者不具备对中华文化深刻而正确的认知，国人与其他国家民众之间的交流大多是即时、随性的，不可避免地会夹杂个人对中华文化理解的错误和偏差，而社交网络、社交媒体对这一方面的管控不足将导致一定的文化冲突。"互联网＋"使文化传播引发一系列新问题，"文化的可信息化与不可信息化、虚拟化与实体化、多元化与同质化、规模化与微碎化之间持续发生着矛盾"②。比如网络文化传播无法传达原有文化的感官体验，将会导致网络文化传播内容的缺失；网络传播主体的素质不一影响内容的深度；实体化的文化内容经虚拟化处理后产生的文化信息损耗等等，影响传播成效的同时威胁文化传播的健康生态。此外，对于中华文化对外传播的评估，并没有建立相关评估体系，仅对简单的数量进行评估，没有对中华文化在海外的影响力和吸引力进行深层的评估，并形成评估的指标体系，解决当前的不足与缺陷，推动文化海外传播工作纵深开展。我国文化管理体制建设也存在"保障体系不平衡，缺乏系统性""文化立法存在盲点和空白""文化立法的效力层次不平衡""现行文化产业法律法规与市场化的规则衔接不足"等问题，在国际交往中对中国建立国际大国形象极为不利③。

① 姜华，喻长友：《逆全球化背景下中国文化对外传播的实践路向》，《内蒙古社会科学》，2023 年第 4 期。

② 郜戈，张继栋：《"互联网＋时代"文化传播交流的新特征与新问题》，《北方论丛》，2017 年第 4 期。

③ 张骥等：《中华文化走向世界策略研究——基于文化软实力建设的视角》，北京：中国社会科学出版社，2019 年版，第 193 页。

六、文化传播的环境和成效受限

中华文化对外传播还存在着不利的外部环境，即传播的地位和话语权的不平等，在国际信息传播中，以美国为主导的西方国家占据中心地位，而第三世界国家却处于不平等的地位。[①] 面对全球传播格局的不平衡，中国也遭遇了缺乏国际话语权的窘迫状况。目前来看，我国的国际形象主要是以"他塑"为主，实现"自塑"的困境较多，能力也较差，而西方政府和媒体掌握了他塑国际舆论场，以"人权议题和政治议题为武器对中国进行抹黑和扭曲"，从而加深了海外民众的偏见[②]。如皮尤中心 2021 年调查了 17 个发达经济体国家中民众对中国的看法，对中国的负面看法处于或接近 2002 年以来的历史高位[③]。中国通过各个途径在国际社会的发声不多，而且处于有理说不出、说了传不开的尴尬境地，存在着"文化产品大国"与"文化输出小国"的矛盾，存在着"信息流进流出的'逆差'、中国真实形象和西方主观印象的'反差'、软实力和硬实力的'落差'。"[④]"软实力发挥作用的机制，主要依赖于文化产品负载的意识形态力量。"从我国文化产品来看，文化内容的承载量不足，多为劳动密集型的文化制造业，"处于文化产业的外围和价值链的低端"，因此"从文化商品的物质性传播变成文化产业的内容传播，改变我国文化贸易'大而不强'，文化影响力弱的局面"[⑤]，是一个重大课题。面对"西强我弱"的国际舆论格局，我国各类媒体发出的声音总体偏小偏弱。

从文化传播的成效来看，目前，中华文化对外传播有"八多八少"，即布

① 孟大伟，李呢喃：《数字媒体时代中国国际话语权争夺契机、现实困境与应对策略研究》，《新媒体与社会》，2017 年第 4 期。

② 邢丽菊，鄢传若斓：《中国国家形象的塑造模式研究》，《东北亚论坛》，2022 年第 6 期。

③ Laura Silver, Kat Devlin and Christine Huang. Large Majorities Say China Does Not Respect the Personal Freedoms of Its People, Pew Research Center, 30 June, 2021。

④ 中共中央文献研究室编：《习近平关于社会主义文化建设论述摘编》，北京：中央文献出版社，2017 年版，第 212 页。

⑤ 葛继宏，叶森：《我国对外文化贸易发展研究：现状、问题与对策》，《浙江社会科学》，2022 年第 12 期。

点多、生根少，重复多、创意少，灌输多、互动少，务虚多、务实少，入眼多、入心少，官方多、民间少，自娱多、出圈少，产品多、精品少。内外无别，片面强调正面与宏观，强调表达的完美，不能体现出生活化、社会化的不足之处，反而缺少了一些真实感和信任度。讲故事的时候也不够平实，宏大叙事，细节缺失，切口太宽，人物众多，而西方擅长讲小故事，讲细节，以故事情节、细节来打动人，感染人。我们对于中华文化对外传播的统计和评价的方式也仅仅看发了多少稿件、产生了多少流量，而不是从产生的效果出发。无法提升文化传播的实效就无法提升中国的国家形象与国际话语权，可以说，"我国正走向世界舞台的中心，中华文化也正致力于巩固和提升自己在世界文化格局中的地位，但中国'话语权'的现实地位距离中心位置还有较大距离。"中国目前最大的战略威胁之一就在于国家的国际形象。①

① 魏海香:《扩大中华文化国际影响力：现实困境与提升路径》,《新疆社会科学》,2020年第4期。

第 三 章

叙事内容：中华文化对外传播的知识体系

中华文化博大精深、体量巨大，要使中华文化对外传播实现精准定位、精准选择和精准营销，首先要对适合传播的中华文化知识体系进行精准选择，明确文化传播到底需要传播什么内容、应该传播什么内容，然后在传播知识体系的基础上形成传播机制，提升传播的质量和实效。因此，要总结中华文化对外传播的历史经验，在继续发扬优良传统和改进不足当中，更加精准地建构起既适合对外传播又有利于扩大中华文化影响力的知识体系，作为新时代中华文化对外传播的叙事内容。

第一节　中华优秀传统文化的核心要素

对外传播中华优秀传统文化，当然是要将其中最能代表中华民族的突出优势、最能代表中华文明的突出特性的部分传播出去。不管是精神文明还是物质文明，不管是通过文化交流还是文化贸易的方式，都要在对外传播中讲清楚中华文化的核心价值。关于最能代表中国文化的核心要素，新时代以习近平同志为核心的党中央作了不同层面的总结概括，党的二十大报告、文化传承发展座谈会上的讲话以及党关于弘扬中华优秀传统文化的重要文件当中均有系列论述，是对中华优秀传统文化的核心要素最为权威、系统，也是最符合时代要求的总结概括。

国务院 2017 年发布的《关于实施中华优秀传统文化传承发展工程的意见》指出了中华优秀传统文化当中的核心思想理念，"中华民族和中国人民在修齐治平、尊时守位、知常达变、开物成务、建功立业过程中培育和形成的基本思想理念，如革故鼎新、与时俱进的思想，脚踏实地、实事求是的思想，惠民利民、安民富民的思想，道法自然、天人合一的思想等，可以为人民认识和改造世界提供有益启迪，可以为治国理政提供有益借鉴。传承发展中华优秀传统文化，就要大力弘扬讲仁爱、重民本、守诚信、崇正义、尚和合、求大同等核心思想理念。"提出了中华优秀传统文化当中蕴含的中华传统美德，包括"天下兴亡、匹夫有责的担当意识，精忠报国、振兴中华的爱国情怀，崇德向善、见贤思齐的社会风尚，孝悌忠信、礼义廉耻的荣辱观念，体现着评判是非曲直的价值标准，潜移默化地影响着中国人的行为方式。"还有中华优秀传统文化当中彰显的中华人文精神，"如求同存异、和而不同的处世方法，文以载道、以文化人的教化思想，形神兼备、情景交融的美学追求，俭约自守、中和泰和的生活理念等，是中国人民思想观念、风俗习惯、生活方式、情感样式的集中表达"①，这些内容就全面、系统地概括出了中华优秀传统文化当中的核心思想，需要大力弘扬这些促进社会和谐、鼓励人们积极向善的思想文化内容。

2022 年 10 月，党的二十大总结了中华优秀传统文化作为中华文明的智慧结晶，其中蕴含的一些重要元素是中国人民在长期生产生活中积累的宇宙观、天下观、社会观、道德观的重要体现，主要有"天下为公、民为邦本、为政以德、革故鼎新、任人唯贤、天人合一、自强不息、厚德载物、讲信修睦、亲仁善邻等"②，这十个方面是中华优秀传统文化最为核心最为凝练的要素。其后，2023 年，习近平总书记又在文化传承发展座谈会上总结了中华优秀传统文化当中的重要元素，在党的二十大报告的基础上对十个方面的要素进行了分类和

---

① 中共中央办公厅 国务院办公厅印发《关于实施中华优秀传统文化传承发展工程的意见》，中国政府网，https://www.gov.cn/zhengce/2017-01/25/content_5163472.htm.2017-01-25。

②《中国共产党第二十次全国代表大会文件汇编》，北京：人民出版社，2022 年版，第 15 页。

拓展。他提出，"中华优秀传统文化有很多重要元素，比如，天下为公、天下大同的社会理想，民为邦本、为政以德的治理思想，九州共贯、多元一体的大一统传统，修齐治平、兴亡有责的家国情怀，厚德载物、明德弘道的精神追求，富民厚生、义利兼顾的经济伦理，天人合一、万物并育的生态理念，实事求是、知行合一的哲学思想，执两用中、守中致和的思维方法，讲信修睦、亲仁善邻的交往之道等，共同塑造出中华文明的突出特性。"①这十个方面的总结和分类则更为精准。因此，中华文化对外传播当中，就要注重将这十个方面的核心精神通过各个层面、各种形式充分传播出去，充分彰显中华文明的突出特性和中华民族的独特标识。

一、天下为公、天下大同的社会理想

"天下为公""天下大同"均出自孔子，《孔子家语》中记载，"大道之行，天下为公，选贤与能，讲信修睦。故人不独亲其亲，不独子其子。老有所终，壮有所用，矜寡孤疾皆有所养。货恶其弃于地，不必藏于己；力恶其不出于身，不必为人。是以奸谋闭而不兴，盗窃乱贼不作，故外户而不闭，谓之大同。"其中的核心涵义是如果人人都能修炼自己的公德心，相互帮助、休戚与共，社会就会安稳和谐，实现大同，达到"老者安之，朋友信之，少者怀之"的理想状态。顾炎武的"天下兴亡，匹夫有责"，康有为《大同书》中关于"大同之世，天下为公，无有阶级，一切平等"的理想世界，就是孔子"天下大同"思想的延续，孙中山"真正的三民主义"即"孔子所希望之大同世界"。这是中华文化以孝悌为根本，以家为本位，从家庭伦理走向社会、政治伦理，从而产生家国一体的观念，乃至引申到全世界场域下，实现人类命运与共、人人自由平等。

天下为公、天下大同是中华文化道德精神的根脉，是社会公德的最高原则。"深厚的天下和平合作的价值根基，构建了中华民族5000多年的辉煌文明，

---

① 习近平：《在文化传承发展座谈会上的讲话》，《求是》，2023年第17期。

亦创造了时至今日依然璀璨的中华文化。"①从孔夫子到孙中山，中华民族对这一理想的追求一以贯之，由此影响了数千年中国历史的进程，铺染了无数中华儿女的生命底色。②"天下大同"这一社会理想与马克思主义相互契合，瞿秋白曾在《赤潮曲》中歌颂十月革命："从今后，福音遍天下，文明只待共产大同。"李大钊在《平民主义》当中就将"大同"概念作为共产主义理想社会的中国式表达③。他指出，"现在世界进化的轨道，都是沿着一条线走，这条线就是达到世界大同的通衢，就是人类共同精神连贯的脉络。"④中国共产党成立后，天下为公、天下大同就从道德标准、政治信条逐渐成为共产党人的初心使命，中国特色社会主义新时代，推动全体人民实现共同富裕就是天下为公、天下大同思想的实践目标，铸牢中华民族共同体意识是天下为公、天下大同思想在各民族心灵深处的精神体现，推动构建人类命运共同体是天下为公、天下大同思想在对外交往中引领人类文明新形态的旗帜。习近平总书记提出，"大道之行也，天下为公。和平、发展、公平、正义、民主、自由，是全人类的共同价值"。⑤"天下为公、天下大同凸显出从崇尚大道、厌战求和到人类祈福的深沉文化之思与命运之思，是中华民族延续几千年的人生哲学和文化积淀。"⑥孔子描绘的"大同"社会蓝图成为世代传承而历久弥新的"中华梦"，天下大同的社会理想也成为实现中华民族伟大复兴中国梦和构建人类命运共同体的"天下大同"梦的思想价值根基。

---

① 张立文：《中华文明的和平合作天下观》，《社会科学战线》，2021 年第 2 期。

② 杨朝明：《天下为公、天下大同——中华优秀传统文化中的重要元素之①》，《光明日报》，2023 年 7 月 4 日。

③ 于建福，宫旭：《天下为公 道洽大同——释读民族复兴"中国梦"及"人类命运共同体"理念》，《齐鲁学刊》，2019 年第 2 期。

④《李大钊文集》（下册），北京：人民出版社，1984 年版，第 597 页。

⑤《习近平谈治国理政》第二卷，北京：外文出版社，2017 年版，第 522 页。

⑥ 唐小芹：《天下为公、天下大同的社会理想——深刻把握中华优秀传统文化的重要元素①》，《新湘评论》，2023 年第 14 期。

二、民为邦本、为政以德的治理思想

作为中华优秀传统文化重要元素之一，民为邦本、为政以德的治理思想分别出自《尚书·五子之歌》"皇祖有训，民可近不可下，民惟邦本，本固邦宁"和《论语·为政》"为政以德，譬如北辰，居其所而众星共之"，意思是人民是国家的根基，根基稳固国家才能长治久安。因此，治理国家就要强调以民为本、以德治国，真正赢得民心才能安邦定国。《尚书》中说："天聪明，自我民聪明，天明畏自我民明威。""天视自我民视，天听自我民听"，《道德经》说"圣人无常心，以百姓心为心"，《荀子》说"用国者，得百姓之力者富，得百姓之死者强，得百姓之誉者荣。"都是强调民本的治理思想，主张顺应民心。中华文化从神本到人本、从君本到民本，肯定人民的主体地位，最终形成了最高统治者的重民思想，"得民心者得天下"是中国历代贤明君主都懂得的道理，因而开明君主能够从主观上体恤民情、为政以德，以民为本，"中华帝制的政治原理是以民本思想为框架的精心构筑的庞大的思想体系"①。

"民为邦本、为政以德"这一思想经过岁月洗礼后，始终延续传承为中国的重要治理思想，在创造性转化和创新性发展中成为中国共产党坚持以人民为中心、坚持人民主体地位、坚持人民至上的政治准则和内在要求，成为推进国家治理能力和治理现代化的宝贵思想文化资源。中国共产党创造性发展了马克思主义的人民话语，彰显出了传统民本思想的价值精义，"人民"成为现代中国政治的核心概念之一，成为中国政治话语体系的重要基石。② 民为邦本、为政以德的治理思想与马克思主义以人民为中心的理念息息相关，成为中国共产党治国理政的宝贵精神财富。"党的宗旨、群众路线、社会主义本质论、'三个代表'重要思想、科学发展观及习近平新时代中国特色社会主义思想等植根

① 张分田：《民本思想与中国古代统治思想》，天津：南开大学出版社，2009 年版，第 1 页。

② 吕存凯：《"民为邦本"理念的哲学意涵及其现代转型》，《中国哲学史》，2023 年第 6 期。

于唯物史观的执政理念，延续了以人为本的政治情怀与历史使命。"① 新时代，"坚持人民至上"是习近平新时代中国特色社会主义思想"六个必须坚持"的立场观点方法的首位，承载着历代中国共产党人"为人民服务""始终代表中国最广大人民根本利益""以人为本""我将无我，不负人民"的深厚情怀和使命担当。在新征程上，要"从中华优秀传统文化中汲取营养和智慧，将'民为邦本、为政以德'蕴含的政治智慧应用于国家和社会治理，更好担负起新的文化使命，更好构筑中国精神、中国价值、中国力量，更好推动创造人类文明新形态。"②

三、九州共贯、多元一体的大一统传统

九州共贯、多元一体的大一统传统强调了中华文明突出的统一性和包容性，九州是地理概念，共贯、多元一体、大一统是思想文化的包容融合，强调千百年来中华民族作为多元一体的伟大民族，各民族在交往交流交融当中将优秀文化汇聚成为伟大的中华文明。多元是指各个民族拥有自己的历史和文化传统，各具特色，丰富多样，一体则是强调在历史当中各民族已经成为不可分割的共同体，你中有我、我中有你，形成具有共同价值追求和文化心理结构的中华民族共同体。从历史渊源来看，"九州"是传说中的中国上古地理区域，出自《尚书·禹贡》中，指代中国。"九州共贯"出自《汉书·王吉传》，说的是《春秋》所以大一统者，六合同风，九州共贯也。""大一统"始见于《春秋公羊传》："元年者何？君之始年也。春者何？岁之始也。王者孰谓？谓文王也。曷为先言王而后言正月？王正月也。何言乎王正月？大一统也。"秦汉时期，大一统成为政治思想领域的主流，秦朝在结束战乱后，实现"书同文，车同轨，量同衡，行同伦"，开启了统一多民族国家的发展征程，汉武帝在董仲舒的建议下实行"罢黜百家、独尊儒术"的"大一统"思想，汉宣帝时形成

---

① 王芸：《中国传统文化资源的国家治理价值举要》，《广西师范大学学报（哲学社会科学版）》，2017 年第 6 期。

② 郝涛：《民为邦本、为政以德的治理思想——深刻把握中华优秀传统文化的重要元素②》，《新湘评论》，2023 年第 14 期。

了"六合同风，九州共贯"的"大一统"的共同体理念。后世无论哪个民族建立政权，都以统一天下为己任，"大一统"成为政局稳定的思想引领，在中华民族形成了统一的价值体系。"中华文明突出的统一性，鲜明体现为九州共贯、多元一体的大一统传统深深熔铸于中华文明发展历史中。"①

我国是统一的多民族国家，中华民族多元一体是先人们留给我们的丰厚遗产，"在中华民族文明发展历程中隐含着一种多元一体的文化包容性格局"，中华文明也以一种包容开放的姿态融入世界性发展当中②。习近平总书记在全国民族团结进步表彰大会上的讲话强调，我们辽阔的疆域是各民族共同开拓的，悠久的历史是各民族共同书写的，统一如秦汉、隋唐、元明清，更是"六合同风，九州共贯"。灿烂的文化是各民族共同创造的，伟大的精神是各民族共同培育的，"一部中国史，就是一部各民族交融汇聚成多元一体中华民族的历史，就是各民族共同缔造、发展、巩固统一的伟大祖国的历史。各民族之所以团结融合，多元之所以聚为一体，源自各民族文化上的兼收并蓄、经济上的相互依存、情感上的相互亲近，源自中华民族追求团结统一的内生动力。正因为如此，中华文明才具有无与伦比的包容性和吸纳力，才可久可大、根深叶茂。"③九州共贯、多元一体的大一统传统发展形成了团结统一的民族精神，成为中华民族的精神纽带和支柱，彰显中华文明突出特征，"'多元一体'演进过程中形成的'家国观''中国观'保证了中华文明的连续性、创新性、统一性。"④无论是在动荡不安的时代，还是在创造辉煌的新时代，都产生了强大而持久的民族凝聚力、向心力，推动铸牢中华民族共同体意识。必须大力弘扬中华民族

---

① 尹志：《中华文明具有突出的统一性（思想纵横）——深刻把握中华文明的突出特性③》，《人民日报》，2023 年 6 月 28 日。

② 赵旭东：《基于多元一体格局的中国式现代化的文明走向》，《探索与争鸣》，2024 年第 1 期。

③《习近平：在全国民族团结进步表彰大会上的讲话》，中国政府网，https://www.gov.cn/xinwen/2019-09/27/content_5434113.htm.2019-09-27。

④ 江林昌：《中华文明史上的"多元一体"格局及其深远影响》，《学术研究》，2023 年第 6 期。

"多元一体"所蕴含的民族文化主体价值和全人类文化共同价值，推动中华文化更好地走向世界。

四、修齐治平、兴亡有责的家国情怀

"修齐治平""兴亡有责"，前者出自西汉儒学家戴圣所编《礼记》（即《小戴礼记》）第四十二篇《大学》，《礼记·大学》中说道，"古之欲明明德于天下者，先治其国；欲治其国者，先齐其家；欲齐其家者，先修其身""身修而后家齐；家齐而后国治；国治而后天下平"；后者出自明末清初思想家顾炎武《日知录》卷十三《正始》之中，"保国者，其君其臣肉食者谋之；保天下者，匹夫之贱与有责焉耳矣。"梁启超由此而提炼为"天下兴亡，匹夫有责"。因而修身之道、齐家之道、治国平、天下之道首先从家训开始，"修身"到"齐家"再到"治国"最后到"平天下"，这是由近及远、环环相扣、层层递进又贯通一线的逻辑顺序和政治伦理体系，与"天下兴亡，匹夫有责"一样，强调的是个人与国家民族之间的紧密联系，要将个人的前途命运与国家和民族兴衰成败紧紧地联系在一起，对国家民族抱有强烈的责任感和使命感，这是一种深情大义。

"中国古代社会的政治结构具有'家国同构'特点，家国同构的社会格局对于中华民族的发展有着深刻影响，如深植于中国人心中的'忠孝相通'理念，要求每个人都要自觉践行居家尽孝、为国尽忠的基本准则。"[①]家与国相辅相成、休戚与共，家国情怀始终是中华文明的鲜明底色。数千年来，为什么中华民族总是能在生死存亡的危机中走出来，就是因为总是有忧国忧民、心系苍生的仁人志士奔走呼号，有精忠报国、毁家纾难的爱国英雄挺身而出。中国共产党人的家国情怀就体现为"为中国人民谋幸福，为中华民族谋复兴"，在革命、建设、改革事业中涌现出的一批批英雄人物就生动诠释了共产党的家国情怀，习近平总书记在建党百年之际提出的中国共产党人精神谱系，其中抗美援

---

① 商志晓：《修齐治平、兴亡有责——中华优秀传统文化中的重要元素之④》，《光明日报》，2023 年 7 月 7 日。

朝精神、"两弹一星"精神、抗洪精神、脱贫攻坚精神、抗疫精神、雷锋精神、焦裕禄精神等等，都充分体现出修齐治平、兴亡有责的家国情怀。面对百年未有之大变局，国际力量对比深刻调整，单边主义、保护主义明显上升，"恃强凌弱、巧取豪夺、零和博弈等霸权霸道霸凌行径危害深重"，维护国家安全、心怀"国之大者"是全体中华儿女在实现中华民族伟大复兴征程上的应有之义，中国共产党"从正己修身的道德追求、家齐邦宁的社会理想、我将无我的治国情怀、美美与共的世界愿景四个维度实现对'家国天下'文化传统的现代性转化与价值超越"，向世界构筑"中国价值"①。

五、厚德载物、明德弘道的精神追求

"厚德载物、明德弘道"是中国人的民族精神与文化品格。"厚德载物"出自《周易·象传》中"天行健，君子以自强不息；地势坤，君子以厚德载物"，说的是君子为人处世应像天一样刚毅卓著，像大地一样厚积美德。"明德弘道"则是根据《尚书》中关于"黍稷非馨，明德惟馨""明德慎罚"，《大学》中关于"大学之道，在明明德，在亲民，在止于至善。"以及《论语》中关于"人能弘道，非道弘人"等经典总结出来的。明德是立身之本，弘道是处事之则，"明德弘道"是说人要积极主动地弘扬正大光明的道德品性，躬身力行、担当作为，实现道德与责任、理想与实践的统一。古人所讲的"三不朽"，即"太上有立德，其次有立功，其次有立言"就将立德作为首位，可见对道德品质的高度重视，以及看重德行对于建功立业、著书立说的基础性、根本性作用。厚德载物、明德弘道，是中华优秀传统文化卓尔不群、独树高标的内在精神柱石，"不仅关系个人的荣辱成败，更会形成整个社会普遍认可的价值标尺和思想基础，是经济社会行稳致远、持续发展的保障，是中华文明得以生生不息、历久弥新的民族之魂"②。

---

① 任鹏，李毅：《新时代中国共产党的家国情怀》，《东北大学学报（社会科学版）》，2022 年第 4 期。

② 赵建永：《厚德载物、明德弘道——中华优秀传统文化中的重要元素之⑤》，《光明日报》，2023 年 7 月 10 日。

"道"和"德"是中华民族最深层的精神追求，承载的是优秀道德品性和博大胸怀。张岱年曾盛赞："'自强不息'、'厚德载物'思想可以看作是中华民族精神的主要表现""是民族得以延续和发展的思想基础。"①"道"和"德"都源自中华民族传统美德的思想精髓，《论语》"德不孤，必有邻"，《孟子》"得道者多助，失道者寡助"，诸葛亮《诫子书》"静以修身，俭以养德"等等，都充分说明了中华儿女对于道义、德性内化于心、外化于行的追求，培育了厚德载物、明德弘道的优秀品质。在经历了先秦孔孟、两汉经学、魏晋玄学、唐代"道统"、宋明理学的传统文化发展后，"厚德载物"的思想价值的现代意义转换为"国家层面的经济新常态、社会层面的和谐社会建设、组织层面的企业社会责任和个人层面的德智协调发展"②。"厚德载物、明德弘道"的精神追求与马克思主义道德观中的人道主义、集体主义、公平正义等价值观念相通。中国共产党将中华民族传统美德与马克思主义道德观结合在一起，追求人人平等自由的共产主义"大道"，在加强道德建设上逐渐形成了"明大德、守公德、严私德"为核心的新时代道德观，推动形成良好社会风尚。习近平总书记在会见第四届全国文明城市、文明村镇、文明单位和未成年人思想道德建设工作先进代表时就强调，要"大力加强社会公德、职业道德、家庭美德、个人品德建设，营造全社会崇德向善的浓厚氛围；大力弘扬中华民族优秀传统文化，大力加强党风政风、社风家风建设，特别是要让中华民族文化基因在广大青少年心中生根发芽。"③。

六、富民厚生、义利兼顾的经济伦理

"富民厚生、义利兼顾"的经济伦理是我国现代化经济体系建设的价值取向，是处理国家与百姓经济关系的准则，也是重视民本的国家治理观念的体

---

① 张岱年：《文化与哲学》，北京：中国人民大学出版社，2006年版，第37页。

② 韩巧霞，徐国亮：《"厚德载物"的历史原脉与现代意蕴》，《南通大学学报（社会科学版）》，2016年第6期。

③《习近平：人民有信仰民族有希望国家有力量》，人民网，http://politics.people.com.cn/n/2015/0228/c70731-26614236.html.2015-02-28。

现。对于"富民厚生"的来源，《管子·治国第四十八》开篇即写道："凡治国之道，必先富民。民富则易治也，民贫则难治也。"意思是要使国家得到更好的治理，必须先解决经济上百姓丰衣足食的问题，富国以富民为前提，只有作为根本的人民安定稳固了，国家才能安宁。"厚生"一词的起源比"富民"更早，《尚书》的《大禹谟》篇强调善政有"六府三事"，六府指的是人民物质生活中的"金、木、水、火、土、谷"，三事指"正德、利用、厚生"。孔颖达为《尚书》作注疏时解释道："厚生，谓薄征徭，轻赋税，不夺农时，令民生计温厚，衣食丰足。"使民以时、轻徭薄赋，这也是善政和善治的体现。程颐认为："为政之道，以顺民心为本，以厚民生为本，以安而不扰为本。"在如何取得和保有财富方面，"义利兼顾"是中国先贤们对"义"和"利"关系进行深入讨论后得出的思想成果，成为中华民族在经济活动中所秉承的价值观念，也成为新时代实现人民美好生活的迫切需要①。孔子在《论语·里仁篇》中提出"君子喻于义，小人喻于利"的观点，即确立了儒家的价值判断标准，"先义而后利者荣，先利而后义者辱""正其谊以谋其利，明其道而计其功"，在数千年的义利之辨中形成了"义利兼顾"的经济伦理。

中国共产党始终把为人民创造美好生活作为奋斗目标，将"富民厚生"的治理观念融入经济发展和民生保障当中，通过改革开放实现经济快速发展、总量跃居世界第二的伟大奇迹，创造性地完成了全面建成小康社会的目标，打赢了人类历史上规模最大的脱贫攻坚战，"建成世界上规模最大的教育体系、社会保障体系、医疗卫生体系，教育普及水平实现历史性跨越，基本养老保险覆盖十亿四千万人，基本医疗保险参保率稳定在百分之九十五。"②真正提高了人民群众的获得感、幸福感、安全感。新征程上，中国共产党将全体人民共同富裕作为中国式现代化的主要特征之一，继续完成历史赋予的使命任务，为人民

---

① 张青卫，韩兴武：《正确义利观是新时代实现人民美好生活的迫切需要》，《内蒙古社会科学（汉文版）》，2019 年第 6 期。

②《中国共产党第二十次全国代表大会文件汇编》，北京：人民出版社，2022 年版，第 9 页。

创造更加美好的幸福生活。中国共产党也将义利兼顾的理念融入经济发展和民生事业，强调"多谋民生之利、多解民生之忧，在发展中补齐民生短板、促进社会公平正义"，结合中华优秀传统文化发展马克思主义政治经济学。而"义利兼顾"的理念，在数千年历史长河中早已内化为中国人的价值取向和精神追求，且具有十分明显的世界意义。"正确义利观是中国特色大国外交的重要价值观"，表现为"天下大同"的世界追求、"以义为先"的价值取向、"自我约束"的内敛风格、"言必信、行必果"的实践作风①。它不仅是个人修齐治平的准则，还为当今各国处理纷繁复杂的国际事务提供了独特的中华智慧。②

七、天人合一、万物并育的生态理念

中国古代士人常言道"仁者，以天地万物为一体。""天人合一"是中华民族宇宙观、自然观、文明观的生动概括，这一思想理念的典型代表是庄子，庄子的"齐物论"就是"天地与我并生，而万物与我为一。"董仲舒在《春秋繁露》中说，"天人之际，合而为一。同而通理，动而相益，顺而相受，谓之德道"，提出人与天地自然之间要保持和谐。张载也在《正蒙·乾称篇》说道："儒者则因明致诚，因诚致明，故天人合一。""万物并育"出自《礼记·中庸》："万物并育而不相害，道并行而不相悖，小德川流，大德敦化，此天地之所以为大也。"意思是自然中的每一个个体都有存在的理由，相互共存而并不排斥，所以才使万事万物如此宏大，这也是从万物相连而非孤立片面的角度来看待世界。老子提出的"人法地，地法天，天法道，道法自然"，荀子提出的"万物各得其和以生，各得其养以成"，都是强调人与天地、自然的和谐共生。冯友兰提出，"道家的人主张，圣人的精神修养，最高的成就在于将他自己跟整个自然即宇宙统一起来"。③天人合一的宇宙观秉持"和谐共生"的生态哲学观，主张"道法自然"的生态伦理观，倡导"节物惜用"的生态管理观，奉行

① 罗建波：《正确义利观与中国对发展中国家外交》，《西亚非洲》，2018 年第 5 期。

② 谌园庭：《富民厚生、义利兼顾——中华优秀传统文化中的重要元素之⑥》，《光明日报》，2023 年 7 月 11 日。

③ 冯友兰：《中国哲学简史》，涂又光译，北京：北京大学出版社，2013 年版，第 20 页。

"三材无私"的生态境界观①，"天人合一、万物并育"构建起了中国特色生态哲学，也提供了人与自然、社会和谐共存的生态智慧，形成了中华民族尊重自然、顺应自然、保护自然的文化传统。

"天人合一、万物并育"中所蕴含的效法自然、自强不息精神，整体意识和对个体的尊重是中华文明突出特性的表现。"天人合一"的思想观念就是以人道理解和规范天道，反过来又以宇宙终极的天道观诠释和论证人道，追求人与天地自然的协调和谐关系，追求真、善、美合一的境界。中华传统文化中凡是精神的升华、思想的超越、情操的高拔、气质的陶冶、真理的感悟无不以天人合一为最高境界、最终依据②。在治国理政当中，中国共产党将"天人合一、万物并育的生态理念"作为生态文明理论、实践、制度创新的根本遵循，坚持可持续发展，正确处理人与自然的关系、保护生态环境与经济社会发展的关系，推动美丽中国建设，在新时代系统形成了习近平生态文明思想。党的二十大提出中国式现代化是人与自然和谐共生的现代化，在传承天人合一、万物并育的中华优秀传统文化中强调人与自然是生命共同体，我们要坚定不移走生产发展、生活富裕、生态良好的文明发展道路，才能实现中华民族永续发展。"绿水青山就是金山银山"的生态文明理念也为全球生态文明建设贡献了中国智慧，中国向世界发出的"共建地球生命共同体"的全球倡议，汲取了中华文化的生态智慧，与世界人民一起共谋全球生态文明之路。

八、实事求是、知行合一的哲学思想

东汉史学家班固在《汉书·河间献王传》中说道，"河间献王德以孝景前二年立，修学好古，实事求是。"这里的实事求是是一种求索真知的治学精神，其本义是治学过程中通过对文献的校勘和辨伪求得其真相的方法和态度③。明

---

① 徐国亮，薛伟：《习近平文化思想视域下中华优秀传统文化国际传播的四重维度》，《浙江工商大学学报》，2024 年第 2 期。

② 姜义华，朱子彦主编：《中华文化通识》，北京：北京大学出版社，2018 年版，第 36 页。

③ 方红姣，吴冬瑜：《中国共产党实事求是精神对传统知行观的创新性发展》，《湘潭大学学报（哲学社会科学版）》，2024 年第 1 期。

朝思想家王守仁提出了知行合一的哲学思想，"知是行的主意，行是知的工夫；知者行之始，行者知之成。"知主要是指思想道德意识，行主要是指实际行动，知行合一即思想意念与实践行动要一致，仍属于道德修养的学说。因此，实事求是、经世致用、知行合一的辩证精神成为中华优秀传统文化的重要元素，使得中华文明具有脚踏实地、顽强不息的文化主体性与旺盛生命力。

坚持实事求是、知行合一是中国共产党人认识世界和改造世界的根本要求。毛泽东在革命实践当中给予实事求是新的阐释，他在《改造我们的学习》中写道，"'实事'就是客观存在着的一切事物，'是'就是客观事物的内部联系，即规律性，'求'就是我们去研究。"① 他提出这是马克思列宁主义的态度，要用这种态度去解决中国革命的问题。对于知和行，毛泽东的《实践论》就是讨论二者的关系，他改造了中国古代知行观，提出"实践、认识、再实践、再认识，这种形式，循环往复以至无穷，而实践和认识之每一循环的内容，都比较地进到了高一级的程度。这就是辩证唯物论的全部认识论，这就是辩证唯物论的知行统一观。"② 在为党的十一届三中全会做准备的中共中央工作会议上，邓小平同志指出的："只有解放思想，坚持实事求是，一切从实际出发，理论联系实际，我们的社会主义现代化建设才能顺利进行"。③ 中国特色社会主义新时代，习近平总书记再次强调，"马克思、恩格斯没有直接用过'实事求是'这个词汇，但他们创立的辩证唯物主义和历史唯物主义，突出强调的就是实事求是。"④ 习近平总书记把实事求是升华为中国共产党人的核心价值观，作为推进新时代中国特色社会主义事业的生命线⑤，在传承共产党人求真务实、辩证思考的精神中，不断开辟马克思主义中国化时代化新境界。

---

① 《毛泽东选集》第3卷，北京：人民出版社，1991年版，第801页。

② 《毛泽东选集》第1卷，北京：人民出版社，1991年版，第296—297页。

③ 《邓小平文选》第2卷，北京：人民出版社，1994年版，第143页。

④ 习近平：《坚持实事求是的思想路线》，《学习时报》，2012年5月28日。

⑤ 唐珍名，彭清萍：《论习近平对实事求是思想路线的原创性贡献》，《湖南大学学报（社会科学版）》，2023年第2期。

九、执两用中、守中致和的思维方法

《中庸》中说道，"执其两端，用其中于民""致中和，天地位焉，万物育焉"，意思是要顺应天地自然，不要走极端，而是要采用适中的办法，走中和之道，这就是中华优秀传统文化当中尚中、贵和的价值观念。"贵和尚合持中庸思想观念的历史积淀，使注重社会和谐的价值取向成为中华民族的普遍思维原则。"对保持社会稳定和发展，维护统一的多民族国家有着重要的积极作用①。孔子也在《论语·为政》中提出，"攻乎异端，斯害也矣。"守中、尚中、执两用中才能取得平衡，因为"中也者，天下之大本也。""中者，天下之正道。"做人做事不偏不倚才是最高最好的参照标准，这个参照标准也可以用到社会、国家当中，人与人之间的社会不起冲突，国家与国家之间不发生动乱，最终达到社会稳定、国家安定的政治局面。值得注意的是，钱穆认为"执其两端，用其中于民"是指"无论何事都有两端，此两端，可以推到极处各成为一极端。在此两极端间之中间都叫做中，此一中可以有甚长之距离"②，意思是只要不是走极端，"中"的范围不仅仅是折中之处，而是有较大的范围和空间的，可以说是一个中间过程。中庸朴素的辩证法中实际上蕴含着以和为贵、求同存异，原则性与灵活性相结合的道理。中庸思想，是一种强调"适度""执中""用中"的思维方式与处事原则，更在政治上彰显为一种混合政体的"共治"逻辑，为现代社会合作治理理论与实践提供了思想源泉③。

执两用中、守中致和的思维方法与马克思主义唯物辩证法是契合的，毛泽东的《矛盾论》就是运用唯物辩证法分析问题、解决问题，在矛盾中寻找事物发展的方向，求得统筹兼顾。科学发展观所强调的可持续发展和促进人与自然的和谐相处，作为构建社会主义和谐社会的理论指导，其中也蕴含着化解发展

---

① 姜义华，朱子彦主编：《中华文化通识》，北京：北京大学出版社，2018 年版，第 41 页。

② 钱穆：《中华文化十二讲》，北京：九州出版社，2017 年版，第 118 页。

③ 史云贵，韩昕莲：《论中庸的"为政"思想与政体的演进——基于孔子与亚里士多德中庸思想的比较》，《广西大学学报（哲学社会科学版）》，2023 年第 1 期。

中的各类矛盾问题、推动经济与社会协调稳定的守中致和思想。习近平新时代中国特色社会主义思想的立场观点方法当中，"坚持守正创新"就是执两用中、守中致和的思维方法，守正与创新是辩证统一的，"守正才能不迷失方向、不犯颠覆性错误，创新才能把握时代、引领时代。"① 还有习近平总书记关于"两点论"与"重点论"相结合的矛盾观、关于"蹄疾"而"步稳"的发展观、善于把握全局及长远的系统观念、划出红线与亮明底线的法治观念、构建人类命运共同体的全球观等②，都彰显出中华优秀传统文化当中和而不同、守中致和的思维特点，是"两个结合"的理论成果。

十、讲信修睦、亲仁善邻的交往之道

"讲信修睦"，源自《礼记·礼运》中的"大道之行也，天下为公；选贤与能，讲信修睦"，这是孔子在参加祭祀之后对当时的政治秩序作出期盼，那就是希望各个国家之间能够重视道义、选贤任能、讲究信用、和睦相处。"亲仁善邻"出自《左传·隐公六年》中的"亲仁善邻，国之宝也，君其许郑"，也是对如何处理国家之间的关系的劝诫，认为友好对待邻国才是最宝贵的战略。因此，在中华优秀传统文化当中，"信、睦、仁、邻等传统理念共同汇集为中华民族对天下有序良性互动及理想秩序的持续追求与不懈探索。"③

在中国特色大国外交中，中国始终坚持诚信、和睦、安邻的原则，致力于扩大同各国利益的汇合点，共同促进发展。近年来，中国通过"一带一路"给沿线国家带来的经济、交通、贸易、技术等各个方面的福祉，为"一带一路"共建国家创造的生活条件，就充分彰显了中国共产党讲信修睦亲仁善邻的责任担当。在国际社会，中国推动构建相互尊重、公平正义、合作共赢的新型国际

---

① 《中国共产党第二十次全国代表大会文件汇编》，北京：人民出版社，2022年版，第17页。

② 董冰：《执两用中、守中致和——中华优秀传统文化中的重要元素之⑨》，《光明日报》，2023年7月14日。

③ 刁大明：《讲信修睦 亲仁善邻——中华优秀传统文化中的重要元素之⑩》，《光明日报》，2023年7月17日。

关系，坚持对话而不对抗、拆墙而不筑墙、融合而不脱钩、包容而不排他，就是坚持各国命运与共、人类命运共同体的价值观念，为世界和平安定提供中国智慧和中国方案。"人类命运共同体"提出全球在安全上要共建共享、守望相助，这与儒家哲学中亲仁善邻、与邻为善的思想高度一致①。习近平总书记在党的二十大报告中指出，要"促进大国协调和良性互动，推动构建和平共处、总体稳定、均衡发展的大国关系格局。坚持亲诚惠容和与邻为善、以邻为伴周边外交方针，深化同周边国家友好互信和利益融合。秉持真实亲诚理念和正确义利观加强同发展中国家团结合作，维护发展中国家共同利益。"②延续了中华文化当中的交往之道。

第二节　中华文化对外传播知识体系的重塑标准

关于"中华文化"的内涵，习近平总书记在党的十九大报告中指出："中国特色社会主义文化，源自中华民族五千多年文明历史所孕育的中华优秀传统文化，熔铸于党领导人民在革命、建设、改革中创造的革命文化和社会主义先进文化，植根于中国特色社会主义伟大实践。"③在党的二十大报告中再次强调，推进文化自信自强，铸就社会主义文化新辉煌，要"发展社会主义先进文化，弘扬革命文化，传承中华优秀传统文化。"④当前进行对外传播的中华文化，基本内涵应该是以中华优秀传统文化、革命文化、社会主义先进文化为三大来源的中国特色社会主义文化，核心就是当代中国价值观念⑤。中华文化海

---

① 徐瑜霞：《"人类命运共同体"的儒家哲学基础探析》，《齐鲁学刊》，2022 年第 4 期。

②《中国共产党第二十次全国代表大会文件汇编》，北京：人民出版社，2022 年版，第50 页。

③ 习近平：《论党的宣传思想工作》，北京：中央文献出版社，2020 年版，第 10 页。

④《中国共产党第二十次全国代表大会文件汇编》，北京：人民出版社，2022 年版，第35-36 页。

⑤ 翁贺凯：《"提升中华文化影响力"：内涵、问题与路径》，《中央社会主义学院学报》，2021 年第 6 期。

外传播的知识体系，包括各个历史时期在文化外交、文化宣传、文化贸易和文化交流当中形成的知识产品，应注重中西方文化的差异，根据各类划分标准，从宏观、微观和体系上，从时间、空间、表现形式、感官体验不同类别进行区分，构建物质、制度、行为和心态等各个层级的文化知识产品和体系。因此，首先要形成中华文化对外传播知识体系的重塑标准。

一、中华文化知识体系的多维层次划分标准

中华文化博大精深，内涵丰富，具有强大的生命力。中华文化的知识体系有多种多样，根据划分标准的不同，会形成不同的分类体系。钱穆在《中华文化十二讲》当中，就曾将文化分为三个层次，即文化之基层、文化之中层、文化之上层，"文化的第一层，也是文化之基层，便是上述经济、政治、军事三项。此一基层安定了，才能发展到其他阶层。如文学、艺术已是文化之第二层，即文化之中层，等于树上开了花，必须有根有干才始能开花。由是进到文化之第三层，即文化之上层，乃有宗教信仰。""同时也会有哲学思想。""层层配合，这一文化才是有理想的文化、有体系的文化、一个机构健全的文化。"[①]而新时代的中华文化知识体系，应根据时代发展和形势变化进行划分。

（一）从宏观和微观层面来划分

宏观上来看中华文化的划分，有学者认为，"从时间上可以划分为传统文化和当代文化，从空间上可以划分为国家文化和地方文化（如巴蜀文化），从民族角度可以划分为汉民族文化和少数民族文化，从表现形式上可以划分为雅文化和俗文化，从感官体验角度可以划分为视觉文化、听觉文化和味觉文化（如茶文化和酒文化），等等。"[②] 吴瑛带领的学术团队在5个国家16所孔子学院中调研中华文化对外传播的效果，就将文化分为物质、行为和精神文化三类，其中，中国概况、物质遗产及物质非遗产是属于物质文化，日常行为习

---

① 钱穆：《中华文化十二讲》，北京：九州出版社，2017年版，第72–73页。

② 张周洲，陈越：《中华文化国际传播多元化路径探析》，《人民论坛》，2019年第25期。

惯、传统民俗属于行为文化，文学艺术、价值观念属于精神文化①。还有学者将文化分为物质文化、制度文化、行为文化和心态文化四个结构层面，物质文化包括建筑文化、服饰文化等，制度文化包括政治、经济、社会保障等制度，行为文化包括社交当中的风俗习惯等，心态文化包括思维方式、价值观念、审美情趣以及由此产生的意识形态，四个类别分别是基础、保证、表象和核心。刘雪以公开文化和隐藏文化的区别作为文化分类的标准，其中公开的文化即表象化的文化形式，具体包括物质、事实、风俗和制度文化②。李树榕将文化资源分为三类，分别是物质实证性文化资源、文字与影像记载性文化资源、行为传承性文化资源③。总体来看，学术界大多倾向于以精神文化、物质文化和制度文化对文化进行分层。

微观上来看，中国文化以独特的文化符号形式参与对外传播，中华文化呈现出许多微观层面的符号化、形象化的形式特征。有学者的调研结果显示，从国外接受程度排序，得到认知度最高的是象征类符号（长城、熊猫、功夫）和生活类符号（烹饪、丝绸、瓷器）等，其次是中国艺术符号（水墨画、诗歌、音乐、京剧）④。学者还对儒家、道教的思想符号，以及北京大学和清华大学的教育符号进行了概括分类。有学者提出中华文化海外传播中应着重从历史、文化、符号三个方面来阐释"文明中国"的形象，从而展现中华文明精神本身。"宅兹中国"表明历史上的中国这一观念就来自于族群交往空间的定位，并在交往当中注重保持自身文化的主体性；"礼乐中国"体现了中国以礼乐的方式展现文明生活，内含着人类文明共生的旨趣；"符号中国"倡导把固有的人物和实践当作传播中国形象的"符号"，中华文化海外传播应致力于阐释这些元

---

① 吴瑛：《中国文化对外传播效果研究——对5国16所孔子学院的调查》，《浙江社会科学》，2012年第4期。

② 刘雪：《文化分类问题研究综述》，《岱宗学刊》，2006年第4期。

③ 李树榕：《怎样为文化资源分类》，《内蒙古大学艺术学院学报》，2014年第3期。

④ 王丽雅：《中国文化符号在海外传播现状初探》，《国际新闻界》，2013年第5期。

传播符号①。文化符号在海外已经具有了一定的认知基础，但是符合所深层蕴含的文化内涵需要在对外传播中更加重视，主动赋予文化符号更多的中国核心价值观内涵，如长城在历史中既是防御工事体现"和平"之意义，又具有封闭、排外的含义，在对外传播中应主动强调和平、和谐的价值观含义。因此，中华文化对外传播中，既要从宏观上构建起知识体系，让海外民众对中华文化有全面整体性的认识，也要从微观上展现中华文化的多样化表现形式，丰富中华文化对外传播的价值内涵。

（二）从系统和结构层面来划分

很多学者对中华文化进行了系统性和结构性的划分，如周正刚把文化上升到国力层次，提出了三个层面的文化国力系统，"一是基础层面，即科技和教育是构成文化国力的两大基本要素；二是精神层面，即文化精神、文化心理、文化传统的力量是构成文化国力的精神性因素；三是实体层面，即文化实业、文化网络、文化设施的力量是构成文化国力的物质性因素。"②张骥等学者则将文化软实力分为三种基本要素，包括深层的价值观念、浅层的理想信仰和语言文字、表层的文化产品和国家政策③。王文杰从文化属性出发对文化进行概括，即意识形态层面、历史遗产层面和生活方式层面的文化三种④。杜献宁等依据处理关系不同、行为关系不同、产生和流行的人群差别、政治地位的不同、产生和流行的地域不同以及与现时代关系的不同，分别对文化进行了分类，即科学与人文，知识、观念和技术，精英文化和大众文化，官方文化和民间文化，本地文化、外地文化和外来文化，古代文化、近代文化、现代文化和未来文化⑤。林克勤从文化传播的目标出发，提出对外文化交流要有针对性地

① 谢清果：《如何向世界说明"中国"：中华文化海外传播的问题意识与方法自觉》，《安徽师范大学学报（人文社会科学版）》，2020 年第 4 期。

② 周正刚：《论文化是综合国力的重要标志》，《求索》，1999 年第 2 期。

③ 张骥等：《中华文化走向世界策略研究——基于文化软实力建设的视角》，北京：中国社会科学出版社，2019 年版，第 39 页。

④ 王文杰：《文化走出去》，北京：人民日报出版社，2013 年版，第 2 页。

⑤ 杜献宁，杨英法，李文华：《文化分类之我见》，《电影评介》，2006 年第 18 期。

根据不同对象划分不同层面的文化结构和知识体系，向西方知识界输出中国传统文化，向普通公众介绍中国大众文化，与西方政界进行政治文化交流[①]。胡钰从文化传播的战略性和创造性出发，提出中华文化的国际传播要讲好5个故事，一是要讲好传统文化故事，因为中华民族的文化创造是人类文明史上连续性最长的，要用好文博资源、考古发展，重视以往传统中文明交流互鉴的历史过程，把中华民族特有的哲学、价值观、人文精神都展示出来；二是要讲好乡村文化故事，因为"中华文明根植于农耕文明"，中国乡村中许多乡土节庆、民间非遗艺术极具传播力，一个个鲜活的普通人的生活方式都体现出民族文化基因，是对外文化传播的生动素材；三是要讲好家庭文化故事，因为国家是由家庭组成，家庭文化是整个中华民族文化的具体展示，在历史上形成了宝贵的家风传统和积淀，具有代表性的就是诸葛亮诫子格言、颜氏家训、朱子家训等，表达了长幼有序、家庭和睦、勤俭持家、知书达理等美德，也将家庭与国家前途命运紧密相连；四是要讲好革命文化故事，讲清中国共产党带领中国人民为了民族利益持续奋斗的实质，使国际舆论深刻理解中国共产党执政地位是中国历史和人民的选择；五是要讲好学术文化故事，讲清楚从孔子、朱熹到王阳明、康有为、梁启超等著名人物的学术思想形成之路，所形成的中国独特的学术传统，讲清楚马克思主义传入中国后如何与中华优秀传统文化相结合扎根中华文化的沃土。[②]

对此，中华文化知识体系的构建呈现出更加多元化的分类方式，不管是从某一个系统或者结构出发，还是基于中华文化当中的一种独特性重塑知识体系，都可以作为中华文化对外传播的划分标准，关键是要结合主体传播的需求和客体接受的程度，以对外传播效能为导向，加强新时代中华文化的对外传播工作。

---

① 林克勤：《自我觉醒与形象重构：中国文化域外分层传播的向度解析》，《现代传播（中国传媒大学学报）》，2017年第7期。

② 胡钰：《中华文化国际传播的战略性与创造性》，《新闻战线》，2021年第13期。

（三）从时间和空间维度来划分

作为文明古国，中国的文明是世界上迄今唯一历史没有中断过的，数千年中华文明对人类社会的进步和发展做出过重大贡献，体现出中华民族的集体智慧，是宝贵的资源与财富。中华文化知识体系的结构从时间线来看，应分为古代文化、近现代文化和当代文化。如李维武从时间上对中国传统文化进行了划分，他提出"从夏、商、周三代始而至19世纪鸦片战争前的中国文化开展，即我们通常所说的中国古代文化。"① 中国史学界将1840年鸦片战争爆发作为近代史的开端，中国从封建社会走入半殖民地半封建社会。杨金海认为，五四运动为中国带来的马克思主义改变了中华文化的进程，为中华现代文化带来了崭新的气象，影响了中华文化的历史走向。② 这是中国现代文化的起源。而"当代"的时间界定是以第三次世界科技革命（上世纪40～50年代）为标志，中国当代史是指中华人民共和国成立以后的历史，中国当代文学、当代艺术是以新中国成立为开启点。因此，中华文化从时间线上应分为古代文化、近现代文化和当代文化三个层次的知识结构体系。

从空间线来看，又可以分为中华文化与丰富多彩的地方文化，中华文化是由中华大地上各民族共同创造和发展的多元一体的总体的、系统的文化体系，而中华大地疆域辽阔，以地域为区别，各族人民在各个地区分别形成了"齐鲁文化、燕赵文化、秦晋文化、湖湘文化、中原文化、巴蜀文化、吴越文化、岭南文化、荆楚文化"等等③。每一个地方文化都独具特色，又是中华文化当中不可分割的一个部分，中华文化正是由于地方文化的蓬勃发展才有了多样化的光彩，才能展现出中华文化博大精深、源远流长、多元一体的特色。比如叩启华夏文明之门的中原文化，殷墟甲骨、龙门石窟熠耀世界文化之林，《诗经》奏响现实主义文学之凯歌，"阴阳""五行"开浚辩证法之先河④。再如从中国

---

① 李维武：《中国古今哲学之变》，北京：人民出版社，2016年版，第594页。
② 杨金海：《马克思主义与中国现代文化发展》，《前线》，2021年第6期。
③ 王泽应：《中华文明体系中的湖湘文化及其独特贡献》，《毛泽东研究》，2023年第5期。
④ 贾文丰主编：《中原文化概论》，郑州：中州古籍出版社，2017年版，第1页。

思想史上第一个黄金时代的核心区域产生的齐鲁文化，包括儒家、墨家、兵家、阴阳家、道法家等，最大的慧果是在这片文化热土上诞育了孔子，儒家思想成为中国思想文化的主流，中国文化的主体①。

再如历史悠久、特色鲜明的湖湘文化，永州玉蟾岩遗址的稻谷遗存，记录着世界上最早的稻作文明，屈原开创的楚辞是中国文学的源头之一，宋代的湖湘学派创立理学，开创了中华文化新格局，近现代革命的领袖与功臣也以湖南人的比例最大②。湖湘文化作为中华文化体系当中的子系统，"屈贾之乡""潇湘洙泗""道南正脉""人才渊薮""革命摇篮"和"伟人故里"等词汇概括了其独特的文化特质、思想力量和实践品格③。新时代，湖南为推动对外开放迈向更高水平，着力打造内陆地区改革开放的高地，在打造外事品牌当中形成了对外交往的七张名片，分别为：红色名片、和平名片、种子名片、制造名片、生态旅游名片、文化名片、减贫名片④，在对外传播中充分彰显出湖湘文化的特色。

表 3-1　湖南外事工作对外交往的七张名片

品牌名片	代表性内容
红色名片	伟人故里韶山
和平名片	芷江受降纪念馆、中国外交官何凤山
种子名片	杂交水稻
制造名片	工程机械、轨道交通
生态旅游名片	张家界风景名胜区
文化名片	岳麓书院、炎陵文化
减贫名片	湘西十八洞村

① 颜炳罡：《轴心文明与齐鲁文化的多重意蕴》，《东岳论丛》，2022 年第 9 期。

② 杜纯梓主编：《湖湘文化要略》第二版，北京：北京大学出版社，2017 年版，第 2 页。

③ 王泽应：《中华文明体系中的湖湘文化及其独特贡献》，《毛泽东研究》，2023 年第 5 期。

④《推动湖南对外开放迈向更高水平　湖南外事工作充分利用地方特色资源服务国家总体外交、服务湖南全面落实"三高四新"战略定位和使命任务》，湖南省政府网，http://www.hunan.gov.cn/hnyw/sy/hnyw1/202210/t20221012_29051214.html.2022-10-12。

因而，构建中华文化的知识体系，时间与空间的层次划分是不可或缺的，一方面，在中华文化数千年发展历程中，每个历史时期的文化都具有独特性，而经过历史积淀的新的文化又具有传承性，都能够彰显出中华文明不同于世界其他文明的魅力，讲好历史故事是为了启示当代，传播当代文化又能够突出深层的文化基因；另一方面，在不同地域成长发展起来的地方文化各具特色，在具有地缘、血缘、亲缘等的海外华人华侨心中意义非凡，在海外民众心中也是个性独到的文化存在，以地域为划分标准建构的知识体系在对外文化传播中，将会收获意想不到的效果。根据时间、空间、形式、内容、结构、层次、符号、系统、要素和属性等标准，提出中华文化简要分类的内容体系如下。

表 3-2　中华文化简要分类的内容体系一览表 ①

分类标准	主要内容			
时间	传统文化		当代文化	
空间	国家文化		地方文化（巴蜀文化、齐鲁文化、湖湘文化等）	
形式	雅文化		民俗文化	
内容	中华优秀传统文化	革命文化	社会主义先进文化	
结构	物质文化（建筑文化、服饰文化）	制度文化（政治、经济、社会保障）	行为文化（社交当中的风俗习惯）	心态文化（思维方式、价值观念、审美情趣以及由此产生的意识形态）
层次	高级文化（哲学、艺术、宗教、科学等）	大众文化（风俗习惯、生活方式、人际关系等）	深层文化（价值观、个人角色、社会组织、行为准则等）	

① 注：作者总结有关研究成果后形成该表。制表依据：翁贺凯：《"提升中华文化影响力"：内涵、问题与路径》，《中央社会主义学院学报》，2021 年第 6 期；张周洲，陈越：《中华文化国际传播多元化路径探析》，《人民论坛》，2019 年第 25 期；刘雪：《文化分类问题研究综述》，《岱宗学刊》，2006 年第 4 期；张骥等：《中华文化走向世界策略研究——基于文化软实力建设的视角》，北京：中国社会科学出版社，2019 年版；王泽应：《中华文明体系中的湖湘文化及其独特贡献》，北京：人民出版社，2016 年版；等等。

分类标准	主要内容			
符号	象征类符号（长城、熊猫、功夫等）	生活类符号（烹饪、丝绸、瓷器等）	艺术符号（水墨画、诗歌、音乐、京剧等）	思想符号（儒家、道教）
属性	基础层面，即科技和教育是构成文化国力的两大基本要素	精神层面，即文化精神、文化心理、文化传统的力量是构成文化国力的精神性因素	实体层面，即文化产业、文化网络、文化设施的力量是构成文化国力的物质性因素	
要素	深层的价值观念	浅层的理想信仰和语言文字	表层的文化产品和国家政策	
系统	意识形态层面的文化	历史遗产层面的文化	生活方式层面的文化	

二、中华文化海外传播的知识内容选取标准

中华文化是向世界展示中国形象的重要窗口，博大精深的中华文化是对外传播的宝库，可用于对外传播的文化资源极为丰富，但并不是所有中华文化都适合进行海外传播，应对进行海外传播的中华文化进行慎重选择，形成特色鲜明的中华文化对外传播知识体系，力求取得最佳的中华文化对外传播的效果。中华文化对外传播知识内容的选择首先应从自身出发，注重中国特色，选取中华文化当中最具有代表性的核心内容。

（一）注重文化传播内容与中华文明核心价值的结合

习近平总书记强调，"中国优秀传统文化的丰富哲学思想、人文精神、教化思想、道德理念等，可以为人们认识和改造世界提供有益启迪"[1]。中华文明的五个突出特性，中华优秀传统文化当中的核心要素，是当代文化传播当中应

---

[1]　习近平：《在纪念孔子诞辰 2565 周年国际学术研讨会上的讲话》，新华网，http://www.xinhuanet.com//politics/2014-09/24/c_1112612018.htm.2014-09-24。

重点传播的文化内蕴。如在对中国传统文化家教家风进行文化交流、文化宣传的过程中，就要将其中蕴含的中华民族传统美德作为重点内容，就要传递"尊老爱幼、男女平等、夫妻和睦、勤俭持家、邻里团结"的观念，倡导"忠诚、责任、亲情、学习、公益的理念"①。因此，在提炼中华文明的核心价值内涵的基础上，寻找适合的文化载体，围绕构建人类命运共同体展现当代中华文化的先进性，从而在文化交流中彰显出中国特色社会主义文化与世界文明共同发展、共生共赢的价值追求。除了中华文明的突出特性外，社会主义核心价值观是当代中国精神的集中体现，是中国特色社会主义文化的灵魂，中华文化对外传播要以核心价值观为引领，将核心价值观的海外传播精细化、具象化，选取渗透和体现核心价值观的具体内容，通过公共外交、文化交流和社交媒体文化传播彰显其中国魅力，丰富人类文明精神家园。

（二）注重文化传播内容与中华文化精神传承的融合

要在全面系统深刻把握中华传统文化的基础上，对适合和利于对外传播的内容进行甄别和选择，选取中华传统文化当中的优质和精华部分，作为对外传播的主体内容。因此要以辩证、历史的观点重新审视中华传统文化的内容，挖掘其中符合人类命运共同体的精神意蕴，找到符合当代世界文明发展的价值内涵。不能仅仅传播中华优秀传统文化的表层符号，而是要深入阐释其中蕴含的民族精神、智慧以及价值取向，更不能为了迎合一些猎奇心理和低级趣味而故意曲解中华文化。不能仅仅传播中华文化当中的古代文化、传统文化，也不能仅从某一个历史时期出发过于集中传播当时当地的文化成果，而是要鉴古知今、兼顾古今，用古代文化遗产讲好当代中国文化的历史底蕴，用新时代的鲜活故事盘活老祖宗留下的文化财富，既让文物典籍活起来，又让现代文明沉下去，在古代、近现代和当代中华文化中找到连续性和传承性。总之，在传播中华传统文化精华当中坚持传承发展、与时俱进，加强中华优秀传统文化的创造性转化和创新性发展，形成古今结合、推陈出新的优秀传播文化知识内容。

---

① 《习近平著作选读》第一卷，北京：人民出版社，2023 年版，第 546 页。

（三）注重文化传播内容与中国通俗大众文化的契合

最能赢得国外民众人心，最能在他们心里产生共鸣的文化应该是最接地气的通俗文化、大众文化。中国社会是以乡村为基础的，费孝通先生通过《乡土中国》讲述了中国基层传统社会的乡土本色，帮助我们理解具体的中国社会，因为"从基层上看去，中国社会是乡土性的。"①其中，讲忠孝、重和谐、注重内省和崇尚诚信的乡村文化是中华文化对外传播的生动素材。习近平总书记在 2017 年中央农村工作会议上深刻论述了乡村文化与中华文明的关系，提出农耕文明是中华文化的鲜明标签、华夏文明生生不息的基因密码，包括"从中国特色的农事节气，到大道自然、天人合一的生态伦理；从各具特色的宅院村落，到巧夺天工的农业景观；从乡土气息的节庆活动，到丰富多彩的民间艺术；从耕读传家、父慈子孝的祖传家训，到邻里守望、诚信重礼的乡风民俗"②，都蕴含着中华文化的历史底蕴，是对外传播的肥沃土壤和独特风景。在改革开放 40 多年的洗礼下和西方文化的冲击下，仍然保留下来的乡村传统习惯可以说更加具有中华文化原生态的魅力，因此，我们要深入挖掘和传播，特别是其中的民间艺术、戏曲曲艺、手工技艺、民族服饰、民俗活动等非物质文化遗产。世俗文化和流行文化等大众文化贴近普通民众的日常生活，是数字时代易于通过网络向外传播的文化内容，也应纳入中华文化对外传播的内容体系，精心挑选、加强推介、深入传播。一方面要突出大众文化当中积极健康、反映当下并具有旺盛生命力和强大感染力的优秀作品，另一方面要遏制大众文化"泛娱乐化"、戏谑化和恶搞传统文化、红色文化等现象，选取积极向上、鲜活饱满、反映现实的内容进行文化传播。比如非常接地气的贵州省台盘村的"乡村篮球大赛"在官方媒体、自媒体、新媒体上大火，被网民亲切称为"村BA"，还吸引了世界体育明星的关注和加入。"从李子柒到'张同学'，越来越多的'新农人'开始娴熟运用短视频等新媒体形式展现农村生活、描绘乡土变

---

① 费孝通:《乡土中国》，北京：人民出版社，2008 年版，第 1 页。

②《习近平著作选读》第二卷，北京：人民出版社，2023 年版，第 92 页。

迁、书写时代风貌。"①

三、中华文化海外传播的知识产品打造标准

文化知识产品的选取需要注重传播主体的目标使命，注重文化主体核心价值要素的表达，而文化知识产品的打造则要与之相呼应，从客体的角度出发，充分考虑受众的需要、充分考虑国际环境因素，打造出易于传播、吸收且能够代表核心文化要素的产品，并形成品牌。

（一）吸收国际评价主体的看法

英国著名哲学家罗素（Russell）在中国生活后发现，中国人的生活方式若能被世界采纳会带来更多欢乐祥和，因为欧洲人的生活方式强调竞争、开发、改变现状，"我们的生活方式压力重重，要靠剥削别人、躁动求变、心生不足、产生破坏而得。为这一破坏而服务的效率只能导致毁灭。如果我们的文明还鄙视东方智慧，不能从中学习，就只能走向这一结局。"②同样，经济学家梅根·瑞安（Megan Ryan）和克里斯托夫·费莱文（Christopher Filevin）也觉察到"与大多数主要文明相比，中国的传统和哲学更符合关于可持续发展的社会"③。中华文化中倡导的天人合一、大同、和谐等价值理念得到了西方学者深刻理解后的大力推崇。然而现实的情况下，我们的文化传播更多是器物层面而非核心思想层面。尽管中国对外贸易得到快速发展，文化产品的出口量大增，但是文化产品的核心价值输出却一直不尽如人意，曾有一句广为流传的话，是撒切尔夫人说的"中国出口的是电视机，而不是观念"。李光耀先生曾说过，"中国的文化将不断地发展、演化和适应，以便成功地工业化和全球化，在这个过程中，可以保护和必须保留的是核心价值观。……这些价值观让中国文明

---

① 孟威：《"新农人"短视频出圈与土味文化传播——"张同学"短视频现象级传播背后的理性思考》，《人民论坛》，2022年第4期。

② 罗素：《中国问题》，秦悦译，北京：学林出版社，1996年版，第14页。

③ 毛峰：《文明传播的秩序——中国人的智慧》，北京：中国传媒大学出版社，2005年版，第84页。

生生不息，使中国文明免遭其他古老文明没落的厄运。"①国际上的善意提醒和深刻评价，都是选取对外传播内容的重要标准之一。国家软实力竞争日趋激烈，各个国家都越来越重视自身文化的传播，也会从其他国家的文化传播中找寻规律、发现亮点，总结出文化知识体系中的特色优势，这种全球视野值得学习借鉴和运用，因此，文化知识产品的打造还要学习他国文化传播的经验。

（二）考虑国际受众群体的感受

文化传播的对象是传播知识接受的主体，如何取得最佳的中华文化海外传播的效果必须要考虑海外的受众群体的需求，有针对性地来选取他们需要和愿意接受的知识内容。剖析中国共产党百年对外传播的实践，之所以在应对贸易战、科技战、舆论战过程中不占优势，是因为中国对海外受众的了解不足，未形成系统化的受众分析，未进行海外受众的精确画像，未分群体进行深入研究，"如何平衡'中国叙事'与国际受众的习惯，仍然是中国共产党（及中国）对外传播实践中有待深入探索和解答的一道难题。"②未来需要在文化传播当中更加注重受众思想研究，明确受众的主体地位，从而选择并善用受众理论将文化传播影响至"第一圈层"受众。毛泽东曾经说过："共产党员如果真想做宣传就要看对象，就要想一想自己的文章、演说、谈话，是给什么人看，给什么人听的"③。考虑受众群体的差异分多个方面和层次，既有国家和地区的差异，也有语言文化的差异、思维习惯的差异，还有价值理念、意识形态的差异。因此，应按照目标受众所在地区、文化差异、思维方式、生活习惯等方面存在的差异，设置不同类别的文化传播内容体系，扬长避短、精准投放，在内容和形式上都探索出海外受众接受、认同中华文化的契合点，实现精细化选择、个性化包装、创意化宣传和精准化推送，以移动化、故事化和社会化等功能，提升中华文化吸引力、扩大中华文化传播的覆盖面。

---

① 李光耀：《全球化过程中的东方文化》，《文汇报》，2004 年 5 月 7 日。

② 刘小燕，赵甍源，李静：《中国共产党百年对外传播受众意识演变逻辑》，《新闻春秋》，2024 年第 1 期。

③《毛泽东选集》第 3 卷，北京：人民出版社，1991 年版，第 836 页。

（三）实现与国际传播手段的接轨

在文化传播领域，具有强大的国际传播力和国际话语权的西方国家当中，美国国际传播手段的多样性和有效性是首屈一指的。有学者总结分析了美国国际传播的主要手段，包括通过文化霸权进行价值观渗透，通过国家图腾如自由女神像等对外传播价值观，通过英语语言对其他国家民族实行文化浸润，通过智囊团为国际传播献计献策①。他山之石，可以攻玉，但是对于不利于全球多样文明共同发展、也不符合中华文化价值理念的传播手段不值得学习借鉴，比如实行文化霸权是与中华文明突出的包容性相违背的，但其他可取之处值得参考借鉴。新媒体时代，对外传播文化知识的打造还要与全球化的国际传播方式手段接轨，找到契合中华优秀传统文化，具有独特个性元素与符号的传播技术，在新时代各类先进技术发展当中提高传播实效性。比如运用新兴的社交媒体，在具体传播推广中挖掘"推销卖点"、提炼突出内容要点，以图文、小视频对传播内容进行包装。近年来，我国在国际传播手段上有所拓展和提升，如在学习借鉴国外知名短视频网站 YouTube，MetaCafe，Vimeo，Dailymotion 的基础上，中国开发了与国际接轨的海外短视频平台 Tik Tok，Bigo Live 等，在传播中华文化当中具有越来越重要的作用，特别是在传播技巧、传播方式上具有独特的优势。在运用短视频方面我国产生过一些传播中华文化的好作品，如杨柳的独竹漂视频、富阳山村非遗油纸伞视频、杨文林的中华书法艺术视频、非遗剪纸视频等②，这都是与国际新传播手段接轨传播中华文化的好案例。

第三节　中华文化对外传播的知识体系

综合国内外学者对于中华文化或中华文明的相关著述，根据中华文化对

---

① 刘秀梅：《美国国际传播的手段解析》，《新闻界》，2012 年第 4 期。

② 胡玉冰，樊淑娟：《跨文化传播中的话语力提升策略》，《甘肃社会科学》，2021 年第 6 期。

外传播的知识体系重塑的标准，按照新时代关于对外讲好中国故事、推动中华文化国际传播的具体要求，如《关于实施中华优秀传统文化传承发展工程的意见》指出，"支持中华医药、中华烹饪、中华武术、中华典籍、中国文物、中国园林、中国节日等中华传统文化代表性项目走出去。积极宣传推介戏曲、民乐、书法、国画等我国优秀传统文化艺术"[1] 等，为了推动具有中华优秀传统文化的核心价值理念的文化走出去，选取具有一定代表性又为海外受众喜闻乐见、乐于接受的文化形式和文化产品，构建起新时代中华文化对外传播的知识体系，回答好我们在推动中华文化对外传播当中"到底传播什么"的问题。

根据物质文化、精神文化这一具有典型性的划分标准与体系，以下主要选取了中国建筑文化、中国医药文化、中国饮食文化作为物质文化的代表，中国人文精神、中国历史文化、中国文学艺术作为精神文化的代表，选取 6 种既具有较强代表性、历史传承性，又被国外民众所喜爱的文化形式，简要构建起包括核心价值理念、主要知识内容和重点表现形式三个方面的中华文化对外传播的知识体系。

一、物质文化

恩格斯在《在马克思墓前的讲话》中就说道，"人们首先必须吃、喝、住、穿，然后才能从事政治、科学、艺术、宗教等等；所以，直接的物质的生活资料的生产，从而一个民族或一个时代的一定的经济发展阶段，便构成基础，人们的国家制度、法的观念、艺术以至宗教观念，就是从这个基础上发展起来的。"[2] 物质是人类创造文化的基础，而物质文化是精神、观念、意志、情感的物化形态，承载了精神层面、制度层面的文化内核。同时，物质文化与人民群众的日常生活最为贴近，在对外传播中接受度和有效度更为明显。

---

① 中共中央办公厅国务院办公厅印发《关于实施中华优秀传统文化传承发展工程的意见》，中国政府网，https://www.gov.cn/zhengce/2017-01/25/content_5163472.htm.2017-01-25。

②《马克思恩格斯选集》第 3 卷，北京：人民出版社，1995 年版，第 776 页。

（一）中国建筑文化

1.核心价值理念

西方古典主义建筑中，罗马式风格表现庄严，希腊式风格表现公正。中国传统建筑体系从宫殿、寺庙建筑直至普通民居、小品园林，背后蕴含着深层次的中华文化思维和哲学。正如英国哲学家李约瑟所说，中国建筑精神在于"皇宫、庙宇等重大建筑自然不在话下，城乡中不论集中的，或是分布于田庄中的住宅也都经常地出现一种对'宇宙图案'的感觉，以及作为方向、节令、风向和星宿的象征主义。"① 中国的建筑文化当中，既呈现出物质形态多元的一面，也呈现出中华文化多彩的一面，是中国人民智慧与经验的积累。世界古代三大建筑体系中，只有中国的建筑体系一脉相承地延续下来。文化因素贯穿着中国建筑发展的始终，"统治中国数千年的封建社会，形成了等级森严的制度体系，这种以阶级、阶层、宗法礼教观念、风水学说等作为主题词的建筑理念构成了中国建筑几千年发展的基本内容。"②"中华文化的刚柔相济、虚实相生、情理相依、礼乐相和，在建筑形态上反映为宏观平衡的规划思想、秩序明晰的形制法式、节奏协调的群体构成、以人为本的空间尺度、寓意深远的象征符号、师法自然的园林形式等，呈现出人与自然、人与社会和谐共生的特征。"③

2.主要知识内容

《中国建筑图解词典》中介绍道，中国古建筑包括宫殿、城市、坛庙、陵寝、寺塔、道观、清真寺、庙堂、文庙、衙署、祠堂、学宫、仓廪、城垣、园林、石窟寺、观象台、民居、牌楼、戏台、桥梁等，这些建筑当中的屋顶、斗拱、梁架、铺地、瓦件、彩画等呈现出中国建筑细节中的特色美。

---

① 李先逵:《中国建筑文化三大特色》,《建筑学报》,2001 年第 8 期。

② 郭有明:《全球化浪潮下中国建筑的文化传承和品格塑造》,《美术观察》,2006 年第 12 期。

③《如何读懂中国建筑蕴含的古典智慧?》,中国国家民族事务委员会网,https://www.neac.gov.cn/seac/c103391/202210/1159471.shtml.2022-10-31。

（1）要在文化传播中讲清楚中国建筑文化的整体风格和理念

中华大地幅员辽阔，建筑模式和建筑文化在不同地域间具有差异性，但整体上都浸染着儒家文化和礼仪制度。其中，以北京紫禁城为代表的宫殿建筑，通过浩瀚、博大的建筑风格体现着中国等级森严的制度体系，如紫禁城位处北京中轴线，用连续、对称的封闭空间和规划严整的宏伟建筑，象征着皇家贵族阶层至高无上的统治地位，衬托帝王宫殿的庄严崇高，也体现出"家天下"的理念。而在一些常见的民居建筑中，以正屋为主轴，布局端庄，坐北朝南，严格遵守"北屋为尊、两厢次之、倒座为宾、杂屋为附"的整体性位序结构，深受儒家文化当中家庭伦理、道德宗法观念的影响[1]；民居建筑的多样性也体现出中国的地大物博和中华文化的博大精深，如方形建筑（以北京四合院和三合院为典型）、徽派建筑（皖南地区以马头墙为重要标志）、窑洞式建筑（黄土高原地区的特色建筑）、拱圆形建筑（福建土楼和蒙古族的蒙古包）等，在彰显地方风味中充分体现出儒家文化对中国建筑整体风格的深刻影响。

（2）要在文化传播中讲清楚中国建筑文化的多元民族特色

各地域、各民族的多元建筑不仅体现出民族文化的多样性，同时在交往交流交融中共同构成中华以木结构建筑为主体、多种地方形态并存的建筑文化体系，深刻体现了"天人合一"的哲学思想、"因地制宜"的环境意识、"家国同构"的伦理秩序，是对宗法制度的一种空间再现。在木结构建筑当中，"中国西南地区的苗族、侗族、土家族等少数民族由于特定的历史、社会原因，多居于山地"，适用于复杂山区地形的吊脚楼是他们的特色；中国藏族居住在中国西北广袤地区，"藏式建筑以藏式碉房最具代表性，大中型的藏族建筑主要采用木构架结构体系"；分布在云南西双版纳和瑞丽的傣族村寨，"主体屋架多为木构，梁架主要是穿斗与抬梁的混合式，采用榫卯结合方式"。[2] 此外，在建筑取材上，西南地区、东北地区、西北地区和中原地区分别以竹编夹泥墙、谷

---

① 郭有明：《全球化浪潮下中国建筑的文化传承和品格塑造》，《美术观察》，2006 年第12 期。

②《少数民族的建筑风格》，中国文化研究院，https://chiculture.org.hk/sc/china-five-thousand-years/2259.2019-10-28。

草拉哈墙、生土砌筑土坯墙、黏土烧制青砖墙等不同特色。同中有异、异中有同，相互依存、共同发展，正是中华民族多元一体格局的体现。

3.重点表现形式

（1）中国园林

在中国建筑当中，古典园林既独树一帜又影响深远，是中华文化当中的艺术珍品，古典园林艺术主要以江南私家园林和北方皇家园林为代表。江南园林虽然基地范围较小，但以"小中见大""以一当十""借景对景"等造园手法在有限的空间中创造出无限的景观。北方园林多数是古代皇帝的花园，集中了大量人力物力，也体现出巨大的规模气势，是古代皇家地位身份的彰显。江南园林最为典型的是苏州的四大园林（沧浪亭、狮子林、拙政园和留园）等，把生机盎然的自然美和独具匠心的艺术美融为一体，北方园林最为典型的是北京的颐和园、河北承德的避暑山庄。此外，寺庙园林也是我国古典园林的一大类别，特别是佛教寺院和道教宫观。佛教盛行的时代就有杜牧的诗句"南朝四百八十寺，多少楼台烟雨中"的相关描述。还有一些进行祖宗崇拜的宗庙建筑，如武侯祠、杜甫草堂等，在纪念历史中也传承了中华文化。《中国园林艺术欣赏》当中，就详述了包括皇家园林、私家园林、寺庙园林、名胜园林、纪念园林、城市公园、城市广场、住宅花园、单位庭院等的造园特点。[①]"中国园林正是'能主之人'将中华元典的文化血液基因，移入园林的物质构成元素之中，彰显了以儒、道、楚辞为主干的审美理想，犹如他们血管里流出来的'血'"[②]。"从名山风景中的身心修炼，到坛庙园林的通灵祭祀；从'外师造化，内得心源'，到'虽由人作，宛自天开'的园林营建原则"，都显示出"天人合一"观对中国传统风景园林的影响。[③]

---

① 王超：《中国建筑园林的融合与文化特征——评〈中国园林艺术欣赏〉》，《世界林业研究》，2021年第4期。

② 曹林娣：《苏州园林与中华儒家文化元典》，《姑苏晚报》，2015年10月11日。

③ 李金路：《"天人合一"整体观对中国传统风景园林的影响》，《中国园林》，2023年第9期。

（2）中国桥梁

中国自古就有"桥的国度"之称，古代的建筑艺术很多也体现在桥梁上，比如中国的四大古桥：隋朝建造的河北赵州桥是现存最古老的石拱桥，创造了第一个"敞肩拱"的桥型，北京卢沟桥始建于金，以精美的石刻艺术享誉于世，也是具有历史意义的纪念性建筑；福建泉州洛阳桥，建于宋朝，我国现存最早的跨海梁式大石桥，被誉为书法、记文、雕刻"三绝"，是世界桥梁筏形基础的开端；广东潮州广济桥，始建于南宋，是世界上最早的一座开关活动式大石桥，还有桥梁史上少见的望楼。李约瑟在《中国科学技术史》中就提到，"中国文化的特色在不小程度上是合理和浪漫的巧妙结合，这一点在建筑工程上也产生了效果。中国的桥梁没有一座是不美观的而且不少是非常美观的。"悠久辉煌的桥梁建筑历史、风格迥异的桥梁文化背后，展示的是我国幅员辽阔、地势起伏、往来频繁的地理环境和社会条件，形成了中国古代以华北石拱、华南石梁、西南悬索、东南驼拱为分类的桥梁文化差异①。中国传统美学思想对桥梁景观美学的启示就在于"天人合一"的审美意识、"虚实结合"的审美原则、"气韵生动"的审美风格，从而形成了中国桥梁的自然和谐、动态空间和整体意境。②

（二）中国医药文化

1.核心价值理念

习近平总书记曾指出，"中医药学是中国古代科学的瑰宝，也是打开中华文明宝库的钥匙。"③ 中医文化是中华优秀传统文化的重要组成部分和杰出代表，中医学的文化内涵既包括其特有的思维方式，核心观念，也包括其所借用

---

① 赫腾飞，赵文娟，樊旭英：《地理环境与中国古代桥梁浅析》，《中学地理教学参考》，2017 年第 12 期。

② 蒋宇，孙军：《中国传统美学思想对桥梁景观美学的启示》，《公路》，2020 年第 3 期。

③《习近平致中国中医科学院成立 60 周年贺信》，中国政府网，https://www.gov.cn/xinwen/2015-12/22/content_5026645.htm.2015-12-22。

的哲学基本概念与理论。① 楼宇烈曾说，中医不是一个单纯的科学问题，应纳入人文思考领域，与中国传统文化是一体的。"中医是以中国传统文化当中天人合一、天人感应、整体关联、动态平衡、顺应自然、中和为用、阴阳消长、五行生克等理念为内核，从整体生命观出发构建起的一整套有关摄生、卫生、达生、养生、强生、尊生、贵生等等治未病，以及用针灸、按摩、推拿、经方等治已病的理论和方法。"② 中医当中的道理与中国传统文化中的儒、释、道思想是完全一致的。其中，儒家思想当中的"贵生""仁爱""修身"等为中医伦理学奠定了理论基础，"孝悌"思想在传统医德中占有重要地位，《易经》中的阴阳学说发展为中医的阴阳学说，《尚书》中的五行学说也被中医吸收运用，儒家中庸观对中医学理法方药各环节产生了影响。③

2.主要知识内容

《汉书·艺文志》将留存至汉代有关于人体保养和医疗健康的典籍都集中在《方技略》里，将其总结为"生生"，即维持生命的方法，中医就是这样一门"生生之学"。

（1）要传播好具有代表性的中医古籍

中医古籍是中华医药学传承的重要载体，2023年12月19日《新编中国中医古籍总目》正式发布，共收录1912年以前写印的中医古籍8650种。中医典籍中有重大影响的是《本草纲目》，集几千年食物、药物的种植、收采、调制及医养功效之大成。《黄帝内经》是我国现存文献中最早、最完善的一部医学典籍，中医四大经典之首，分为《素问》和《灵枢》两部分，前者论述脏腑、经络、病因、病机、病症、诊法、治疗原则以及针灸等内容；后者在此基础上重点阐释经络腧穴，针具、刺法及治疗原则等，南怀瑾认为它不只是一部

① 张宇鹏等：《中医学理论的文化内涵探析》，《中国中医基础医学杂志》，2022年第12期。

② 楼宇烈：《中医的人文内涵及其意义》，《中国文化研究》，2018年第2期。

③ 闫世琛等：《儒家思想对中医学发展的影响》，《中国中医基础医学杂志》，2023年12月20日。

医书，还包含"医世、医人、医国、医社会"。《黄帝内经》中的人本主义思想、医者的道德规范、行医中的伦理观念、和谐的医患关系、传统的人文思想都值得发扬光大，重现其现代价值①。《千金要方》被誉为中国最早的临床百科全书，总结了唐代以前的医学成就，包括中医学伦理学，妇科、儿科、内科等，医学家孙思邈在《千金要方》中构建了以"仁义"为核心的医疗道德观，要求医者对待患者"不得问其贵贱贫富、长幼妍媸、怨亲善友、华夷愚智，普同一等，皆如至亲之想"，且要重义、忠孝、守礼，可以说汲取了儒家的核心价值观。② 此外，从目前中医典籍英译研究的数据来看，有学者总结了《黄帝内经》《伤寒论》《金匮要略》《本草纲目》《难经》《脉经》《洗冤集录》《千金方》《温病学》《濒湖脉学》《医林改错》《医学源流论》《银海精微》《温热论》《救荒本草》《针灸大成》《饮膳正要》《神农本草经》等中医典籍的英译研究，在外译和传播过程中存在一定的不足 ③，今后仍要加强经典医药古籍的传播。

（2）要传播好中医的当代成效和世界影响力

最具有说服力的成效就在 2020 年初的新冠疫情中，有数据显示，全国中医药参与治疗比例为 92.41%，治疗总有效率达到 97.78%。同时，中医药不仅对我们国家患者的治疗和康复发挥了至关重要的作用，也为全球疫情的防控提供了中国方案。④此外，"青蒿素的问世，就是从中医古籍中得到的启示"⑤，屠呦呦以这一重大原创性成果获得 2015 年诺贝尔生理学或医学奖，被誉为"青蒿素之母"，为人类共同抗疟作出了突出贡献，青蒿素成为中药走向全世界最

---

① 彭丹，胡岗，苏振宏：《〈黄帝内经〉中蕴含的传统人文思想解读》，《时珍国医国药》，2022 年第 11 期。

② 王潇潇，曾风：《论儒家思想对〈千金要方〉的重要影响》，《北京中医药大学学报》，2013 年第 7 期。

③ 蒋继彪：《中医典籍英译研究（2000—2022）：成绩、问题与建议》，《中国中医基础医学杂志》，2024 年第 1 期。

④ 刘露：《文化传播视角下的中医典籍英译研究》，《时珍国医国药》，2021 年第 1 期。

⑤ 杨彦帆：《我国加强中医古籍保护、研究与利用中医古籍焕发新光彩》，《人民日报》，2024 年 3 月 22 日。

突出的成果，每年挽救上万个人的生命，被西方媒体誉为"20世纪后半叶最伟大的医学创举"。据统计，中医药已传播到世界196个国家和地区，我国已同40个外国政府及地区主管机构签署了专门的中医药合作协议，打造高质量中医药海外中心和国际合作基地。①

3.重点表现形式

（1）中药

中药是以中医理论为基础，用于防治疾病的植物、动物、矿物及其加工品，中药需要在中医理论指导下发挥防病、治病作用，中医理论也需要借助中药的合理使用达到治病救人的目的。《中药大辞典》收载12807种中药材，另有藏药2294种，蒙药1342种，傣药1200种，苗药1000种，维药600种，彝药及羌药各百余种。②2018年版《国家基本药物目录》当中，有中成药271个，其中有129个中成药属于曾经被保护或正在保护的中药品种。2020年版《药品注册管理办法》的中药注册分为中药创新药、中药改良型新药、古代经典名方中药复方制剂及同名同方药③。我们现在服用的中药，无论是中成药还是医生开的汤剂，大部分都属于复方，因此，从整体上看中药重宏观，重归纳，辨证论治。中医的方药就有补心丹、补肝散、四物汤、枸菊地黄丸、六味地黄丸、百合固金汤、补肾磁石丸、补肺阿胶汤等等④。我国也形成了许多百年老字号中药品牌，如北京同仁堂，广东陈李济、潘高寿、王老吉等。"十三五"期间，我国中医药类产品进出口贸易总额累计达到280多亿美元。⑤

---

① 《中医药已传播到世界196个国家和地区》，中国政府网，https://www.gov.cn/yaowen/liebiao/202309/content_6902465.htm.2023-09-06。

② 岳鸿缘：《中药地理标志保护研究》，长春：吉林大学出版社，2011年版，第17页。

③ 王春林，李子艳：《我国中药创新发展现状与趋势》，《中国新药杂志》，2023年第20期。

④ 李金良：《中药产品国际化的文化传播战略》，《中国软科学》，2009年第1期。

⑤ 《中医药已传播到世界196个国家和地区》，中国政府网，https://www.gov.cn/yaowen/liebiao/202309/content_6902465.htm.2023-09-06。

（2）针灸

针灸学是中医药学宝库中的璀璨明珠，具有长达 2000 多年的医疗实践，目前已在全球 196 个国家广泛应用，成为弘扬中国传统文化和民族自信的"明信片"①。经典的针灸理论在《黄帝内经》中就已形成，包括针具、经脉、腧穴、刺法、辨治等方面。针灸从传统针灸理论、经验知识逐渐转变为临床分科，形成现代针灸学科②。2010 年联合国教科文组织将"中医针灸"列入《人类非物质文化遗产代表作名录》，将其定义为"中国人以天人合一的整体观为基础，以经络腧穴理论为指导，运用针具与艾叶等主要工具和材料，通过刺入或熏灼身体特定部位，以调节人体平衡状态而达到保健和治疗的传统知识与实践。"并指出针灸是具有中华民族智慧和创造力的独特文化表现形式，成为其持有人文化认同的重要符号。③ 新时代，专家学者系统地对针灸疾病谱进行研究总结得出适用针灸治疗的 532 种病症，涵盖 16 个系统。④ 按照《刺法灸法学》以及《针灸技术操作规范》国际标准，可将 52 项针灸技术操作标准分为针（刺）法，灸法，腧穴特种疗法，拔罐，刮痧，针刀等六类。⑤ 针灸不仅是医疗技术，也是具有世界影响的中国文化标志。

（三）中国饮食文化

1.核心价值理念

饮食是人类赖以生存的物质条件，也是社会进步、文化传承的重要标志，中国的饮食文化从茹毛饮血、炊煮熟食，到大羹玄酒、佳肴美馔，体现了中国人民的生活智慧，彰显了"民以食为天"的人本精神。饮食文化体现在食材、

---

① 景向红等：《推进针灸学科的高质量发展》，《针刺研究》，2024 年第 1 期。

② 张树剑，辛陈，荣培晶：《基于知识结构的针灸学科体系的构成》，《中医杂志》，2023 年第 10 期。

③ 朱兵，黄龙祥，杨金生等：《"中医针灸"申报人类非物质文化遗产代表作名录文本解析》，《中国针灸》，2011 年第 3 期。

④ 杜元灏，李晶，孙冬纬等：《中国现代针灸病谱的研究》，《中国针灸》，2007 年第 5 期。

⑤ 赵敏，王健，袁明月：《基于大数据的中国针灸标准化研究》，《时珍国医国药》，2023 年第 4 期。

器具、技艺、礼仪等多个方面。从食材来看，中国是粟和稻的发源地，也是最早驯化猪、犬、鸡等家畜家禽的地方，在各民族交往交流交融中不断丰富食物结构，体现了中华饮食文化多样化和杂食性的特征，多样化的饮食结构共同构成了中华民族地域文化与集体特性的紧密结合。其中，饮茶和饮酒是中华饮食文化的特色，也体现出"酒如豪士，茶如隐逸"的特征，在文人墨客的浓墨重彩的描述中构建了中国的茶文化和酒文化。从器具来看，我国的食器在新石器时代就出现了，历代饮食器具不仅讲求实用，还注重文化审美，如"彩陶的古朴之美，瓷器的清雅之美，铜器的庄重之美，漆器的秀逸之美，金银器的辉煌之美，玉器的莹润之美"①。从技艺来看，中华民族的烹饪方法多种多样、相互吸收，烹饪方式根据食材和器具的不同而呈现多样性。从礼仪来看，《礼记》中说道，"夫礼之初，始诸饮食"，中国的礼仪文明就是建立在饮食的基础之上的，包括饮食前祭拜祖先和神灵、进食方式强调等级次序等礼仪。中国饮食文化体现了中国文化的包容性、重伦理、求境界的特征，饮食文化中具有尚美、善德、和谐的境界。② 因此，中国传统饮食文化中蕴含的核心价值是中国人对生命、自然和社会的独特理解，包括强调人与自然的和谐统一，注重食物的搭配互补，讲究阴阳调和、五行相生；强调餐桌礼仪，认为这是尊重食物和尊重他人的表现；提倡节俭和分享，重视培养人民的节俭美德和社会责任感；强调文化传承，培养民族自豪感和文化自信。③

2.主要知识内容

孙中山先生说，"中国近代文明进化，事事皆落人之后，惟饮食一道之进步，至今尚为文明各国所不及。"④《中国文化中的饮食》一书就从各个历史时期出发，展现了烹饪方式、饮食习惯、饮食风格、就餐礼仪的发展变化，对比

---

① 《中国古代饮食文化展》，中国国家博物馆，https://www.chnmuseum.cn/portals/0/web/zt/202112yswhz/。

② 李明晨，戴涛：《中国饮食文化的三重境界》，《学习与实践》，2019 年第 3 期。

③ 黄婉燕：《中国传统饮食文化的流变溯源与价值》，《食品与机械》，2024 年第 1 期。

④ 《孙中山选集》，北京：人民出版社，1981 年版，第 119 页。

了南北地区对食材的偏爱、饮食习惯和烹饪技艺。《翻译中国：中国美食》一书则从烹饪知识、烹饪方法、饮食结构、餐饮礼仪入手，向海外讲述中国美食故事，推动美食知识传播，比如孔府宴、满汉全席等传统名宴，煎、炒、烹、炸、汆、煮、煨、煸、煲、熬、炖、烧等多种烹饪技巧，以及鲁、粤、川、苏、闽、浙、湘、徽等地方菜系文化，还有一些小吃调料文化等。《饮食文化十三讲》中总结中华饮食文化主要是筷子文化、茶酒文化、面食文化和饮食礼仪四个方面。

（1）要传播好中国饮食文化背后的象征意义

中国形成的"四时七十二候"学说以及随之形成的各种节日如春节、除夕、端午、重阳、寒食和中秋等，都有着岁时饮食风俗，这些风俗背后都是深厚积淀的中华优秀传统文化，与一定的历史文化传统有关。其中除夕和中秋节的饮食活动体现的是团圆和睦的气氛与主题，除夕吃的是年夜饭，也是团圆饭，元宵节吃汤圆、元宵也是意味着团圆，中秋节还有象征着团圆的中华特色美食月饼。端午节吃粽子、喝雄黄酒的习俗主要是对伟大的爱国诗人屈原的悼念。寒食节主要是禁火和冷食，也是对古代贤臣介之推的一种哀悼方式。中国的饮食文化当中也包含了丰富的历史信息、民族文化和地方特色，我们可以通过认识、品尝传统菜肴，了解和体验中国的历史、地理、民俗，也可以通过制作我们熟悉的菜肴，增强对自身文化和民族身份的认同感[1]。比如有地方特色的新疆烤馕、四川锅盔、河南吊炉烧饼等，再如不同地区饮食存在不同的口味偏好，可根据酸、甜、咸、辣四种口味偏好来探究不同地区人群口味偏好的空间分布特征，得出饮食习惯与自然地理环境、地方经济发展以及人口时空流动的关系[2]。特定的食物在特定的环境下也有一定的象征意义。如东坡肉、佛跳墙、宫保鸡丁等菜名都有历史典故，如中国特色食品豆腐，有一句古谚语"小葱拌豆腐—— 一清二白"，让这种价格低廉、味道清淡的食材豆腐有了清廉的象征。此外，讲述中国饮食故事背后的深层文化情感也有利于塑造共性的中国

---

[1] 黄婉燕：《中国传统饮食文化的流变溯源与价值》，《食品与机械》，2024年第1期。

[2] 许涛等：《中国饮食酸甜咸辣口味偏好的地理分布研究》，《美食研究》，2023年第4期。

形象，如《风味人间》纪录片当中讲述一对夫妻制作美食的过程，"实际上蕴含着对自然的热爱、对家人的珍视、对幸福的追求""弱化了不同文化背景下受众的距离感"。①

（2）要传播好中国饮食文化背后的民族传统

中国饮食文化的膳食搭配是"以粮为主，主副配餐"，主食主要是米、麦和杂粮，副食品有荤菜、蔬菜、豆制品等，讲究相互搭配，而西方人祖先为游牧民族，没有主副食之分。中国人在烹饪方式上以"热、熟为主"，也并不排斥生冷食品。中国疆域辽阔、民族众多，因而各个民族在不同的自然地理环境中产生了多样化的菜肴菜系和风味流派。"饮食一道如方言，各处不同"，最具特色的有宫廷风味、官府风味、地方风味、清真风味和寺观风味，菜系也可以概括为京鲁流派、苏沪流派、巴蜀流派、岭南流派、秦陇流派等，其中，鲁菜是北方菜系代表，特点是鲜嫩偏咸，多油脂，讲究汤汁调制，川菜特点是麻辣、清鲜与味浓并重，淮扬菜注重精致，讲究刀功火候，粤菜选料广泛，清淡、生脆、爽口、偏甜。中国人"以筷进餐"，而不是西方人用的刀叉，这是一个重要的差别。同饮白酒与清茶是就餐时的风尚和传统，也是中国人热情待客的一种习惯和礼貌。②中国饮食文化地域差异性大，但在千百年来民族之间的交往交流交融中，各自都成为中华美食整体当中互相融合、不可分割的一部分，形成了中华饮食文化结构体系，成为铸牢中华民族共同体意识的一种物质形态。如"节日和节日传统饮食活动，是体现民族精神、传播民族文化、维系民族情感的重要方式，值得发扬光大。"③

3.重点表现形式

（1）茶

中国是茶的故乡，茶的原产地，茶也是中华文化对外传播中影响最大的商品之一。柴米油盐酱醋茶，饮茶已经成为中国百姓的日常，而饮茶文化逐渐脱

① 乔秀峰：《〈风味人间〉的跨文化传播实践》，《传媒》，2023 年第 16 期。
② 余世谦：《中国饮食文化的民族传统》，《复旦学报（社会科学版）》，2002 年第 5 期。
③ 王仁湘：《岁时饮食中的人文情怀》，《人民论坛》，2024 年第 3 期。

离了一般形态的饮食走入文化圈，随着关于茶的文学作品的问世，茶从饮用、保健、药用到起着精神、社会作用，形成了茶文化。晋代张载《登成都楼诗》写道"芳茶冠六情，溢味播九区"。唐代茶文化的形成主要与佛教发展、诗文发展有关，唐代"茶圣"陆羽在《茶经》中探讨饮茶艺术，融入儒、道、佛三教，首创中国茶道精神，将饮茶从日常饮食活动上升为独特的艺术文化，标志着中国传统茶文化的正式形成。① 宋代茶仪已成礼制，一方面出现了宫廷茶文化，另一方面市民茶文化与民间斗茶之风兴起，市民茶文化把饮茶作为增进友谊、社会交际的手段。② 到元朝后，茶文化简约化，茶文化精神与自然相契合。明朝永乐盛世推动茶叶贸易进入全盛时期，郑和七下西洋使茶叶对世界的大量贸易开始发端，明清时期饮茶之风逐渐成为欧洲国家的日常饮品。

茶叶的基本种类包括绿茶、红茶、乌龙茶、白茶、黄茶、黑茶等，绿茶是我国产量最多的一类茶叶，中国绿茶有十大名茶，包括西湖龙井、太湖碧螺春、黄山毛峰、六安瓜片、君山银针等，著名红茶有川红工夫、滇红工夫等，乌龙茶以产地的茶树命名，如铁观音、大红袍等，白茶主产地在福建，黄茶有北港白毛尖、广东大叶青，黑茶有湖南黑茶、普洱茶等。茶与文人、与禅的关系最为密切，特别是与佛教禅文化融合在一起，形成了中国的茶禅文化，更受益于世道人心。寺院将佛家清规、饮茶读经与佛学哲理、人生观念融为一体，使"茶佛不分家""茶禅一体"，禅茶道体现了井然、朴素、养性、修身、敛性的气氛。"以茶养生是养身、养心、养德三重含义'函三为一'的全面养生"，"养身之道家、佛家与医家，养神之道家、佛家，养德性之儒家。"③

（2）饮食礼仪

饮食礼仪是人们在饮食活动中应当遵循的社会规范，呈现出中国自古以来作为礼仪之邦的特色。周代饮食礼仪就形成了一套完整的制度，《礼记·礼运》中记载，"夫礼之初，始诸饮食。"而最早出现的食礼又与祭神仪式相关。

---

① 廖立胜：《传统茶文化的生动诠释和高效传播》，《中国出版》，2023 年第 22 期。

② 吴澎主编：《中国饮食文化》第 2 版，北京：化学工业出版社，2014 年版，第 72 页。

③ 聂威：《中国古代茶文化的养生智慧与文化内涵》，《农业考古》，2023 年第 2 期。

中国传统最重要饮食礼制之一是重教、敬贤和养老，重教食礼包括祭孔和尊师，敬贤食礼是古代朝廷荐举人才、选拔官吏的一种饮食礼制。在中国传统食礼中，每个民族都有自己多样化的宴饮之礼、待客之礼、进食之礼，包括座次的排定、菜品的形状摆放及顺序等，还产生了以食礼为家训的训条，也强调了强烈的家族观念、群体意识等。此外，中国人在不同的生活和年龄阶段通过举行不同的仪式来庆祝，逐渐形成了一系列饮食习俗和礼仪，包括诞生礼、婚礼食俗、寿诞食俗、丧葬食俗等。筷子文化也是中国饮食文化当中要注意礼节和礼仪的特色之一，包括筷子的摆放，执筷的方式，用筷方式都有许多要求和禁忌，一个人的"吃相"最易于反映其修养和文明水准。酒水礼仪、茶水礼仪等也属于饮食礼仪当中的组成部分。饮食礼仪不但是培育个体自我修养的第一站点，也能够推动人们尊重长者和尊者，形成稳定的社会伦理，彰显良好的道德文化。①

二、精神文化

精神文化，"包括价值观念、思维方式、道德思想、审美情趣、宗教感情、民族心理或性格等纯意识领域，也包括音乐、绘画、文学、诗歌等理论化和对象化意识领域。"② 中华文化当中的精神文化是更深层次的，是人们对于世界、物质生活、人际关系等的认识和理解的内在阐释。

（一）中华人文精神

1.核心价值理念

中华文化博大精深，但却"统之有宗，会之有元"，就在于有其内在的核心人文精神，使中华文化始终具有生生不息、浩浩荡荡发展的强大生命力，中华民族数千年来的价值观念、民族气质、制度选择、文化艺术等都主要源于

---

① 王伟凯:《论我国传统饮食礼仪的当代价值》,《江苏大学学报（社会科学版）》,2011年第4期。

② 姜义华、朱子彦主编:《中华文化通识》,北京:北京大学出版社,2018年版,第13页。

中华人文精神的滋养。中华文化不是以神为本，而是以人为本的。孔子就说过"不语怪力乱神"。楼宇烈在《中国文化的根本精神》中指出，"中华人文精神是在儒、释、道三教的共同培育下形成的"，中国传统文化如果从整体上来把握的话，那么人文精神可说是它的最主要和最鲜明的特征。儒、释、道三家，构成了自唐宋以来中国文化"以佛治心，以道治身，以儒治世"的基本格局。这种人文精神与西方的"人文主义"或"人本主义"等并不完全相同。① 张岱年在《关于中华人文精神》中提出，中国的人文精神注重"人文"与"天道"的有机统一。② 钱穆在《中华文化十二讲》当中提出，"性道合一""此乃中国文化中心思想与其特质所在。"③ 中国人讲道，是指的人生本体，有其"内在"之意义与价值，讲"道理"，走"正道"；"天命之谓性"，人有人性，物有物性，一切有生物，尤其是人，显然有一个求生、好生、重生、谋生的倾向，有一种生的意志，这即是性。人性表现为人道，人道依据人性。中华文化中对人的关注是一以贯之和全方位的，包括人的身心本体和社会存在，而儒释道也共同构成中国千年以来的政治框架、伦理框架与精神框架，共同支撑人文精神的实现。因此，中华人文精神，就在于始终关注人、人性本身，是一种合乎人性与自然乃至社会文明发展的文化精神，从而有以人为本、民为邦本、崇尚道德、天下文明……核心价值理念。

2.主要知识内容

（1）要传播好中华人文精神的核心要义

在数千年的人类社会动荡曲折发展历程中，只有中华文明能够始终绵延不断，以突出的连续性，成就了突出的创新性、统一性、包容性及和平性，使我们对中华文明有足够的自信。而人文精神是文化自信当中最基本、最深沉和最持久的力量，要掌握好中华人文精神的核心要义，才能深刻理解中华文化的根

---

① 楼宇烈：《中国文化的根本精神》，北京：中华书局，2016年版，第218–221页。

② 张岱年：《关于中华人文精神》，吴光主编：《中华人文精神新论》，上海：上海古籍出版社，1998年版，第1页。

③ 钱穆：《中华文化十二讲》，北京：九州出版社，2017年版，第12页。

基，才能在对外交流中更加强调文化自信，并充分发挥中华文化的人文精神对于解决当代世界问题的重要意义。张岂之在《中华人文精神》一书中，论述了四种核心精神，即刚柔相济：穷本探源的辩证精神，究天人之际：天人关系的艰苦探索精神，厚德载物：人格养成的道德人文精神，和而不同：博采众家之长的文化会通精神，经世致用：以天下为己任的责任精神，并提出人文精神是中国传统文化的灵魂。唐君毅曾将中华人文精神的核心描述为自强不息、厚德载物、开放兼容、和谐统一①，彰显了中华人文精神的自觉性、合理性、开放性、进取性、创新性的文化特质。对于中华人文精神的论述，不一而足，我们依然要注重深入挖掘、创新发展和积极阐发，在新时代语境下与时俱进地将中华文化重人本、尊德性、致中和的核心理念传播出去。

（2）要传播好中华人文精神的基本特征

楼宇烈提出，"中国传统文化的人文精神把人的道德情操的自我提升与超越放在首位，注重人的伦理精神和艺术精神的养成"，因此呈现出既"高扬君权师教淡化神权"，又"高扬明道正谊节制物欲"的特征，包含着一种上薄拜神教、下防拜物教的现代理性精神。② 有学者认为，中华人文精神的基本特征是：以人为本的世界观，以德为本的人生观，以和为本的价值观。③ 以人为本的世界观体现在处理人与神、人与物的关系上，体现为"重人轻物"的精神，但绝不是人类中心主义，而是追求众生平等、万物和谐的"天人合一"境界。以德为本的人生观，是在处理个体与外界的矛盾时以"向内求"来解决问题，体现出"重内省、轻外物"的原则，推崇淡泊名利、舍生取义的精神。以和为本的价值观，是在处理社会多样性存在时的智慧，是一种包容性与平等性的精神，贯穿于自平民至于天子、从邻里街坊的日常生活至于政治军国大事的各个层面，也是处理国家间事务中对和平、天下大同的崇尚。陈来在《中华文明的核心价值：国学流变与传统价值观》中提出，对比西方近代价值观，中华文明

---

① 唐君毅：《中国文化之精神价值》，台北：正中书局，2000年版，第497页。

② 楼宇烈：《中国文化的根本精神》，北京：中华书局，2016年版，第229-230页。

③ 胡钰：《中华人文精神的内涵与传播》，《当代传播》，2022年第2期。

价值观念有四个基本特点，第一个是"责任先于自由"，即强调个人对他人、对社群甚至对自然所负有的责任。中国古代的道德概念"义"往往就包含着责任的要求。儒家价值观也始终表达了担当责任的严肃性。如孟子"君子自认以天下为重"，汉代以来的士大夫"以天下为己任"，顾炎武"天下兴亡，匹夫有责"等等。第二个是"义务先于权利"，相对于西方社会强调个人权利的优先性，中国思想特别是儒家思想强调义务的优先性。而且这种义务感是开放的，可以放大到宗族、社区，再到郡县、国家、天下、宇宙。第三个是"群体高于个人"。强调个人与群体的交融、个人对群体的义务，强调社群整体的利益的重要性。第四个是"和谐高于冲突"，注重以和为贵，强调追求多样性的和谐，形成"和而不同"的思想和价值取向。①

（3）要传播好中华人文精神的时代意义

当今的世界已经紧密联系在一起，共同享有着地球赋予我们的资源，也共同承担着全球化后面临的重大问题。中华文化的对外传播在"当下——历史"这一时间坐标中展开，中华人文精神就要从当今时代出发，"在精神旨趣、价值取向、思想特征上显示出与国家形象、历史使命、全球意识相契合的文化精神和价值关切"②，为人类美好未来贡献出中国智慧。要以中华人文精神的传播重构国家形象，破除国际舆论场上关于"中国威胁论""中国霸权论"等观点对中国形象的消极影响，树立一个文化根基深厚的负责任大国形象。要让世界看到中华人文精神的历史连续性和时代传承性，看到中华传统文化是当代中华人文精神的活水源头，也是内在于当代中国人生命当中的东西，自强不息、厚德载物、开放兼容、和谐统一等中华人文精神的核心价值理念，在新时代新征程上仍然是中国人民、中华民族向世界展示的精神价值。要在全球化背景下彰显出中华人文精神对于共同解决世界之问的中国方案。特别是在现代化进程

---

① 陈来：《中华文明的核心价值：国学流变与传统价值观》，北京：生活·读书·新知三联书店，2015 年版，第 51-56 页。

② 陈高华，梅岚：《国家形象、历史使命、全球意识——当代中华人文精神的三重视角》，《广西社会科学》，2016 年第 5 期。

中，要破除"现代化等于西方化"的观念窠臼，以传承了中华人文精神、兼收并蓄现代价值理念方法的中国式现代化的成功道路，在国际上赢得更多的尊重和认同，成为一种新价值观的提出者和引领者。

3.重点表现形式

（1）儒家

儒家毫无疑问是中华文化的主流思想，中华人文精神最具典型性的表达，也是对外传播中影响最大的思想文化。"先秦儒家伦理：中国人文精神的经典表达。""以仁化人，以道教人，以德立人，是儒家伦理之将人'文'化或以'文'"化人的根本精神之所在。"①儒家思想产生于春秋时代，孔子是儒家创始人，《论语》是儒家思想的第一经典，儒家以孔子提出的"仁"为核心学说。至秦汉儒家学者董仲舒创立了以儒家为主导的君主专制政治思想，使汉武帝"罢黜百家，独尊儒术"，定儒学于"一尊"，使儒家思想逐渐成为国家意识形态，也成为全社会的指导思想，儒家经学成为科举选拔人才的主要内容。儒家思想作为一个思想文化体系，随着历史发展具有一个不断丰富完善并具有时代特色的过程，如从先秦儒学到汉唐经学，从宋明理学到明清实学，也有一些非常具有代表性的思想理论大家，包括孔子、孟子、朱熹、程颢、程颐、王阳明、陆九渊等。有学者总结儒家思想的基本特点有："一是注重天人之学和人与自然关系的探讨，强调以人为本，追求天人合一的至高境界；二是关注社会人际关系与道德伦理，以忠恕孝悌修养为本，以'仁'为最高原则，以'礼'为行为规范；三是讲究以'中和'观念为核心的中庸之道作为儒家思想的重要方法原则；四是倡导经世致用、知行合一和笃行精神，具有安邦兴国的强烈历史使命感与社会责任感。"②可以说，儒家形成了从个人修身到齐家治国平天下的完整结构，其核心要义就体现在对道性理心、仁与礼、忠孝伦常、君子、中庸、修齐治平等方面理想境界的讨论中。"对儒家思想的继承发扬，就需要客

① 瞿林东：《人文精神与会通精神相得益彰——论张岂之先生的中华文化研究》，《中华文化论坛》，2023 年第 3 期。

② 姜义华，朱子彦主编：《中华文化通识》，北京：北京大学出版社，2018 年版，第 32 页。

观地去评价儒家的价值，这种评价既要站在今日中华和人类文明成果的高度来客观看待，同时也要避免超越其所处历史阶段的绝对化指摘。"①要发挥儒家思想中纠正现代文明之弊、与西方文明互补的积极意义。

（2）道家

道家以"道"为核心，主张大道无为、道法自然。道家思想的成形是以《道德经》（分为《德经》和《道经》）的问世为标志，创始人老子主张以道治国，推行无为政治来实现"小国寡民"的理想社会，对中华文化影响深刻，被尊为"中国哲学之祖"。冯友兰就在《中国哲学简史》中说过："至于道家，它是一个哲学的学派；而道教才是宗教，二者有其区别""道家的人主张，圣人的精神修养，最高的成就在于将他自己跟整个自然即宇宙统一起来，这个主张正是这个思想趋势的最后发展。"②他将道家在历史上的发展分为四个阶段，道家第一阶段：杨朱，道家第二阶段：老子，道家第三阶段：庄子，新道家：主理派和主情派。杨朱其人、《杨朱》作品与杨朱思想之间都存在争议，但杨朱思想的"轻物重生"等思想在《老子》《庄子》当中都得到反映和传承。道家哲学出发点是全生避害，老子注重揭示宇宙事物变化的规律，追求自然的真、善、美，《老子》当中蕴含着朴素的辩证法，如"祸兮福之所倚，福兮祸之所伏"，"天下万物生于'有'，'有'生于'无'"，"有无相生，难易相成""无为，而无不为"。《道德经》中的"万物负阴而抱阳，冲气以为和"的阴阳理论对于兵法、武学等中华文化的影响也十分深刻。到了《庄子》，强调从更高的观点去看待生死和事物，超越现实的世界，追求逍遥自在的生活方式。"新道家"是公元三四世纪的玄学，是道家的延续，"魏晋玄学是以老庄思想为主体而兼蓄道儒的学术思想体系"③，这是儒家与道教在中华文化发展中相互吸收、

---

① 何哲：《仁与礼：中华儒家思想及对完善人类现代治理的启示》，《学术界》，2023 年第 12 期。

② 冯友兰：《中国哲学简史》，涂又光译，北京：北京大学出版社，2013 年版，第 3、20页。

③ 陈来：《中华文明的核心价值：国学流变与传统价值观》，北京：生活·读书·新知三联书店，2015 年版，第 94 页。

相互融合的结果。道家思想以其独有的宇宙、社会和人生领悟，在中国哲学历史中具有重要地位，真正的道家早已落寞千年，但道家智慧中顺应自然、修炼内在和追求淡泊、平静、简单、和谐的生活方式等，对现代社会仍然具有重要启示。道教是以道家思想为基础发展而来的一种宗教，强调修炼和追求长生不老、超凡入圣的境界，形成了全真派与正一派等主要宗教派别。在中国五大宗教中，道教是唯一发源于中国、由中国人创立的本土宗教，对古代政治、经济和文化都发生过深刻影响，在社会主义制度下摆脱封建思想成分，积极主动适应社会主义社会，在坚持我国宗教中国化方向中，与时俱进成为具有中国特色的中国道教，在对外交流中展示中国风采。

（3）中国佛学

"佛教的传入是中国文化史上的一件大事"①。佛教自西汉末从印度经西域传入中国，在魏晋南北朝时已盛行，到隋唐时期达到巅峰，出现中国佛学的宗派，即天台宗、法相宗、华严宗、禅宗等，中国化佛教宗派的创立就代表着中国佛教完全独立和成熟，成为中华传统文化的有机组成部分。其中，禅宗扎根于中国传统社会，融入本土文化，赢得文人士大夫的喜爱，中唐以后成为中国佛教的主流。宋代以后，佛教各派趋向融合，同时儒、佛、道的矛盾也渐趋消失。陈来总结道，中国佛教各宗派，将儒家的人文精神、道家的任运自然的人格理想有机地整合到自身的体系中，形成了不同于印度佛教的思想特色与文化精神，更加注重现实，充满了中国文化的特色。中国佛教的成熟是文化融合、民族融合的结果，又广泛传播至东亚，成为世界佛教的中心。楼宇烈就将禅宗的智慧作为中国文化的精神中佛学的一个重要组成部分提出，包括"人圆佛即成"，注重当下并做好本分事的、保持平常心、成自在人，行慈悲愿、启般若慧、证菩提道。② 佛教对中国古代诗、书、画、小说、戏曲、语言文字、雕刻、建筑等各个方面的影响可以说比比皆是、难以尽说。"经过长期演

① 陈来：《中华文明的核心价值：国学流变与传统价值观》，北京：生活·读书·新知三联书店，2015年版，第96页。

② 楼宇烈：《中国文化的根本精神》，北京：中华书局，2016年版，第100–112页。

化，佛教同中国儒家文化和道家文化融合发展，最终形成了具有中国特色的佛教文化，给中国人的宗教信仰、哲学观念、文学艺术、礼仪习俗等留下了深刻影响。"①

有学者提出，佛教思想与儒道为代表的中华本土思想文化的契合度最高，因为"佛教的核心信仰与儒道两家有相似性和相通性"，"具有满足社会各阶层人士多种精神需求的功能"，"在佛教到达中土的时候，中华文化已经繁荣昌盛了几千年，载籍浩瀚，经典深沉。"②因而产生了中国特色的佛教思想体系。新时代的文化传播中，就要将中国佛教强调爱国爱教、注重和平和睦和谐、弘扬平等观念、积极与主流社会相适应等特点充分彰显出来，进一步向世界讲好中国佛教思想故事。在推进中国式现代化进程中，"传承中韩日佛教'黄金纽带'，增进澜湄流域佛教传统法谊，拓展与西方国家佛教界的交流合作。办好第六届世界佛教论坛、中澳新佛教论坛，讲好中国佛教故事，增强中国佛教国际影响力，促进中外友好，助力构建人类命运共同体。"③

（二）中国历史文化

1.核心价值理念

中国历史文化主要以历史文化遗产的形式表现，主要是有形文化遗产，包括可移动遗产和不可移动遗产，"可移动文化遗产指器物、典籍、艺术品等；不可移动文化遗产指古迹，建筑群、名城、遗址及周围环境等。"④中国历史文化遗产数量庞大、种类繁多、价值突出，是中华优秀传统文化的历史见证和重要载体。历史文化遗产是不可再生、不可替代的宝贵资源，通过历史文化遗产，人们见证历史、以史鉴今。呈现中国历史文化的文物、典籍等，都是中华

---

① 《习近平在联合国教科文组织总部的演讲》，《人民日报》，2014 年 3 月 28 日。

② 魏道儒：《外来宗教思想中国化及其基本特点》，《世界宗教研究》，2023 年第 9 期。

③ 演觉：《中国佛教界要以高度的政治责任感学习贯彻党的二十届三中全会精神》，《中国宗教》，2024 年第 7 期。

④ 国家文物局：《历史文化遗产保护领域中长期科学和技术发展规划战略研究报告》，2004 年 6 月 15 日。

文明上下五千年的历史证明，是中国人民的宝贵财富。这些历史文化的成果，既是对中华文明全面系统的总结，也是中华民族作为一个自在的民族实体在几千年里如何形成一个"你来我去、我来你去，我中有你、你中有我，而又各具个性的"① 多元一体，经过民族自决而成为中华民族的证明。

2.主要知识内容

中国历史文化遗产浩如星海，"76.7 万处不可移动文物、1.08 亿件 / 套国有可移动文物，星散在中华大地上、绵延于岁月长河中。"② 根据国家典籍博物馆的数据，国内汉文古籍存世数量总数超过 4000 万册，品种约 20 万，还有"语言文字与文学艺术、传统哲学、礼仪制度、传统风俗、传统技艺和文物古迹等"③。为加强保护力度，推动文化传承，我国加入《保护世界文化和自然遗产公约》，目前已有 56 项世界文化和自然遗产列入《世界遗产名录》，其中世界文化遗产 38 项（包括 5 项文化景观遗产），在世界排名第一位。其中就有人类文明史上最伟大的建筑工程长城，世界上现存规模最宏大、保存最完好的佛教艺术宝库敦煌莫高窟，中国古建筑的精华北京和沈阳的明清皇宫，"世界第八奇迹"秦始皇陵及兵马俑坑，具有古人类研究史上的里程碑意义的周口店北京人遗址，古建筑群与自然环境巧妙结合的"仙山琼阁"武当山古建筑群，历史和宗教上具有重要价值、精美绝伦的拉萨布达拉宫历史建筑群，皇家园林承德避暑山庄及其周围寺庙，具有独特的艺术和历史特色的曲阜孔庙、孔林和孔府等等。

（1）要通过历史文化讲清楚中华文明的突出特性

中华文明突出的连续性、创新性、统一性、包容性与和平性，都能在历史

---

① 费孝通:《中华民族的多元一体格局》,《北京大学学报（哲学社会科学版）》,1989 年第 4 期。

②《新华述评: 保护历史文化遗产 推动文化传承发展——深入学习贯彻习近平文化思想系列述评之九》,中国政府网, https://www.gov.cn/yaowen/liebiao/202401/content_6929121. htm.2024-01-30。

③ 马奔腾:《历史文化遗产"利用"的多维视野》,《求索》,2024 年第 2 期。

文化遗产当中找到对应的证明。以世界文化遗产为例，一是关于中华文明的连续性，周口店北京人遗址中发现有生活在 70 万—20 万年前的直立人、20 万—10 万年前的早期智人以及 3 万年前左右的晚期智人化石，是人类文明起源的重要证明；殷墟是中国历史上第一个有文献可考、并为甲骨文和考古发掘所证实的古代都城遗址；莫高窟经历了十六国、北魏、西魏、北周、隋、唐、五代、宋、西夏等朝代，见证了千年中华文明的延续。二是关于中华文明的创新性。兵马俑坑就是秦代军事、政治、经济、文化、科学和艺术水平的实践证明材料；三是关于中华文明的统一性。良渚古城遗址展现出长江流域对中华文明起源阶段"多元一体"特征所做出的杰出贡献；北京故宫见证了 14 世纪之后满、汉、蒙、藏等民族在建筑艺术上的融汇与交流。四是关于中华文明的包容性。元上都遗址展现了游牧与农耕两种文化高度兼容并蓄的"二元"城市模式，成为民族文化融合的典范。五是关于中华文明的和平性。长城自创建之始，就既是军事防御建筑，更是和平发展的平台，凝聚着"开放包容、守望和平这一精神"。[①]

（2）要通过中国历史文化遗产来讲清楚中华民族的价值取向

2022 年 7 月召开的全国文物工作会议提出，"坚持保护第一、加强管理、挖掘价值、有效利用、让文物活起来"，真正让历史文化遗产用起来、让文物活起来，就是要求运用好它们的文化意义和时代价值。一方面，历史文化遗产是中华民族文化自信的根源。"要在展览的同时高度重视修史修志，让文物说话、把历史智慧告诉人们，激发我们的民族自豪感和自信心，坚定全体人民振兴中华、实现中国梦的信心和决心"[②]。要以文化遗产、文物典籍为切入口，讲好中华文明的故事，向世界"阐释好中华民族共同体发展路向和中华民族多元一体演进格局，中华文明讲仁爱、重民本、守诚信、崇正义、尚和合、求大同

---

① 《新时代中国调研行·长城篇丨开放包容、守望和平——从"大境门"看万里长城的文化内涵》，新华网，http://www.news.cn/politics/2023-12/19/c_1130034974.htm.2023-12-19。

② 陆建松：《如何讲好中国文物的故事——论中国文物故事传播体系建设》，《东南文化》，2018 年第 6 期。

的精神特质",比如中央电视台的《三星堆新发现》大型直播、《典籍里的中国》戏剧化演绎,《中国地名大会》的竞赛比拼,《诗画中国》的古风展演等。①另一方面,要让历史文化遗产保护利用起来,推动中华优秀传统文化创造性转化和创新性发展,在新时代中发挥新的作用。如文化遗产自古以来就承担了美育的社会责任,宫城都邑、古镇村落、建筑园林、雕塑绘画、匾额楹联中展现了中国人的宇宙观、伦理观、审美观与道德观,体现为"象天法地,敬天法祖""依礼而立,中庸和谐""虽由人作,宛自天开""品类多样,艺术教化"等方面,彰显了博约弘毅、正心立品的价值追求。②

3.重点表现形式

(1)中国文物

文物是中国历史文化的产品与证明。沈从文写作的《中国文物常识》,从古代玉石、陶瓷、玻璃、镜子、漆器、辇舆、车乘等文物发展演变的描述介绍,展现了古人穿衣打扮、生活用品、交通工具、文化生活、工艺美术等内容。习近平总书记在中共中央政治局第三十九次集体学习时强调,文物是不可再生、不可替代的中华优秀文明资源,要在挖掘文物和文化遗产价值当中,传播更多承载中华文化、中国精神的价值符号和文化产品。"百年以来,安阳殷墟、郑州商城、偃师二里头、襄汾陶寺、神木石峁、余杭良渚、庆阳南佐,一个个关键性遗址被发掘",考古证据显示中华文明的开端从商代晚期到夏代晚期③。"中华文明探源工程"在实证了中华五千多年文明的基础上,发掘了历史悠久、丰富精美的中国文物。近年来,央视打造的《国家宝藏》栏目就是一档让国宝"文物"活起来的节目,通过文化背后的历史故事传承和传播中华文明的精神内核。其中展示的国宝是非常具有代表性的中国文物。如《千里江山

---

① 张文龙:《让文物和文化遗产活起来——中央广播电视总台讲好中华文明故事的创新实践》,《中国广播电视学刊》,2023 年第 7 期。

② 龚乾:《中国历史文化遗产中美育的价值与规律研究》,《湖北社会科学》,2023 年第 3 期。

③ 韩建业:《中华文明的起源形成及其长存之道》,《科学大观园》,2023 年第 13 期。

图》卷、"瓷母"（各种釉彩大瓶）、石鼓、越王勾践剑、"云梦睡虎地秦简"曾侯乙编钟、妇好鸮尊、贾湖骨笛、云纹铜禁、唐葡萄花鸟纹银香囊、杜虎符、宋人摹顾恺之《洛神赋图》、铜鎏金木芯马镫、万岁通天帖、长沙窑青釉褐彩诗文执壶、辛追墓T形帛画、皿方罍等，都在默默讲述着中华文明的故事，传播着要守护绿水青山、中华文脉、华夏正音、丝路芬芳、安国之信等文化使命。"任何一件文物或一个遗址，哪怕是一砖一瓦、一木一器，都反映着人类在生产和生活方式、科学技术、宗教信仰、审美思维等领域的文化继承和创造，承载着中国智慧、中国精神和中国价值"[①]，讲好文物故事的前提就是挖掘文物背后的中华历史文化，传承中华优秀传统文化、中华传统美德和中华人文精神。

（2）中华典籍

中华典籍对传承中华文明贡献巨大。作为文明古国，中国在世界诸多文化体系中能够将中华文化绵延数千年而不中断，中华典籍的贡献是功不可没。最早的典籍就是殷商时期的典册。中华典籍从甲骨刻辞、青铜器铭文、竹简、帛书、石刻文字，到后来的纸质写卷、刻本，其数量之大、记载历史文化之长之广，是世所罕见的。2022年7月30日，中国国家版本馆中央总馆和西安、杭州、广州分馆"一总三分"同步开馆，习近平总书记在总馆考察时强调，"我十分关心中华文明历经沧桑流传下来的这些宝贵的典籍版本"。在国家版本馆中，可以通过"荟萃骨陶实物、青铜铭文、竹简帛书、古籍善本等各类型版本瑰宝，经典著作、档案文献、手稿手迹等"，看到中华优秀传统文化的历史渊源、发展脉络与基本走向，见证中国共产党人带领实现中华民族伟大复兴的动人征程。"我国历朝历代都把典籍版本的保藏放在文脉传承的重要位置，从周代守藏室、秦代石室，到汉代天禄阁、唐代弘文馆，再到宋代崇文院、明代文渊阁、清代四库七阁，虽名称各异，但专藏机构绵亘千年，守护中华典籍版本

① 张文龙：《让文物和文化遗产活起来——中央广播电视总台讲好中华文明故事的创新实践》，《中国广播电视学刊》，2023年第7期。

的初心始终如一。"①新世纪以来，我国启动"中华古籍保护计划"，形成《国家珍贵古籍名录》，建立"国家珍贵古籍名录数据库"。对于中华文化的组成部分，中华典籍的子项目，如国家图书馆收藏的黄河相关历史文献，"不仅有专书、舆图、谕旨、奏议、传记、诗词、图说，也有散见于正史、典志、实录、地方志、文集、笔记、类书、丛书中的散篇。"②国家版本馆中还有四阁《四库全书》真本、仿真影印本和四种文字大藏经雕版，以及版本工艺、中国邮票、中国货币等。

中华典籍的类别非常广泛，具有代表性的就有佛学宝典、儒理哲学、历史传记、诗词戏曲、文学艺术、玄学武术、学术杂记、天文地理、类书文集等等，其中影响力较大、代表性较强、容量较多的百科类的中华典籍，是中华民族历史文化绵延的最大证明。百科类典籍当中最有代表性的就有《春秋》《史记》《资治通鉴》《永乐大典》《四库全书》等。《春秋》是现存最早编年体史书，《史记》是中国历史上第一部纪传体通史，记载了上至上古传说中的黄帝时代，下至汉武帝太初四年间共 3000 多年的历史，规模巨大，体系完备；与《史记》能相提并论的《资治通鉴》，是由北宋司马光主编的编年体史书，共294 卷，在历史中总结经验教训供统治者借鉴；《永乐大典》是永乐年间由明成祖朱棣先后命解缙、姚广孝等主持编纂的旷世大典，内容包括经、史、子、集、天文、地理、占卜、戏剧、工艺、农艺，被《大英百科全书》称为"世界有史以来最大的百科全书"；《四库全书》是清代乾隆时期由纪昀等高官、学者编撰的大型丛书，耗时 13 年，约 8 亿字。分经、史、子、集四部，故名"四库"，是中华优秀传统文化最完备的集成之作。此外，神话类的典籍也是中华文化的发展源头，是中华民族的英雄史诗，记录着中国的上古传说、历史、宗教和仪式，比如《山海经》《水经注》《礼记》《国语》《左传》《淮南子》等，

---

① 中国国家版本馆：《努力建成赓续中华文明的"种子库"》，《求是》杂志，2023 年第17 期。

②《深化古籍普查，传承文化薪火，讲好中国故事》，中国古籍保护网，https://www.nlc.cn//pcab/zx/xw/20231229_2637551.shtml.2023−12−29。

少数民族的英雄史诗《格萨尔王传》《江格尔》《玛纳斯》以及创世史诗。《典籍里的中国》节目就聚焦享誉中外、流传千古的中华典籍，讲述中国故事，2021 年第一季重点推介的典籍就有《尚书》《天工开物》《史记》《本草纲目》《论语》《孙子兵法》《楚辞》《徐霞客游记》《道德经》《周易》《传习录》，多角度呈现典籍文化内涵，凸显传统文化时代价值，"向广大青年群体掀起关注研习中华典籍、探讨传播中华传统文化的热潮"，增进了文化认同和文化自信①；《典籍里的中国》，"将中华古籍转化为叙事认同的有效文化资源，为中华文化'叙事共同体'的建构做出了有益探索"②。

（三）中国文学艺术

1.核心价值理念

在中国文学史上，卷帙浩繁的文学作品和卓尔不群的文学家、思想家影响着一代又一代中国人，深刻又生动地体现着中国文化的基本精神，包括自强不息、贵和尚中、隆礼重法、仁义礼智信、忧患意识、爱国情怀等等。③ 中国文学的民族传统特征，一是具有强大的现实主义传统，认为"盖文章，经国之大业，不朽之盛事"，文学的创作者是古代的文人士大夫，关注政治和现实；二是具有深厚的伦理传统，强调"文以载道""文以明道"，既强调文学有助于个人修养，也要求文学发挥协调社会关系的作用，注重伦理教化；三是具有美文传统，注重形式技巧，追求形式美、音韵美。④ 其中，"中国古代文学在发展演化中形成了以儒家、道家的思想和屈原的精神为内涵的动力结构体

---

① 余锐:《〈典籍里的中国〉的传统文化青年受众传播策略》,《传媒》, 2023 年第 2 期。

② 王强:《"叙事共同体"视域下的中华文化传播——以〈典籍里的中国〉为例》,《未来传播》, 2022 年第 5 期。

③ 罗翠梅，梁俊山，班秀萍:《中国古代文学文化价值的当代阐释》,《河北大学学报（哲学社会科学版）》, 2015 年第 5 期。

④ 廖可斌:《中国文学的民族传统特征》,《文艺理论与批评》, 2023 年第 3 期。

系"，具有维系自身又彼此共同作用的内在机理。① 中国古代文论中十分重视文学的实用性功能，包括"文学能力被视为参政能力，文学在国家事务中具有重要作用，文学具有社会教化功能"，所以要以深厚宏大的国家视野传承中华文脉。②"尊重生命是古代文人关注的重要话题"，文学对生命的表现是古代文学的重要内容。③ 而中国近现代和当代文学在传承发展中更加彰显出革新精神、时代精神。因此，要对古代经典作品中体现出的人生感叹、生命呐喊、人文关怀等兼具历时性和共时性特点的主题进行现代化阐释，探索古代传统文学与现代精神文明的契合点，实现历史与现代的对话。

2.主要知识内容

中国文学是中华民族最值得自豪的瑰宝，是中华民族精神与文化的结晶，也是世界文学宝库中闪亮又独特的存在。在中华文化发展历程中，以诗歌、散文、小说、戏剧等文学体裁为主，每一个时代都有独具特色的文学形式和文学成果，比如唐诗宋词元曲和明清小说等。从文学史分期来看，袁行霈主编的《中国文学史》将中国文学分为先秦文学、秦汉文学、魏晋南北朝文学、隋唐五代文学、宋代文学、元代文学、明代文学、清代文学、近代文学。还有中国近现代文学和当代文学，构成了整个中国文学的发展历程。

（1）要阐释好中国古代文学的特色和亮点

每一个时代都有特色鲜明的文学形式，彰显出中国文学的独特魅力，各个朝代各有相对发达的文体，例如"汉代的赋、唐代的诗、宋代的词、元代的曲、明清两代的小说。"④ 各种文体都有独特的体制与功能，但总体来看，中国地大物博、中华文化源远流长，使不同文体之间因为历史的演进呈现出相互渗

① 郭鹏:《论中国古代文学"传统"的内在作用机制及相关理论表征》,《文史哲》,2016 年第 5 期。

② 赵亦雅:《中国古代文学的国家政治属性探析》,《人民论坛·学术前沿》,2020 年第 20 期。

③ 詹福瑞:《中国古代文学"生命意识"的传统与现代——以李白诗文研究为中心的讨论》,《文学遗产》,2020 年第 5 期。

④ 袁行霈主编:《中国文学史》第 1 卷,北京:高等教育出版社,2005 年版,第 9 页。

透和融合的特色，呈现出俗与雅之间的相互影响与转变，呈现出复古与革新之间的交替与碰撞，呈现出文与道的离合。从各个历史时期文学的发展变化来看，中国文学在创作主体、思想内容、文学体裁、文学语言、艺术表现、文学流派、文学思潮、文学传媒、接受对象等诸方面，都在历史社会的进程中不断发展变化。先秦、秦汉时期，文学形式从文史哲不分、诗乐舞结合的混沌状态起始，中国文学的各种体裁几乎都孕育于这个时期，包括散文、诗歌、寓言故事、辞赋等，中国文学的思想基础也是如此，以儒道两家为主，形成了注重文学的社会功能和审美价值的思想观念，影响着整个中国文学的进程。从魏晋开始到南北朝、隋唐五代、宋元，开启了中国文学的自觉时代，也成就了诗、词、曲的鼎盛发展。特别是魏晋、隋唐时期，诗占据着文坛的主导地位，"建安风骨""盛唐气象"这两个诗歌的范式成为后代诗人追慕的极致。曲子词在宋代蔚为大观，成为宋代文学的代表，元代以戏曲和散曲为代表创造了元代文学的辉煌。明嘉靖以后文人的市民化和文学创造的商业化成为新趋势，通俗文学呈现出勃勃生机，小说最富有生命力。

（2）要阐释好中国近现代文学的革新精神

鸦片战争以后，中国由封建社会沦为半殖民地半封建社会，有识之士在向西方寻求富国强兵之路时也找到了新的文学灵感，文学被视为社会改良的工具，在国民中小说的地位得到充分肯定，也出现了报刊等新媒体。[①] 近代文学从传统封建文学转型过来，既传承中国古代文学的优良传统，又随着社会转型增强了文学的政治性、战斗性，突出了爱国主义和民族主义的思想内容，出现了文学团体和文学刊物。中国现代文学发端于五四运动时期，是新民主主义革命的新产物，带有无产阶级领导的人民大众反帝反封建斗争时代的历史印记，呈现为以革命民主主义文学和无产阶级文学为主力的新文学，体现了为中国革命服务，"反对文言文提倡白话文，反对旧道德提倡新道德"的使命和自觉。毛泽东就说过，"旧的资产阶级民主主义文化，在帝国主义时代，已经腐

---

① 袁行霈主编：《中国文学史》第 1 卷，北京：高等教育出版社，2005 年版，第 10-17页。

化，已经无力了，它的失败是必然的。"①现代文学的奠基人鲁迅在其杂文中表现了革命启蒙、反思国民性、消除社会特别是文坛弊端等思想主旨，透过鲁迅对中国政治、历史、文化、社会和人生问题的审视，左翼文艺界"确证了革命启蒙、救亡图存、联合抗日和文艺大众化的基本方向，确证了知识分子观照底层民众和民族国家命运的'当代责任'，更确证了智者思考人类'终极'命运的历史使命。"②鲁迅的文笔下，是对探索"革命中国"、民族国家命运的文学表达。

（3）要阐释好中国当代文学的现实逻辑

中国当代文学是以新中国成立为标志而发展的中国文学，充分反映了当代中国政治、经济、社会、文化等各个方面的现实变化，映照了中国人民在中国共产党带领下走向幸福美好生活的光明前景。在社会主义革命和建设时期的代表作家作品有巴金的小说《激流三部曲》：《家》《春》《秋》，丁玲的小说《太阳照在桑干河上》，周立波的长篇小说《暴风骤雨》等，反映中国人民从落后挨打到站起来的新生活；改革开放以来的中国当代文学，影响力较大的有诺贝尔文学奖获得者莫言的中篇小说《红高粱》，王蒙的长篇小说《蝴蝶》，贾平凹的长篇小说《废都》《秦腔》，路遥的长篇小说《平凡的世界》，余华的小说《活着》等，还有一些通俗流行文学如金庸《射雕英雄传》等。茅盾文学奖、鲁迅文学奖、曹禺戏剧文学奖、老舍文学奖成为评价中国当代文学的四大标准，对小说、报告文学、诗歌、散文杂文、戏剧剧本等作品进行评价和推介。科技的发展也使科幻小说成为当代文学的热门题材，如刘慈欣的《三体》。新媒体时代，依托网络平台由网络作家发表的当代网络小说快速发展并成为受到热烈追捧的文学类型，题材以玄幻、武侠、科幻、言情居多。网络文艺以磅礴的想象力致敬未来，在网络空间担当新的文化使命，为人类命运共同体的构建发挥应有的作用，如依据网络文学、科幻文学拍摄的电影《三体》

①《毛泽东选集》第 2 卷，北京：人民出版社，1991 年版，第 657 页。

② 陈红旗：《左翼立场与鲁迅对中国问题的多维透视——以 20 世纪 30 年代鲁迅杂文为中心》，《鲁迅研究月刊》，2024 年第 1 期。

《流浪地球》等，用独特的中国风格传播中国文化，为共建美好未来提供中国智慧。

3.重点表现形式

（1）以散文为特色的先秦文学

先秦文学的代表性文学形式和文学作品是上古神话、诗歌、叙事和说理散文。古代文献中，以《山海经》最有神话学价值，是我国古代保存神话资料最多的著作。"我国最早的散文是商代的甲骨文。"[①] 因为我国古代史官文化发达，记载历史事件的叙事散文首先成立，如《左传》《国语》《战国策》等。正是在中国社会从奴隶制转向封建制的大变革时代，各种学术流派蜂起，"历史散文和哲理散文也就蓬勃发展起来。""基本上是哲学、政治、军事、历史、伦理、教育诸方面的论述文和记叙文。"[②] 先秦文学当中呈现的文化特征是丰富多彩的，特别是文化学术思想空前活跃，诸子百家争鸣，散文的形式多样化，有的突出叙事，有的突出哲学的思辨，又善用华丽铺张的写作方法表达情感，具有浓厚的家国情怀和社会责任感。鲁迅在《汉文学史纲要》中评价先秦纵横家们"欲以唇吻奏功，遂竞为美辞，以动人主"，"余波流衍，渐及文苑，繁辞华句，固已非《诗》之朴质之体式所能载矣。"《诗经》与《楚辞》共同构成中国诗歌史的源头，由屈原及后学所作的《楚辞》兼具精神和艺术价值，使用繁丽的文辞表现丰富的思想情感，既表达了屈原本人正直忠贞、不为世俗所囿的爱国诗人的精神品格，又开创了新的诗体，如郑振铎所说，"像水银泻地，像丽日当空，像春天之于花卉，像火炬之于黑暗的无星之夜，永远在启发着、激动着无数的后代的作家们。"[③]《文心雕龙·辨骚》中说道，"不有屈原，岂见《离骚》"，可见其思想和情感深度。"先秦的说理散文具有形象性、感情丰富的特

---

① 胡宝珍：《先秦散文萌芽之新探》，《河北师范大学学报（哲学社会科学版）》，2008 年第 2 期。

② 李旦初：《先秦散文流派的划分》，《晋阳学刊》，1995 年第 2 期。

③ 郑振铎：《古典文学论文集》，上海．上海古籍出版社，2009 年版，第 234 页。

色，体现出一种诗的特征。"①

（2）以民歌为特色的秦汉、魏晋南北朝文学

秦汉文学的代表性文学形式和文学作品是散文、辞赋、乐府诗，如《子虚赋》《上林赋》《陌上桑》《孔雀东南飞》等，魏晋南北朝文学是南北朝民歌、辞赋、骈文与散文、小说等。其中乐府诗的"乐府双璧"就是《孔雀东南飞》和《木兰诗》。《孔雀东南飞》（原题为《古诗为焦仲卿妻作》）属于两汉乐府诗，是由官方的音乐管理机关搜集、采撷来自民间劳动人民表达社会现实生活和人民情感的作品，讲述的是一场婚姻悲剧，歌颂了人民群众追求幸福生活和控诉封建礼教的情感和愿望，故事性强，情节完整，语言通俗。明朝王世贞在《艺苑卮言》中评价《孔雀东南飞》是："质而不俚，乱而能整，叙事如画，叙情如诉，长篇之圣也！"胡应麟在《诗薮》中也评价说，"五言之瞻，极于《焦仲卿妻》，杂言之瞻，极于《木兰》。"②"两汉乐府诗以其匠心独运的立题命意，高超熟练的叙事技巧，以及灵活多样的体制，成为中国古代诗歌新的范本。"③《木兰诗》是南北朝时期传唱的乐府民歌，讲述的是木兰女扮男装替父从军的故事，赞扬她勇敢善良、保家卫国的精神，生活场景和人物心理的刻画非常生动，运用了铺陈、排比、对偶、互文等艺术手法，具有很强的艺术性。刘大杰在《中国文学发展史》上概括提出，《木兰诗》是中国古典诗歌中初次制造的英雄性格的女性形象，表面是喜剧性的，但反面仍然隐藏着悲剧的现实，诗的艺术特色是故事性强，布局谨严，描写生动，且富于音乐的美感。④

（3）以诗歌为特色的隋唐五代文学

隋唐五代文学以诗歌和散文为代表，特别是唐朝国力的强大、思想的包

---

① 张广村：《先秦哲理散文中的"诗性"特征浅探》，《东南大学学报（哲学社会科学版）》，2008 年第 S1 期。

② 赵光勇：《汉魏六朝乐府观止》，西安：陕西人民教育出版社，2019 年版，第 129–141 页。

③ 袁行霈主编：《中国文学史》第 1 卷，北京：高等教育出版社，2005 年版，第 188 页。

④ 王富仁：《〈木兰诗〉赏析及其文化学阐释》，《名作欣赏》，1993 年第 3 期。

容、文人的开阔进取创造了有利于文学繁荣的环境，表现在诗、文、小说、词的全面发展，其中唐诗是中华文化宝库中的一颗明珠，对世界文化的影响极大。唐诗的形式多种多样，古体诗，近体诗的绝句、律诗等，风格派别有山水田园诗派、边塞诗派、浪漫诗派、现实诗派等，或表现恬淡怡然的山水之风，或描述雄浑壮美的战争之风，或抒发自由奔放的浪漫之风，或彰显忧时伤世的写实之风。代表诗人有李白、杜甫、白居易、李商隐等，每一位诗人都有独树一帜的诗风，彰显出与众不同的文人气质，也表达着丰富多样的感情色彩。如"诗仙"李白的诗"笔落惊风雨、诗成泣鬼神"，狂放不羁，主观抒情色彩浓厚，具有排山倒海、一泻千里的气势，在《梦游天姥吟留别》中表现尤为突出；"诗圣"杜甫则更多着眼国家动乱、百姓苦难，风格沉郁顿挫，抒发对时局的见解和爱国爱民之情，如《兵车行》倾诉战争对人民造成的巨大灾难，读来荡气回肠、感人至深。还有山水田园诗人王维、孟浩然，边塞诗人高适、岑参等。唐诗是中国古典诗歌艺术作为一种意象经营的艺术演进达到高峰的成熟标志，包括意象思维、意象结构和意象语言[1]。唐诗的意境主要通过"言不尽意、境生象外，象外之象、景外之景，静故了群动、空故纳万境，寓意于物、触物起情等方式进行表达。"[2]唐诗和唐朝诗学还从深层次影响着其他的艺术形式，"不仅奠定了中国艺术以诗为灵魂的传统，而且奠定了中国审美意识以诗为旗帜的传统，深刻而广泛地影响着中华民族的生活方式与审美观念。"[3]

（4）以宋词为特色的宋代文学

宋代文学以散文、诗歌、词为文学特色，唐宋散文八大家中除唐朝韩愈、柳宗元外，宋代欧阳修、三苏（苏轼、苏辙、苏洵）以及王安石、曾巩是代表人物。宋代诗歌是在唐诗的基础上发展起来的，在唐诗已经到达顶峰的情况下

---

① 查清华：《唐诗意象的内在机能与艺术风貌》，《中学语文教学》，2019年第12期。

② 秦缘：《中国唐诗艺术歌曲中的意境呈现》，《东北师大学报（哲学社会科学版）》，2019年第5期。

③ 陈望衡：《中华美学的唐诗品格》，《武汉大学学报（哲学社会科学版）》，2020年第4期。

另辟蹊径，特点在于散文化、具有理趣，也相较于唐诗的直观抒情更为冷静客观、委曲精深，又是另外一种风格和典范，所以说唐诗之美在情辞，宋诗之美在气骨。宋代的文学家普遍关注国家和社会，诗文现实意义很强，"这都与宋人深沉的忧患意识不无关系。""深沉的忧患意识，又造成宋代文学中爱国主题的高扬。"①宋词是宋代文学的最高成就。宋词是标志宋代文学最高成就的代表形式，且词是一种音乐文学，配合燕乐演奏，与唐诗争奇，与元曲斗艳，"宋词具有区别于唐诗'言志'的抒发'幽隐之情'的美学特质，即生命情感'要眇宜修'的境界之美，是一种特有的'弱德之美'"②。代表人物有豪放派苏轼、辛弃疾和婉约派柳永、李清照。豪放派气势雄放，婉约派则婉转柔美，苏轼的《念奴娇·赤壁怀古》借江上美景凭吊风流人物，表达怀才不遇、功业未就的忧愤心理，实际上是英雄本色的彰显，而大多数宋词是对当时的社会现实和民生的反映，对中华民族的自信和尊严的维护，如岳飞的《满江红》、文天祥的《正气歌》等。当时代巨变，靖康之难改变了词人们的生活与创造倾向，以李清照为代表的南渡词人进一步扩展了词体抒情言志的功能，确立了词"别是一家"的独特地位。

（5）以元曲为特色的元代文学

"在元代，叙事性文学万紫千红，呈现一派兴盛的局面，成为当时创作的主流。"③元代文学以话本小说、说唱文学、戏剧、散曲为主。元代戏剧的题材包括爱情婚姻、历史、公案、豪侠、神仙道化等等，展现了元代丰富多彩的生活与精神世界。元曲在这一时期绽放出夺目的光彩，继承了诗词的清丽婉转，形式又为人民群众喜闻乐见，同时以嬉笑怒骂的形式反映社会现实，展现强大的艺术魅力。元曲包括剧曲和散曲，被称为元曲四大家的有关汉卿、马致远、郑光祖和白朴，关汉卿是影响最大的。在关汉卿的喜剧当中实际上已经包含着悲剧意蕴，而他的悲剧代表作《窦娥冤》，更是淋漓尽致地展现了底层人民的

① 袁行霈主编：《中国文学史》第 3 卷，北京：高等教育出版社，2005 年版，第 6 页。

② 曾繁仁：《宋词的境界之美——生命情感的"要眇宜修"》，《文史哲》，2021 年第 3 期。

③ 袁行霈主编：《中国文学史》第 3 卷，北京：高等教育出版社，2005 年版，第 191 页。

悲惨遭遇和社会不公，也是对当朝统治者的控诉。从《窦娥冤》中可以看到，"元杂剧中的悲剧更是构建了中国古典悲剧的基本形态，是悲剧中的典范。"①王实甫的《西厢记》则以反抗封建礼教的思想，成为文人创作效仿的对象。王国维曾说，"元曲之佳何在？一言以蔽之，曰：自然而已矣。"就是真实地反映时代和人民之情状。

（6）以小说为特色的明清文学

明朝中期以后，文学与整个农业文明向工商文明迅速转变的历史潮流相适应，向着世俗化、个性化、趣味化流动。"文人的市民化和市民化读者群的形成，自然地改变了文学作品的面貌。"②推动了俗文学的发展。明代文学、清代文学都以小说戏曲、说唱文学为代表，打破了传统以正统诗文为代表的雅文学的垄断，形成了《三国演义》《水浒传》《西游记》，"三言""二拍"，《长生殿》《桃花扇》《聊斋志异》《儒林外史》《红楼梦》等享誉海外的作品。小说是随着城市手工业和商业经济的繁荣，以及印刷业的发达而发展起来的，因为取材生活、贴近生活更能反映出社会当中的阶级矛盾、思想文化领域的斗争，体现出重要的社会作用和文学价值。《红楼梦》就是一部从各个角度展现社会百态的史诗级小说作品，位列中国古典四大名著之首，将中国封建社会的人情百态、传统文化以非凡的艺术形式展现出来，甚至形成了学术界的一门专门学问"红学"，也向世人展现出"说不尽"的艺术魅力③。《三国演义》作为历史演义小说的开山之作，在争战兴废、朝代更替的历史题材上表达了一定的政治、道德和美学思想，因此其"正统史观、道德史观、英雄史观、天命史观以及循环史观等兼而有之，并且彼此交织，相互为用。"④呈现出以儒家政治道德为核心的多元历史观，受到素重历史传统的中国人民的喜爱。《水浒传》作为英雄传奇，塑造了以宋江为代表的一系列超群绝伦又神态各异的英雄形象，体现了中国古

---

① 王春燕：《从〈窦娥冤〉窥元杂剧的悲剧情结》，《四川戏剧》，2017 年第 5 期。

② 袁行霈主编：《中国文学史》第 4 卷，北京：高等教育出版社，2005 年版，第 5 页。

③ 陈才训，毛艳秋：《〈红楼梦〉缘何"说不尽"》，《求是学刊》，2024 年第 2 期。

④ 纪德君：《〈三国演义〉历史观论略》，《广州大学学报（社会科学版）》，2023 年第 1 期。

代儒家伦理观念中的"忠"与"义",也批判了社会的黑暗与不公,美国女作家赛珍珠说"《水浒传》这部著作始终是伟大的,并且满含着全人类的意义,尽管它问世以来已经过去了几个世纪。"①

---

① 王丽娜:《中国古典小说戏曲名著在国外》,上海:学林出版社,1988 年版,第 54-95 页。

第四章

叙事方式：中华文化对外传播的协作机制

习近平总书记提出，"要使中华民族最基本的文化基因与当代世界文化相适应、相协调，提高对外文化交流水平，完善人文交流机制，创新人文交流方式，综合运用大众传播、群体传播、人际传播等多种方式展示中华文化的魅力。"①《关于实施中华优秀传统文化传承发展工程的意见》提出，要"探索中华文化国际传播与交流新模式，综合运用大众传播、群体传播、人际传播等方式，构建全方位、多层次、宽领域的中华文化传播格局。""推进国际汉学交流和中外智库合作，加强中国出版物国际推广与传播，扶持汉学家和海外出版机构翻译出版中国图书，通过华侨华人、文化体育名人、各方面出境人员，依托我国驻外机构、中资企业、与我友好合作机构和世界各地的中餐馆等，讲好中国故事、传播好中国声音、阐释好中国特色、展示好中国形象。"②中华文化对外传播不是以我为中心，不是单向、单主体、单声道地向对象进行硬性的输出甚至是灌输，而是主体与客体之间的交流碰撞后实现调适共享，让客体能够真正掌握和享受中华文化的魅力，也不仅仅是通过一个单一的渠道进行传播，而是要汇聚起方方面面的力量，形成全体中华儿女齐心协力对外讲好中国故事的协作机制。

---

① 《习近平：建设社会主义文化强国 着力提高国家文化软实力》，人民网，http://cpc.people.com.cn/n/2014/0101/c64094-23995307.html.2014-01-01。

② 中共中央办公厅 国务院办公厅印发《关于实施中华优秀传统文化传承发展工程的意见》，中国政府网，https://www.gov.cn/zhengce/2017-01/25/content_5163472.htm.2017-01-25。

第一节　中华文化对外传播的多元传播机制

习近平总书记强调,"要加强战略谋划,对外既要展现中华民族五千多年的悠久文明,又要传播当代中国蓬勃发展的多彩文化,以德服人,以礼服人,以文服人,加强情感认同。"①"要完善国际传播工作格局,创新宣传理念、创新运行机制,汇聚更多资源力量。"②,也要"要采用贴近不同区域、不同国家、不同群体受众的精准传播方式,推进中国故事和中国声音的全球化表达、区域化表达、分众化表达,增强国际传播的亲和力和实效性。"③探索建立中华文化海外传播多向度、互动式、立体型文化传播机制,就要适应融媒体时代数字化、场景化、移动化、交往性等特征,构建起多理念创新、多渠道拓展、多运行转换、多主体参与的文化传播机制,最终达到"着力加强国际传播能力建设,促进文明交流互鉴"④的目标。

一、构建"跨文化传播+转文化传播"的传播理念创新机制

虽然我国在传播的规模渠道和能力技术上都有了长足进步,但是传统的传播理念依然存在,理念滞后且与实践脱节、与国际脱轨,与我国的综合国力和国际地位还不匹配。有学者认为,"新时代,儒家文化国际传播处在古今中外多学科、多视野、多语境的交汇处,在传播理念、话语构建、传播模式等方面面临新的需求与挑战。"⑤需要进一步推动传播理念的转化,实现"跨文化传

---

① 习近平:《在推进"一带一路"建设工作座谈会上的讲话》,《人民日报》,2016 年 8 月 18 日。

②《习近平出席全国宣传思想工作会议并发表重要讲话》,中国政府网,http://www.gov.cn/xinwen/2018-08/22/content_5315723.htm.2018-08-22。

③《习近平主持中共中央政治局第三十次集体学习并讲话》,中国政府网,https://www.gov.cn/xinwen/2021-06/01/content_5614684.htm.2021-06-01。

④《习近平对宣传思想文化工作作出重要指示》,中国政府网,https://www.gov.cn/yaowen/liebiao/202310/content_6907766.htm.2023-10-08。

⑤ 赵跃:《理念、话语与模式:跨文化语境下儒家文化国际传播的当代进路》,《孔子研究》,2024 年第 2 期。

播"和"转文化传播"的理念创新和机制构建。

（一）跨文化传播理念

跨文化传播（Intercultural Communication）源自跨文化交流学，萨莫瓦尔和波特于 1972 年合著的《跨文化传播学读本》是初期成就突出的作品。西方将跨文化培训视为整合多元文化社会冲突、实现有效跨文化传播的重要手段，能够推动主流价值观的有效融合。美国、加拿大和北欧五国都有较完整的跨文化培训体系，根据国家和社会形势来调整培训目标，形成了一些跨文化研究机构，如美国俄勒冈州波特兰跨文化研究院（the Intercultural Communication Institute Cooperation）、加拿大不列颠哥伦比亚大学跨文化中心（CIC-UBC）、荷兰的跨文化合作研究所（Institute for Research on Intercultural Cooperation）①。中国的跨文化交流学、跨文化传播学是以马克思主义"世界交往"理论和"共同体"理论为指导，也是中华民族传统"和合"文化的应用，较早的关于跨文化传播学著作有汪琪的《文化与传播》、关世杰的《国际传播学》、段连城的《对外传播学初探》、沈苏儒的《对外传播的理论与实践》等，逐渐形成了文化传播与文化差异理论、跨文化调整理论与跨文化适应理论等，包含了协商理论、会话制约理论、高语境文化理论、低语境文化理论、跨文化适应理论、传播调整理论等等②。真正有效的国际传播，都是在跨文化传播理论的指导下进行的，跨文化传播是文化成为对外软实力的必经过程，运用跨文化传播能够增进不同文化背景主体间的交流与沟通、推动世界文化的交流和人类文明的进步，跨文化传播理念仍然值得在文化传播当中进行推广和运用。跨文化视角的国际传播还应借助除语言以外的价值取向、政治修辞、非言语行为等开展。

从中华文化对外传播的实践来看，学者们在加强跨文化传播研究的基础上，运用理论分析和解决实践问题。在运用跨文化传播理念分析问题方面，如

---

① 姜飞:《新阶段推动中国国际传播能力建设的理性思考》,《南京社会科学》, 2015 年第 6 期。

② 张骥等:《中华文化走向世界策略研究——基于文化软实力建设的视角》, 北京: 中国社会科学出版社, 2019 年版, 第 56 页。

有学者基于跨文化传播研究方法，"通过研究中国获奖电影的文化表征与跨文化传播力，分析中国电影如何参与国际 A 类电影节竞争"，让中国电影更多走向世界，影响世界。① 有学者运用跨文化传播理论和列斐伏尔的"空间三元论"解析文旅融合背景下文创产品的传播②。有学者运用跨文化交际理论，分析中医师在海外传播中医药文化时发现，当地的法律法规造成对行医的限定、对中药的管控和对经济成本的影响，外派中医师遇到的对医师角色的困惑、对临床发挥的担忧和对沟通能力的不确定等等，都要求不断提高跨文化传播的理念与能力。③ 有学者对中国品牌的跨文化传播面临的机遇和挑战进行研究，认为在不同文化背景下的消费者，要使他们在精神上认同品牌、认同品牌文化，才能真正提升品牌的价值。④ 当前，面对复杂诡谲的国际环境，国际传播理论需要探索对话合作、包容尊重、弘扬全人类共同价值的跨文化传播理论和方法的新路径⑤。在运用跨文化传播理念解决问题方面，如《跨文化视角下中国书法文化传播效果研究》提出，全球化语境下让中国书法走向世界，要加强书法教育及传承，利用多种媒体和国际舞台，打造国际交流平台。《筷子：饮食与文化》立足跨文化传播背景解读中国的传统饮食文化，提出运用新媒体技术扩大受众范围。担负着文化传播的重任的国际中文教师，要秉承多元共生、命运与共的跨文化传播理念，以文化共性吸引学生形成师生共生传播主体。⑥ 对于如何讲好中国政治文化的故事，有学者提出运用跨文化传播的边缘策略，即从文化外

---

① 孟建，符艺娜：《跨文化传播的新场域——基于国际 A 类电影节获奖中国电影的研究》，《上海交通大学学报（哲学社会科学版）》，2023 年第 9 期。

② 黄敏：《文旅融合背景下文创产品跨文化传播路径优化》，《社会科学家》，2023 年第 5 期。

③ 李芳，张红玲：《中医药文化海外传播的困境与出路》，《中南民族大学学报（人文社会科学版）》，2024 年第 2 期。

④ 张剑：《中国品牌面向东盟的跨文化传播研究：机遇、挑战及建议》，《广西大学学报（哲学社会科学版）》，2023 年第 5 期。

⑤ 肖珺：《跨文化传播视域下中国国际传播的逻辑要点》，《湖北大学学报（哲学社会科学版）》，2023 年第 4 期。

⑥ 彭小琴：《国际中文教师跨文化传播路径研究》，《传媒》，2023 年第 16 期。

围的符号、外在直观事物和生活方式出发，讲好器物的故事，即中国的物质富足与技术进步，挖掘历史的故事，展示中国社会主义革命的历史生活、中国乡村生活图景等。① 对于如何推动民族传统艺术跨文化交流，有学者认为应从强化价值导向、拓展传播手段、培养传播人才、注重数字赋能等方面着手，以共同性引领、建立对话交流平台、提升跨文化传播能力，推动中华优秀传统文化的创造性转化。②

（二）转文化传播理念

转文化传播（Transcultural Communication）产生于去中心化、多元格局的新全球化时代媒介环境，史安斌教授在 2018 年《从"跨文化传播"到"转文化传播"》一文当中，最早在国内提出转文化传播的理念，其理论来自于西方转文化性、转文化、批判转文化主义等，转文化传播在当今全球化和媒介化时代崛起，"与人类命运共同体等理念内在相通"③，更加体现文化间的平等对话与交流，尊重文化差异性并重视文化多样性，"转文化传播已超越跨文化传播成为新的国际主流传播研究视角"④。鉴于历史上和当前世界最大的传播单位不是国家，而是文明，传播学的核心对象与内容是内在的深层传播机制，文明传播的研究宗旨是探究文明内在的传播秩序、价值导向等规律性问题。新全球化时代，在应对政治生态嬗变和媒介生态变革的基础上，国际传播发生了从"跨文化传播"向"转文化传播"的概念变迁，而"转文化传播"是人类命运共同体理念在传播领域的具体化，倡导的是文化的平等对话、广泛融合和自由切磋，致力于建立一个平等交流、和谐发展、共同繁荣的新世界，不以文化的自我复制实现侵略式传播，注重的是文明互鉴而不是文化同化，强调"你

① 张健、宋玉生：《如何讲好中国政治文化的故事？——论跨文化传播的边缘策略》，《新闻界》，2024 年第 4 期。

② 段亚青：《中华民族共同体视域下民族传统艺术跨文化交流的逻辑理路》，《中南民族大学学报（人文社会科学版）》，2023 年第 12 期。

③ 陈思甜：《转文化传播：缘起、演进与本土化可能》，《青年记者》，2023 年第 21 期。

④ 冯薇：《全球本土化与本土全球化：国家形象转文化传播的新趋势》，《山西大学学报（哲学社会科学版）》，2023 年第 3 期。

中有我、我中有你"的文化杂糅①。因此，"转文化传播"主要任务是"下大气力加强国际传播能力建设，形成同我国综合国力和国际地位相匹配的国际话语权"②，这也是加强中华文化海外传播的目标之一，转文化传播理念指明了文化传播未来发展的重要方向。

当世界进入"新全球化时代"，原有的"跨文化传播"理论架构已经无法充分含括和解析全球社会与文化之变局，文化传播必须掌握升级为"转文化传播"的理念才能准确把握当下③。因此，新征程上的文化传播必须推动转文化传播理论的应用实践。如三星堆考古实现科学与艺术的共融，以动漫、短视频等新媒体为传播平台，开展文物数字化采集、3D 云上展馆等数字化服务，其文化符号通过强调"开源开放、互联互通、共生共荣"的转文化传播理念，达到国际传播效果。④有学者基于"转文化传播"中人类命运共同体的核心理念、平台世界主义和多元赋权的关键点，以国际传播编码解码过程的传承与创新，分析 2022 年北京冬奥会吉祥物"冰墩墩"如何在共情机制的作用下取得了较为理想的"转文化传播"效果。⑤有学者从翻译入手，提出跨越语言与文化边界的叙事及其翻译应当引入更接近现当代文化及其翻译原貌的"转文化性"理论，从而更加关注文化交融过程和文化共同之处，激发潜在的语言和文化活力，寻求动态的平衡关系⑥。还有学者通过辜鸿铭、李子柒在文化对外传播实

---

① 马龙，李虹:《论共情在"转文化传播"中的作用机制》《现代传播（中国传媒大学学报)》，2022 年第 2 期。.

②《习近平在中共中央政治局第三十次集体学习时强调 加强和改进国际传播工作 展示真实立体全面的中国》，新华网，http://www.xinhuanet.com/2021-06/01/c_1127517461.htm. 2021-06-01。

③ 史安斌，盛阳:《从"跨"到"转"：新全球化时代传播研究的理论再造与路径重构》，《当代传播》，2020 年第 1 期。

④ 袁梓潆:《转文化传播视域下三星堆国际传播路径探析》，《传媒》，2023 年第 10 期。

⑤ 马龙，刘露雅:《编码与解码："转文化传播"中的传承与创新》，《传媒》，2022 年第 21 期。

⑥ 张漤洁，任文:《翻译与文化：从文化间性到转文化性》，《社会科学研究》，2022 年第 6 期。

践过程的分析，提出转文化传播侧重对文化本身的科学转化与包装，要从"文化内容性转化、生态适应性转化、传播媒介性转化、受众视域性转化等方面着手"，实现传播范式的有效转变，从而破除跨文化的交流障碍，在输出文化当中提升国家形象。① 因此，中华文化对外传播急需切换"转文化传播"的理念与模式，从创新路径出发提升国际传播能力，包括"兼顾普适性与特殊性的文化杂糅、创造中华文化国际传播的迷因产品、增强基于日常生活的软性议题挖掘、重视非国家叙事的复调式传播"。②

二、构建"政府＋民间＋企业"的传播渠道拓展机制

文化传播渠道的多样化有利于实现资源配置系统化和文化传播效果的多样化，应大力丰富传播渠道，形成多维拓展机制，从而构建起系统完备、协同运作、同向发力的传播体系。"只有将官方媒体资源配置与民间传播资源配置结合起来，加以系统整合"，构建起龙头带动、主体多元、渠道多样、辐射力强、自成矩阵的大传播格局③，才能真正取得良好的国际传播效能。

（一）政府作为主导型的传播渠道

文化传播离不开国家主体，官方渠道是中华文化海外传播的主渠道，新时代仍然需要进一步巩固和加强，面对当前国际政治变局和传播环境的变化，有必要基于政府传播的历史经验探索建立适应于新时代的政府传播理论体系。政府传播渠道主要包括经济谈判、军事交流、孔子学院、民间交流等外交（或公共外交）行为，也包括新媒体渠道。④ 以政府为主导的文化传播特别是要"着

① 姚志奋：《国家形象对外"转文化"传播的理论重构与实践选择——以辜鸿铭与李子柒的文化传播为例》，《理论导刊》，2021 年第 10 期。

② 王佳炜：《中华文化国际传播能力建设的"转文化"创新路径》，《青年记者》，2022 年第 18 期。

③ 王景云：《中华文化国际传播效能的提升之策》，《思想理论教育》，2023 年第 12 期。

④ 刘小燕，崔远航：《政府传播研究的多元路径与未来方向》，《中国人民大学学报》，2021 年第 5 期。

力打造具有较强国际影响的外宣旗舰媒体。"① 从权威性、主导性、公信力出发，建设以"国际一流新型主流媒体"中央广播电视总台、"世界一流、具有强大综合实力的国际传播机构"中国外文局、"新型世界性通讯社"新华社等为代表的一流媒体平台。

从公共外交的角度来看，文化外交作为公共外交的最初表现形式，也是塑造国家形象的重要表现形式，相关的文化交流机构应承担其文化外交的主要任务。文化外交的主要方式有出版文化作品、开展交流活动、承办相关项目等。如，向海外出版发行多语种刊物，推动国际广播节目、影视作品以及其他宣传资料输出，承办或参与国际上各种各类文化交流活动，奥林匹克运动会等国际性赛事，与世界各国一起开展国家教育交流项目，积极参与对其他国家的各类援助项目，以及我国各省市与其他国家共建友好城市等。在公共外交当中，外交官和政府发言人的形象，参加世界性组织和论坛等对外交流活动的政府部门官员的形象，是代表和传播中华文化的一面旗帜。习近平总书记提出并倡导中国特色大国外交理念，构建中国特色大国外交话语体系，其传播主体就包括党和政府、国家领导人、新闻发言人、新闻媒体、跨国企业、社会团体和非政府组织以及公民个人，其中就有官方性质的党和政府以及国家领导人，他们既是决策主体，也是实施主体和评估主体，其权威性显然高于其他主体②。主场外交活动一直以来是彰显大国风范和大党形象、传播中华优秀传统文化的重要契机，我国在举办亚太经合组织领导人非正式会议、"一带一路"国际合作高峰论坛、中国共产党与世界政党高层对话会，承办奥运会和世博会等过程中，国家外交、城市外交和文化交流的活动和机制都为中华文化交流提供了渠道，参与者、交流者的形象和表现同样是中华文化的一种展示，如"一带一路"高峰

---

① 《习近平谈治国理政》第二卷，北京：外文出版社，2018 年版，第 333 页。

② 胡开宝，杜祥涛：《中国特色大国外交话语的传播研究：议题、现状与未来》，《外语教学》，2023 年第 6 期。

论坛使所有人都想成为中国朋友①。此外，还有外交活动中的"国礼外交"也是形塑中国国际形象的外交手段，正是在"全球不确定"中寻求政治合法性以及国际认可度的稳定输出和对话方式，成为支撑"国—国"关系，构建"中国—国际"良好关系的途径。②

从公共宣传的角度来看，官方媒体是以政府为主导的重要宣传渠道，包括官方电视、报刊、广播等传统媒体，以及其在新媒体时代发展而来的官方微博、官方公众微信号、官方自媒体等平台账号，同样具备政府的权威性、公信力和专业性。习近平总书记在给中央广播电视总台的贺信中就曾强调，要"打造具有强大引领力、传播力、影响力的国际一流新型主流媒体。"③新时代的广播电视需要加强全媒体传播体系建设，激发全民族文化创新创造活力，推出更多增强人民精神力量的优秀作品，以国际化新语态、新叙事传播好中华文明，讲好中国的发展、创新、开放、生态、和平和共享故事。④《中国诗词大会》就是在当今的争夺国际话语权的文化语境下秉承对外传播中国形象的使命，依托官方电视媒体展现中华文化魅力，实现知识竞赛类节目跨越式发展。⑤习近平强调："党报、党刊、党台、党网等主流媒体必须紧跟时代，大胆运用新技术、新机制、新模式，加快融合发展步伐，实现宣传效果的最大化和最优化。"⑥如《广西日报》在2023年中国——东盟博览会开始前，就策划开设专版专栏进行宣传，并在广西云客户端刊发深度报道，受到柬埔寨华商日报、马来

---

① 《"一带一路"高峰论坛：所有人都想成为中国朋友》，海外网，https://m.haiwainet.cn/middle/3542296/2017/0425/content_30879433_1.html.2017-04-25。

② 申依婧：《新时期"国礼外交"的国际传播特征——一种"关系"视角》，《青年记者》，2023年第16期。

③ 《习近平致信祝贺中央电视台建台暨新中国电视事业诞生60周年》，《中华人民共和国国务院公报》，2018年第30期。

④ 覃榕，覃信刚：《铸就中国式现代化广播电视传播新辉煌》，《中国广播电视学刊》，2023年第2期。

⑤ 赵正阳：《中国形象的电视传播方式研究》，《当代电视》，2018年第10期。

⑥ 《习近平在中共中央政治局第十二次集体学习时强调：推动媒体融合向纵深发展 巩固全党全国人民共同思想基础》，《人民日报》，2019年1月26日。

西亚大马视野、新加坡新马传媒、越南之声等海外媒体的关注和推送①。新媒体时代，政府应充分运用新技术新手段，通过宣传中国近年来在经济、政治、社会、文化、生态文明等各个方面的发展状况，向海外民众展示中华文化的魅力，比如利用国外的社交网站建立政府账号，创新宣传方式制作丰富多样的短视频。

（二）民间组织作为公益型的传播渠道

中华文化对外传播是我国对外交流的重要组成部分，彰显了国家的软实力，要以民间化、公益化的方式不断丰富发展对外传播的文化产品和服务。如公共外交的参与者不仅仅是政府，也包括民间团体、社会组织的活动参与。因为如果只有官方的发声途径进行国际传播，那么文化传播就更像是带有角色扮演的"自我呈现"，并不具有"他者视角"的客观性，因此，"鼓励民间主体进行国际传播是题中应有之义。"②长期以来，中华文化海外传播的主要路径是以政府为主导的、以"送出去"模式为主的对外文化交流，民间组织的主动参与性不够，要创新文化传播机制，推动以非营利性的社会组织、开展志愿服务活动的民间组织为主体的文化传播活动，不断增加民间社团、艺术组织在中华文化对外传播当中的作用和影响，为他们提供交流渠道、大力支持以他们为主体的文化交流活动。"加强我国在国际社会民间组织建设，充分发挥行业协会、学会以及妇联、青联、学联等社团组织的对外传播作用。"③从西方主要发达国家建立非营利性的国际交流机构进行文化传播的经验来看，民间或者非官方组织的参与能够取得更扎实的国际认同成效，奠定更稳定的国际交往基础，发展更和谐的国际关系，比如日本国际交流基金会、德国阿登纳基金会、德国艾伯特基金会、德国赛德尔基金会等，民间或非官方概念上的国际传播可以获得更

---

① 谌怡秋:《共融愿景下面向东盟的国际传播——广西日报的创新探索》,《传媒》,2024 年第 2 期。

② 张雨龙，骆正林:《网红出海:商业景观与国际传播的耦合机制》,《新闻爱好者》,2023 年第 3 期。

③ 王景云:《中华文化国际传播效能的提升之策》,《思想理论教育》,2023 年第 12 期。

宽的话语空间。①

新时代的民间组织、社会组织传播还需要基于受众的"供给侧"改革提升传播效果，通过技术层面的革新传播优质内容，在"人人都有麦克风的时代"通过网络多级传播吸引粉丝，注重运用大众化的话语、网络化的话语进行"柔性传播"。② 社会组织传播能力与社会组织的公信力之间是双向正面促进的关系，加强社会组织的传播能力对于社会组织本身的高质量发展具有十分重要的意义，因而是一个双赢的过程。民间组织与官方组织的相互配合，同样也将起到相互促进的双赢效果。正如学者所说，国家形象的构建不仅需要主旋律为基底，更需要民间的发声，完成传播梯队的主体重组，通过千千万万的来自不同领域不同层面的中国故事汇聚成"中国故事的大合唱"，从涓涓细流到形成汪洋大海，而"民间每一个私语化叙事都能让西方受众感知一个模糊的'中国形象'，当若干个'图层'的'模糊'形象叠加时，一个丰富、立体、生动的中国国家形象便呼之欲出了。"③

（三）企业作为效益型的传播渠道

经济传播渠道在国际贸易发展过程中承载了更多文化传播的责任，商品中凝聚的文化价值观在国际贸易中起到了润物细无声的传播效果。西方就有许多文化创意商品，在世界范围内产生巨大的文化传播作用。在经济全球化背景下，随着经济贸易的增长，我们应该更加重视产品的文化创意，特别是在音乐、影视、服饰、旅游等产业产品中，用心添加和融入中华文化的元素和符号，提升产品的文化附加值，巧妙而深入地提升中华文化对外传播的效能。"一带一路"的文化产品贸易，就彰显了通过"贸易畅通"和"民心相通"渠道，

---

① 黄晓钟：《中国"外宣"呼唤开放非官方传播资源》，《西南民族大学学报（人文社科版）》，2006 年第 8 期。

② 邱梦华，孙士光，王雅萌：《受众理论视阈下社会组织传播效果提升路径研究》，《东南传播》，2023 年第 8 期。

③ 张雨龙，骆正林：《网红出海：商业景观与国际传播的耦合机制》，《新闻爱好者》，2023 年第 3 期。

提升中华文化影响力和软实力的重要作用。互联网时代，数字文化产品"走出去"是推动中华文化对外传播的一个重要途径，特别是受到青少年的喜爱与欢迎，包括网络游戏、网络文学、网络动漫以及网络服务等等，因而数字出版企业在文化"走出去"战略中具有十分重要的作用，要建立起中华优秀传统文化的内生联动机制和精品内容生产体系，"打造可视化呈现、互动化传播、沉浸化体验的精品数字出版物，让我国的数字出版产品更立体、更鲜活地'走出去'，给海外读者带来更强的精神感召和更优的文化体验。"①2024年8月20日，国产首款3A（高成本、高体量、高质量）游戏《黑神话：悟空》在全球同步上线，可以用"横空出世"一词来描述这一网络游戏在全世界产生的重大影响，甚至有外国网友开始"恶补"《西游记》，光明网评论其"一经发售，相关词条迅速登顶海内外多个社交媒体热搜榜单，持续刷新在线玩家纪录，带动众多相关取景地关注度翻倍，中国外交部甚至也回应其热度……"②。这个源自中国经典名著《西游记》的游戏使代表中国文化的中国元素"悟空"彻底"出圈"，使中华文化"出海"，既获得巨大经济收益，也获得了更大的文化传播效益。

文化企业是对外文化贸易的主体，文化企业主要通过文化商品的输出和对外文化服务进行文化传播，应以市场化的方式促进文化生产与传播，发展壮大文化产业，将文化产品和服务"卖出去"③。文化企业的规模和实力决定了该国在全球文化市场格局中的地位，文化企业应该实现社会效益与经济效益的统一④。提升经济效益是为了提升企业在国际上的竞争力，而提升社会效益是要在从事国外业务时承担对外文化传播的责任使命，打造并输出体现中华民族文

① 孙寿山：《我国数字出版海外传播体系建设的意义及路径》，《现代出版》，2022年第2期。

②《〈黑神话：悟空〉引发海外"西游热"》，光明网，https://m.gmw.cn/2024-09/13/content_37559954.htm.2024-09-13。

③ 田丰：《"卖出去"比"送出去"更能使文化"走出去"》，《中国社会科学报》，2010年7月22日。

④ 张秉福，齐梦雪：《我国对外文化传播能力提升论略》，《新疆社会科学》，2022年第1期。

化传统与当代精神的文化产品。有学者通过文化自信与文化产品贸易之间的深层关系研究提出，作为文化产品创作者和生产者的企业，要以坚定的文化自信深入挖掘和研究本民族文化底蕴和精髓，将之与产品的设计和制造相融合，生产出具有独特竞争优势的文化产品，同时也以开放包容的态度汲取其他文明的优质养分，与世界文化相融合，增强海外受众的接受度和喜爱度，进一步提高市场竞争力。① 近年来我国文创产品的迅猛发展为文化传播提供了新的方式和体验，"要打造品牌化、符号化的文创产品，离不开深厚的文化积淀，设计者不仅要深刻回顾历史文化，挖掘其中精髓，更要充分发挥文化的精神感染力。"因而文创产品的打造与输出要注重对产品的文化赋能，并结合互联网时代的主流传播方式，展现出民族文化的魅力②。

三、构建"全球化+媒介化+生活化"的传播运行转换机制

约瑟夫·奈强调，软实力依靠的是"共同价值观所产生的吸引力以及实现这些价值观所需要的正义感与责任感。"③ 中华文化对外传播要顺应时代发展，形成多向度的传播运行转换机制，共同塑造国家良好形象。

（一）推动文化传播全球化

美国社会学家罗兰·罗伯逊（Roland Robertson）认为，全球化不是单纯的经济问题、政治问题或国际关系问题，首先是一个文化问题④。文化全球化反映了多元文化共存、共构，相互交流和融合的现状和过程。日本学者星野昭吉提出"文化全球化意即全球文化的相互依存、相互作用以及文化角色之间的相互交流"⑤，文化全球化结果和全球传播的目标就是实现文明的和谐共生。因

---

① 汪颖：《文化自信与文化产品贸易可持续发展》，《当代财经》，2023 年第 5 期。

② 钱肖羽，刚强：《数字时代文创产品的符号化传播——以甘肃省博物馆文创产品为例》，《新闻与写作》，2021 年第 8 期。

③［美］约瑟夫·奈：《软实力》，马娟娟译，北京：中信出版社，2013 年版，第 10–11 页。

④ 汪田霖，吴忠：《全球化与文化价值观》，《学术研究》，2002 年第 6 期。

⑤［日］星野昭吉：《全球政治学》，刘小林，等译，北京：新华出版社，2000 年版，第191 页。

此文化传播的运用转换就要遵从文化全球化的趋势，形成文化传播全球化的运行机制。在很长一段时间，中国国家形象属于外媒"他塑"而非"自塑"，因此更需要建立全球化传播的视野和格局，主动出击。

当前世界反全球化、逆全球化思潮盛行，全球文化传播生态失衡加剧，逆全球化实际上是贸易保护主义的增强、西方话语霸权的强化。面对国外受众对中华文化了解不多甚至误读、中华文化对外传播时现代性元素融入不足，以及西方文化殖民和"西强东弱"的话语霸权等困局。文化传播的全球化是增进文化自信的重要途径之一，"中国文化自信不仅是一个中国式命题，也是一个全球式命题"①。全球化是客观存在的发展趋势，多元共存、交流互鉴、和谐共生是未来文化发展的常态。"逆全球化"只是全球化发展进程中的一个减速路障，要在西方的封锁打压中推动中华文化在对外传播中具有国际话语权，更要推动中国与国际间的对话沟通、寻求共识，搭建世界性的传播平台渠道，形成全球化的传播运行机制。重点是建立对外文化传播的对话沟通机制，在尊重民族文化差异和特色的基础上进行开放包容式对话、合作式对话，建立科学的国家文化整合传播机制，在找到中西方文化的共性当中有效传播中华文化品牌，建立对外文化传播的协同合作机制，鼓励多元主体参与，融入数字媒介传播技术，让世界了解立体、全面、真实的中国②。抵制全球化的效应反映在全球文化传播领域，就会阻碍文化交流，加剧观念鸿沟，加速文明单一化和同质化③。中国提出的人类命运共同体理念和文明交流互鉴主张，则是逆全球化背景下为世界文明的繁荣发展作出的新贡献。"全球化已经迈入一个新阶段，即'人类命运共同体'时代"。④

---

① 《效应、困局、对策：全球化场域下中国文化自信的三重观照》，《东岳论丛》，2023年第10期。

② 姜华，喻长友：《逆全球化背景下中国文化对外传播的实践路向》，《内蒙古社会科学》，2023年第4期。

③ 于运全：《逆全球化语境下的跨文化传播新动向》，《新闻与写作》，2020年第3期。

④ 金惠敏：《论文化自信与新的全球化时代》，《人民论坛·学术前沿》，2021年第8期。

（二）推动文化传播媒介化

20 世纪 70 年代后期欧美学者就开始讨论"媒介化"的概念，英国学者汤普森在《媒介与现代性》中提出"文化的泛媒体化"，欧美学者丹麦学者施蒂格·夏瓦在《文化与社会的媒介化》提出文化社会的发展已媒介化，都强调了媒介在文化流通当中的载体作用。社交媒体能够有效提升交际效能，突破一些"中国特色"（比如汉字）的障碍，与世界主流媒体话语体系接轨，与世界共创话语体系，让抽象的文化理论向具体化的生活世界转变，实现中华文化更有效参与世界文明的进程。互联网和人工智能快速发展的新时代，移动媒体时代创造了中华文化海外传播的新契机。移动媒体打破时空限制，找到了文化传播的多元路径。受众可以随时打开手机、iPad 等搜索获取信息，信息表达方式由传统的单一文字向文字、图片、动画、视频多元拓展，不仅降低了受众获取信息的门槛，还提升了信息接收的成效，改变了文化传播共享的路径与方式。

在全程、全息、全员、全效的全媒体传播环境中，媒介的网络化、智能化、数字化步伐使文化传播的运行机制向着适应数字时代和网络时代转换。Comscore 发布的《2019 年全球移动状况报告》显示，世界各地的移动媒体使用率不断增长，如美国从 2017 年 6 月至 2019 年 6 月期间，网民在线时长增加了 43%，其中大部分是手机上网。截至 2023 年 12 月，"我国网络视频用户规模达 10.67 亿人，占网民整体的 97.7%。"[1] 中华文化的海外传播就要充分考虑到受众的接受媒介所呈现出来的新特点，将数字化媒介、网络新媒体作为文化传播的重点载体。其中，文化传播的"数字化生存"是一个新的领域，既包括文化传播借助平台资本力量的"数字化"存续样态，也包括文化传播的"数字化生存"表达形态。海德格尔曾说："世界变成图像，这样一回事标志着现代之本质。"[2]"媒介技术时代同时也是一个读图时代，现代社会逐渐被建构为

---

① 《第 53 次〈中国互联网络发展状况统计报告〉发布互联网激发经济社会向"新"力（大数据观察）》，《人民日报》，2024 年 3 月 25 日。

② 海德格尔：《海德格尔选集》，孙周兴，编译，上海：上海三联书店，1996 年版，第899 页。

一个图像化社会,'最大限度地吸引眼球'成为现代人的共同诉求。"① 图像成为视觉文化时代文化传播的最佳载体。以中华优秀传统文化当中的非遗传播的"数字化生存"为例,"对于多民族文化遗产在数字媒介空间里的重新诠释与扩散,则能够通过传播新技术与数字叙事的构建,营造出有利于中华多民族非遗传承发展的新生态。"② 智能媒体的高效发育,创造了新的生态媒体环境和新的网络虚拟文化,在数字媒介平台的迅速发展中,出现了"元宇宙"及"ChatGPT"这样的空间与平台,还有新浪微博系、腾讯系、抖音、B 站、快手、今日头条系、阿里系等短视频平台形成传播矩阵。因此,对待"数字化生存"新生态下的文化传播机制,既要当作一种挑战及时调整文化传播的策略与方式,适应从传统的媒介平台转向新兴媒介平台的时代变化与要求;更要当作一个机遇,鼓励支持数字媒介的发展并形成有效的传播矩阵,推动文化传播创新发展。

(三)推动文化传播生活化

对于文化融入日常生活,西方哲学家胡塞尔认为"生活世界"是一种先验的意识结构,哈贝马斯认为生活世界是由文化、社会、个性构成,这都是文化融入日常生活的理论支撑。马克思指出,人的本质是一切社会关系的综合,而人是文化传承的主体。当代文化正在逐渐成为视觉文化。"视觉符号构成了人们的生活空间,成为人们生活中不可或缺的重要部分,并深刻影响和改变着我们的生活方式和思维方式。"③ 以视觉文化传播为主导已经成为当前的主要传播形态,其本质就在于文化已经深入融入日常生活当中,推动文化传播必须实现传播模式、途径和机制的生活化、日常化。其中以短视频为例,"新入网的2480 万网民中,37.8% 的人第一次上网时使用的是网络视频应用。"网络视频(含短视频)在全面推进发展当中,内容供给不断丰富,"2023 年微短剧拍摄

---

① 杨向荣:《新媒介信息时代的文学传播及其反思》,《中国文学批评》,2021 年第 1 期。

② 汤书昆:《"数字化生存"条件下中华多民族非遗传播的新生态》,《上海交通大学学报(哲学社会科学版)》,2024 年第 3 期。

③ 揭晓:《视觉文化传播与意识形态日常生活化研究》,《社会主义研究》,2016 年第 1 期。

备案量达 3574 部、97327 集，分别同比增长 9%、28%。"① 图像时代在深刻影响日常生活进程的同时表明，过去包含在词语、概念中的抽象政治意识、法律意识、道德理念和价值信念的传播已经具有更加生动的影像传播形式，更加直观、形象、生动，也更易于被理解、接受和产生共鸣。正如丹尼尔·贝尔所指出，"视觉为人们看见和希望看见的事物的欲望提供了许多方便，视觉是我们的生活方式。"② 可以说是科学技术的发展孕育了新的文化传播形式，推动形成以视觉文化为中心的新的文化传播机制。

习近平总书记指出，宣传思想工作"关键是要提高质量和水平，把握好时、度、效，增强吸引力和感染力，让群众爱听爱看、产生共鸣，充分发挥正面宣传鼓舞人、激励人的作用。"③ 如何在读图时代使文化传播得到更多的认同和共鸣，党的十九大报告强调，要让中华优秀传统文化融入日常生活。党的二十大报告强调，要把社会主义核心价值融入法治建设、融入社会发展、融入日常生活。"④ 增进文化传播生活化理念，坚持传播内容的生活化，传播形式的感性化，让受众在喜闻乐见、润物无声的内容形式下接受文化传播背后的价值内核。当前，在社交媒体日益成为社会关系建构的重要平台的基础上，中华文化海外传播应探索以社交媒体走入世界"日常生活"的渠道和方式，在交往结构中实现文化的传播和彰显文化的价值。如李子柒在处理短视频当中运用的就是日常生活化的技术，将中华文化元素融入日常的柴米油盐生活和故事框架，使海外受众不知不觉就融入生活情境，接受、理解和传播相关信息，对中国的美食文化、田园文化、节气文化等有了更多的向往。

---

① 《第 53 次〈中国互联网络发展状况统计报告〉发布 互联网激发经济社会向"新"力（大数据观察）》，《人民日报》，2024 年 3 月 25 日。

② 孟建：《中国大众传播事业的发展与中国社会民主化进程》，《江海学刊》，2000 年第 3 期。

③ 习近平：《胸怀大局把握大势着眼大事 努力把宣传思想工作做得更好》，《人民日报》，2013 年 8 月 21 日。

④ 《中国共产党第二十次全国代表大会文件汇编》，北京：人民出版社，2022 年版，第 37 页。

一切文化活动都离不开语言，语言文化也是生活化的文化传播载体，语言学习交流是中华文化海外传播的重要媒介。美国当代人类学家 H. Goodenough 指出，语言与其他文化的部分相比，特殊性表现在"它是学习文化的主要工具，人在学习和运用语言的过程中获得整个文化"①。当前，国外民众对于中文的学习热忱和汉语的掌握程度都有大幅度增加，语言作为文化的载体对于文化传播至关重要，要让学习中文、研究中文的爱好者和学者作为中华文化传播的使者，发挥他们在中华文化海外传播当中的重要影响力，进一步提升国外受众对中华文化的接受能力。2024 年 5 月习近平总书记访问法国期间有互赠礼物的环节，他和马克龙总统不约而同选择的是学习语言的一个重要"钥匙"，那就是 1963 年版的《简明法汉词典》和 1742 年版的《汉法词典》②。词典既是汉语学习的工具书，其实也是日常学习工作中海外受众对中华文化进行深入了解的桥梁纽带，互赠词典就代表着两国在文明互鉴中以语言为承载形式的文化交流，具有深刻的历史根源和鲜明的日常生活气息。

四、构建"官方+社会+个人"的传播主体参与机制

主体性建设上，政府、跨国公司、民间组织等都是文化传播的重要力量，但是也要发展更多类别的主体，充分利用海外华侨华人、留学生群体和非政府组织等群体和组织，注重个人在文化传播当中的重要影响力。各个主体之间要形成文化传播的合力，就要构建传播主体参与和协作的机制，加强主体建设当中明确各类主体的职责，形成由政府主导，非政府组织、企业和个人等多元主体相互协作、相互补充的立体式传播格局，全面提升整体性的对外文化传播能力，加强对外文化传播实效。

（一）明确官方参与主体的首要责任

党委政府是文化传播的首要责任主体，包括中央、地方各级党委政府，切实履行中华文化对外传播的主导作用和主体职能。

---

① 丁丽蓉：《语言与文化关系视角下的大学英语教学》，《现代教育科学》，2010 年第 9 期。

②《伟大的作品，就是有这样一种爆发性的震撼力量》，《人民日报》，2024 年 5 月 7 日。

1.加强顶层规划设计，开展战略传播

习近平总书记在主持十九届中央政治局第三十次集体学习时强调，"必须加强顶层设计和研究布局，构建具有鲜明中国特色的战略传播体系，着力提高国际传播影响力、中华文化感召力、中国形象亲和力、中国话语说服力、国际舆论引导力。"①官方作为主体的首要责任就体现在战略思维和顶层设计上，要以习近平文化思想为指导，制定实施具有国际传播战略定位的文化传播战略，明确政府职能部门的作用和职责，正确判断当前中华文化海外传播的国际国内形势，加强文化传播的整体和长期规划，制定文化传播的发展战略和具体政策，推动形成文化传播多方着力的工作格局，形成共同的合力。而开展战略传播就是"政府或组织为实现国家战略利益和战略目标，动员协调各种资源，与特定目标受众进行沟通传递信息、施加影响的过程。"②以战略传播理念制定文化传播战略，要将具有中国特色的中国式现代化建设作为构建中国特色战略传播体系的核心，将文化战略与国家各项发展战略、安全战略等紧密结合起来，统筹规划并调动起多方传播资源和力量，要在资源、情感、渠道、效果层面谋篇布局，"定位中华文化的国际坐标，寻求高维高阶的共通理念。""从提升塑造力、感召力、传播力和影响力着手，加快形成助力中华文化走向世界、走入民心的新格局。"③比如政府为主导的主流媒体中央广播电视总台，为争取在全球重大突出事件报道中的"第一定义权"和增强中国媒体的权威性，建立了国际突发事件快速反应机制④。再如为应对数字时代视听电子文化产品的发展环境变化，打造具有国际竞争力的高质量电子产品，进一步推动数字产品的文化

---

① 《习近平在中共中央政治局第三十次集体学习时强调 加强和改进国际传播工作 展示真实立体全面的中国》，新华网，http://www.xinhuanet.com/2021-06/01/c_1127517461.htm. 2021-06-01.

② 陈虹，秦静：《中国特色国际传播战略体系建构框架》，《现代传播（中国传媒大学学报）》，2023 年第 1 期。

③ 张昆，张晶晶：《构建中华文化国际传播体系：时代语境、价值要义与战略布局》，《中国编辑》，2024 年第 4 期。

④ 程曼丽：《中国式现代化背景下的国际传播战略构想》，《电视研究》，2023 年第 3 期。

交流，工业和信息化部牵头，与教育、商务、文化和旅游、广播电视、知识产权等部门印发了《关于加快推进视听电子产业高质量发展的指导意见》，对音视频生产及相关技术、产品和服务的高质量发展进行顶层设计，为构建现代化视听电子产业体系提供指导。此外，有学者提出，面对Z世代（即数字原住民），要"开展面向全球Z世代的战略传播设计，构建面向全球Z世代的多元行动者网络，打造面向全球Z世代的对外话语体系"①，从而推进中华文明更好地走向世界。

2.加强文化公共外交

以官方为主导开展文化外交活动，并引导协调民间文化外交活动。"中国外交是世界文明大国、社会主义大国、发展中大国三位一体的产物，文化、政治、社会条件决定了中国外交的独特性"②，因而中华文化在外交场域中具有重要作用和影响。一方面，从发挥中国文化传播的积极性和主动性来看，文化公共外交能够充分彰显中华文化魅力，推动与世界各国建立更加友好的合作关系。那就要依托国家战略，特别是重视"一带一路"在中华文化传播中的价值作用，依托这一既具有深厚历史根基又具有伟大时代实践的重大战略在共建国家构建起文化传播新格局，开展文化外交活动；要利用好各个国际组织的力量，如上海合作组织、金砖国家新开发银行等总部设在中国的国际组织，与他们之间的文化交流更容易产生出对世界各国的文化影响力，彰显出中华优秀传统文化和社会主义先进文化的魅力，传播构建人类命运共同体的理念；要积极举办中国文化节活动，通过公共外交和部门间的合作，使中华优秀传统文化通过文化节成为对外文化交流的窗口。③另一方面，从应对西方话语霸权，维护好国家文化安全，传播中国声音，提升我国国际话语权来看，文化外交要以从

---

① 吴瑛，贾牧笛:《面向Z世代的国际传播:历史、理论与战略》,《社会科学战线》,2023年第12期。

② 杨洁勉:《中国特色大国外交和话语权的使命与挑战》,《国际问题研究》,2016年第5期。

③ 熊澄宇:《关于新时代传播与传承互动的思考》,《中国记者》,2023年第7期。

容自信的态度，提升应对西方国家的文化霸权威胁和意识形态侵蚀的能力，积极运用各种媒介平台，掌握国家文化主权与安全的主动权。如 2022 年 5 月 26 日美国国务卿布林肯在乔治华盛顿大学发表演说，攻击中国的政治、经贸、科技、主权等，中国外交部发布声明《美国对华认知中的谬误和事实真相》① 进行回击，中央和各级政府官网、官媒及其在国外平台都进行了同步发布，扩大了影响力，有效维护国家文化安全。此外，还要以公共外交为渠道加强文化交流，发挥组织协调、牵线搭桥的作用推动民间文化外交活动，支持和鼓励民间力量参与国家文化市场的文化交流和贸易等。

（二）明确社会力量参与主体的补充作用

在国际传播领域，日渐呈现出国家、跨国公司、国际组织及个人等多种传播主体相互支撑、配合又相互牵制、博弈的多重传播关系格局②。社会力量主要是指社会团体或形成整体力量的某一类群体，社会团体、民间群体等因为其非官方的性质和灵活广泛、形式多样的特点，在对外文化传播当中具有一定的优势和特色，能够起到对政府传播内容形式进行充分补充和丰富的重要作用。实际上 2013 年《中共中央关于全面深化改革若干重大问题的决定》中就提出了 "市场运作、社会参与" 的方式，即 "坚持政府主导、企业主体、市场运作、社会参与，扩大对外文化交流，加强国际传播能力和对外话语体系建设，推动中华文化走向世界。"③ 而且大众话语的传播比官方话语更加生动、通俗和易于被普通民众接受，他们多元化、个性化的观点可以推动国际社会对我国形成更加丰富的全方位认知图景。应 "呼吁多元主体参与对外传播，可以从政府发言人、政府驻外机构、中央媒体等，延伸到跨国企业、普通民众、国际志愿

① 施旭：《文化话语视域下的中国外交》，《浙江大学学报（人文社会科学版）》，2023 年第 11 期。

② 李智：《国际传播学》，北京：中国人民大学出版社，2020 年版，第 109 页。

③《中共中央关于全面深化改革若干重大问题的决定》，中国政府网，https://www.gov.cn/zhengce/2013-11/15/content_5407874.htm.2013-11-15。

者、海外中国通、民间团体等"①，从而打破了原有的上传下达、你说我听的单一话语传播方式，发展社会参与的多元传播态势。

企业作为社会力量的一大主体，通过文化贸易和文化交流活动在文化传播当中彰显了重要地位和作用。其中，跨国公司是国际传播的主导者之一，可以从国际广告和全球公关入手探索国际传播新方式，也可以通过平台媒介将公司、品牌和产品的信息传递给全球用户，以及把产品背后的文化传统和文化内核传递给全球用户。国际非政府组织也是社会传播主体的一个重要类别，"这类传播主体层次多元、类型各异、相对独立，应成为国际传播重要的补充。"②他们的优势就在于淡化了官方传播的意识形态色彩，使海外受众能够给予更多的关注和认同。出国和归国留学人员、海外华人华侨等也是传播中华文化的重要参与主体。"留学人员是世界了解中国、中国了解世界的重要桥梁和纽带"，要鼓励他们"用外国民众听得到、听得懂、听得进的方式，讲好改革开放、脱贫攻坚、共同富裕等中国故事，为提升我国国际话语权贡献力量。"要发挥海外侨胞和出国留学人员作为民间友好"使者"作用，发挥他们跨文化传播的作用，"鼓励他们为中国和住在国在经济、文化、教育、友城等各领域的民间合作牵线搭桥，""不断加深国外民众对中国制度、中国道路、中华文化的理解和认同"③。特别是海外华人华侨经营或参与的一些文化经营公司、企业团体以及一些华人社区，在中华文化海外传播当中起到了重要作用。因此，政府应当给予民间社会团体一定的传播职责和权利，在政策扶持、资金支持和业务指导上采取一定的举措，给予必要的帮助，提升他们在中华文化对外传播当中的物质基础、业务素质和活动空间，进一步打开文化传播新局面。

---

① 陈虹，秦静:《中国特色国际传播战略体系建构框架》,《现代传播（中国传媒大学学报）》,2023 年第 1 期。

② 郑天，李文健:《平台社会背景下我国提升国际传播能力的策略研究》,《青年记者》,2024 年第 4 期。

③ 本书编写组:《中央统战工作会议精神学习问答》,北京:人民出版社,2022 年版,第 93、155 页。

（三）明确公民个人参与主体的桥梁作用

普通民众是民间话语主体，在对外文化传播中具有更为广泛和重要的地位作用和影响力。因为每一个个体在日常的生活和社交中，通过特定机遇下的宣传，都能以自己的言行代表中华文化乃至国家的形象。政府不再是主要和唯一的传播国际形象的主体，个人摆脱了依附地位，成为国家形象的塑造主体之一。有学者提出四类具有重大影响力的"国家形象代言人"：国家领导人、第一夫人、文体艺术名人与企业家，从个人的角度强调了具有代表性的个体在塑造国家形象中形成国际影响的重大传播效果。[①] 信息全球化时代，个体之间的文化交流更加频繁、内容形式更加多样，产生的影响是潜移默化的。新媒体技术下传播主体逐渐"去中心化"，人人都有麦克风，普通大众都可以广泛运用各种传播平台发出声音，对外传播。特别是短视频传播平台所具备的生产流程简单、制度门槛低、全民参与性强等特点，推动传播话语权进一步向去中心化转移。而短视频的在场交流同时获得观众的转发、点赞、打赏、评论等多方面的回应，具有强烈的社交属性和传播效能。以网络视频为代表的新媒体传播平台，"为个体生命创造了一个'私人生活空间'，使平等的沟通对话、充分自主的选择权利、自由的情绪表达、发掘潜能的创造、自我价值和意义的生产得以充分实现。"[②]

因此，国家应该更加重视中华文化的宣传教育，增强广大国民对中华文化的自觉性和自信心，在传播中华文化当中的使命感和责任感。作为中华儿女，不管是长期居住在国内还是临时出国的普通公民，或是已经定居海外的华人华侨，都应该形成传播中华文化的行为自觉，发挥好重要的桥梁纽带作用，传递中华文化精神。当前全媒体时代，各级具有传播职能的单位或主流媒体，就要顺应传播主体大众化的潮流趋势，创新打造具有吸引力的传播主体，培养

① 薛可，黄炜琳，鲁思奇：《中国国家形象个人代言的传播效果研究》，《新闻大学》，2015 年第 2 期。

② 吴雷：《网络短视频社群传播：个人主体性的实现与限度》，《当代电视》，2019 年第 8 期。

具有代表性和影响力的传播个体。如中央人民广播电视总台以年轻态表达传递青春主旋律，创新培养"出圈"的主流网红主持人，"最典型、最具代表性的网红主持人，当属'央视 boys'：康辉、撒贝宁、朱广权、尼格买提。"他们本来因为是央视主持人具有国民基础，又以扎实的业务能力、有网感的表达在互联网上受到欢迎，成功"出圈"①。在网红经济快速发展的今天，"一批中国网红在海外获得受众关注"②，网红出海成为大众传播中的重要一环。要在加强思想政治引导中打造好具有影响力的个人 IP，如李子柒的国外走红就证明了个人 IP 在中华文化海外传播中具有重要作用和影响，走红的同时更加需要官方的支持和引导，将个人 IP 打造成为具有个性化的独特文化标签。还有一些外国网红从他者视角讲述中国故事，成为中外文化交流的纽带，"外国网红积极分享中国各具特色的区域文化，可以凸显中华文化的竞争力，为海内外观众呈现丰富多彩的中国形象。"如 B 站中粉丝超过 90 万的"Amy 艾米饭""阿福 Thomas""歪果仁研究协会""我是郭杰瑞""杰里德 Jared""肖恩 Shaun-Gibson""Barrett 看中国"等账号主体，他们通过短视频讲述在中国的生活体验，成为跨文化传播的使者，如《自从这群跨国家庭在中国过春节以后》介绍了中国的民俗文化，《第一次坐中国高铁！比美国高铁快好多！》呈现了中国的人文社会，特别是改革开放以来的经济社会和国家实力的发展速度，《外国人硬核挑战中文词汇量》分享了中国的语言文化等③。因此，打造文化传播矩阵必须构建多元化的传播主体，更加注重培养传播个体的力量。

---

① 路建宁：《中央广播电视总台年轻态表达的"出圈"传播路径》，《传媒》，2023 年第 20 期。

② 张雨龙，骆正林：《网红出海：商业景观与国际传播的耦合机制》，《新闻爱好者》，2023 年第 3 期。

③ 李鸢莹：《短视频对外传播的创新实践——基于在华外国网红的研究》，《青年记者》，2024 年 4 月 10 日。

第二节　构建中华文化海外传播的整体协作体系

党的二十届三中全会在《中共中央关于进一步全面深化改革、推进中国式现代化的决定》中明确，深化文化体制机制改革的一项重要任务就是"构建更有效力的国际传播体系"，具体是"推进国际传播格局重构，深化主流媒体国际传播机制改革创新，加快构建多渠道、立体式对外传播格局。加快构建中国话语和中国叙事体系，全面提升国际传播效能。"① 中华文化海外传播的整体协作系统，既有海外传播各要素主体的协同，传播系统的协作，还有传播话语的协调。推动中华文化海外传播这一系统工程，需要统筹国际国内资源，坚持政府主导、企业主体、市场运作、社会参与原则，凝聚多方力量形成多元合力。结合传统媒体和新媒体技术，对传播主体、受众、传播内容、传播方式/路径、传播媒介及传播效果做全方位的反思和分析，构建中华文化海外传播的整体协作体系。

一、构建多元主体协同体系

中华文化本身是一个融合经济、政治、社会等各个方面内容的复合体，在中华文化传播过程中展示的是中国经济、政治、社会、文化和生态文明等多个方面的发展成果和特色优势，展示的是一个全方位、综合性的中国形象，不能光靠一个部门、一种力量来开展传播，而是要推动多元主体的协同，调动好各个方面的人力、物力、财力，集合起最大范围的力量共同推进，塑造出涵盖各个方面内容、具有中国特色的文化大国形象，展现出中华文化的独特魅力。

（一）从"文化自我"的角度加强主体协同

在以中国式现代化全面推进中华民族伟大复兴的新征程上，全球传播格局也面临着从"西强我弱"向"东升西降"过渡的"百年未有之大变局"，赋

①《党的二十届三中全会〈决定〉学习辅导百问》，北京：学习出版社、党建读物出版社，2024年版，第39页。

予了中国国际传播双重任务，对外推动建构平衡的世界传媒秩序和国家传播格局；对内建立起与综合国力相匹配的国内传播矩阵，形成有效传播能力体系。[①]而国内传播矩阵的形成就需要加强传播主体的协作，形成主体合力，特别发挥各个领域专业技术人员的合力。因为专业的传播者不仅要懂得本国的文化，也要懂得对象国在物质、制度和精神三个层面的文化，不仅要通晓本国的语言与非语言符号系统、认知体系、规范体系、社会关系和社会组织的体制、物质产品，也要明白文化传播对象关于这五个方面的文化要素。[②]党的二十大报告明确要求，增强中华文明传播力影响力，就要在推进国际传播能力建设当中展现可信、可爱、可敬的中国形象。承担中华文化海外传播责任的多元主体来自不同领域、具有不同特征、掌握不同渠道、采用不同方法，主体的多元特性就契合了真实、立体、全面的多方面要求，推动形成可信、可爱、可敬的中国国家整体形象。形成多元主体协同机制、实现多元主体协同运作必须发挥每一个组成部分的重要作用，从而形成中华文化海外传播的高效格局[③]。新媒体语境下，面对西方国家率先取得强大话语权，形成信息传播的排他性，从而有意无意对中国国家形象进行扭曲的境遇，首先就要打造多主体协同的传播格局，借助新媒体传播空间的开放性，整合传播主体的力量，形成政府与民间力量共同参与的良好氛围。

多元主体协同机制的形成必须明确好各自的地位作用和主要职责。其中，充分发挥政府的主导性作用，政府及有关部门要履行好领导者、管理者、把关者的责任，担当起国家形象对外传播的主体职责，同时做好顶层设计规划、推动组织运行、加强监督管理等工作，作为跨文化传播这一系统工程的首要责任者，整合起其他主体资源，统筹协调；各类媒体要主动履行传播主体和载体角色，既要发挥传统媒体如报刊、广播电视、通讯社的作用，更要积极融入新

---

① 姜飞，张楠：《国际传播与跨文化传播 2021 年研究综述》，《全球传媒学刊》，2022年第 1 期。

② 关世杰：《国际传播学》，北京：北京大学出版社，2006 年版，第 158-163 页。

③ 张恒军：《多元主体协同治理：中华文化海外传播的新趋势》，2018 年第 9 期。

媒体，整合脸书、推特、优兔等具有代表性和影响力的西方社交媒体的力量推动中华文化海外传播；社会组织和民间团体应起到重要的辅助作用，比如群团组织、非营利性的政府组织、民办非企业单位、基金会、社会组织和宗教团体等，积极开展或参与有关文化传播活动；企业应发挥好自身优势，在经贸活动中打造良好企业和企业家形象，直接或间接传播中华文化；个人是中华文化传播的新生力量，从平民化视角入手能够采取更加贴近生活的传播模式，拉近传播主体与受众之间的距离。不管是保留中国国籍的华侨和拥有中华文化根基血脉的华人，还是在外从事公务活动、商贸活动、学术活动或者旅游活动的出国留学人员和其他个体，抑或是能在海外线上发言讨论具有一定影响力的个人，都应该注重个人形象在某时某地对于国家形象和中华文化的关联性和重要性，强化传播中华文化的理念和责任。为加强多元主体协作，还要注重培养专业人才队伍，教育、科研机构应主动承担培养传播人才队伍的重任，既要大力打造具有新媒体传播专业性知识和技能的人才，充实到政府、媒体、企业、社会组织、民间团体等开展文化传播的组织集体以及以网红为代表的个体当中，也要大力打造一批既精通国际传播规律、传播能力建设，又熟悉文化传播历史与实践的复合型研究人才，推动文化传播向专业化、精准化、科学化方向发展。

（二）从"文化他者"的角度推动主体协同

中国文化海外传播涉及跨文化传播，"文化他者"是跨文化传播研究的对象，指来自其他文化背景中的作为该种文化代表的主体，可能是一个人，也可能是一个组织，比如中国大学里的留学生和跨国公司。"文化他者"在跨文化传播当中具有很强的优势作用，既对文化传播内容有着深刻的跨文化意识和文化自觉意识，又能联通国际传播的"最后一公里"。随着近年来来华留学生的数量攀升，中国成为亚洲最大的留学目的国，留学生的生源结构也在不断优化当中，这一"留学生红利"是推动中华文化海外传播的有利条件，对当前仍以中国志愿者为主的文化传播工作提供了新的更为有效的"他方"视角和渠道，发挥出原来的传播者可能不具备的文化桥梁和传播功能，达到"文化相知、故事相传、民心相通"的良好效果，让中华文化真正"走出去"①。如华侨大学近年来探索成功的"华文星火"项目，鼓励留学生作为志愿者在假期回国期间传播中华文化，推行了趣味中文课堂、"星火"文化体验课堂、"留学中国"分享会、"成长向导"等为当地学生展现当代中国的传播模式，开展了结合传统节庆具有中华文化特色的主题活动，链接了海外院校，实现了面对面的"人际对外传播"，以个性化的方案、更加贴近民众的方式实现了中华文化分类化有效性传播。此外，随着越来越多掌握汉语的外国人的增加，比如驻华使馆和经济代表若干年前很少有人会讲中文，但是现在几乎都能讲熟练的中文，说明汉语的普及度越来越广，这一部分对汉语具有兴趣的外国人可以纳入中华文化海外传播的传播主体当中，成为突破国际传播效果"最后一公里"的主体。

当前，"'洋网红'在海外讲述中国故事的现象日益引起关注"，他们"被认为是中国形象'他塑'的组成部分，能够为中国故事的国际传播提供新的可能性。"作为跨文化的讲述者，"洋网红"具有区别于本土传播者的优势就在于拥有双重的文化身份背景，能够弱化传播者与对象之间的意识形态差异，降低文化折扣和消除认知偏差，他们在中国形象的"他塑"作用十分明显。②"洋网红"以他者的视角诠释了他们对中国文化的独特理解，是全球传播语境下"转文化传播"的生动写照。"活跃在社交媒体平台上的洋网红不仅将国外的讯息带给中国受众，而且对中国的本土文化进行加工再生产，客观上践行了'跨文化传播'和'转文化传播'两种范式。"③他们的传播从地理上和心理上更容易与受众产生共鸣，如郭杰瑞（Jerry Kowal）的转文化传播是从中国文化"就地取材"，将美国的价值观微妙地融入其中，以美国人的视角诠释中国文化，消除了对中国的刻板偏见，推动文化交流的尊重理解。因此需要对这一主体既

① 袁媛，卢鹏，韩昀:《中华优秀传统文化对外传播实践路径探索——基于华侨大学"华文星火"中华文化海外传播实践项目》,《思想教育研究》, 2019 年第 7 期。

② 赵永华，廖婧，窦书棋:《中国形象的"他塑":"洋网红"对海外受众认知、情感和行为的影响——基于 You Tube 视频受众评论的分析》,《新闻与传播评论》, 2024 年第 2 期。

③ 徐敬宏，张如坤:《何以圈粉?"转文化传播"的效果研究——以"洋网红"郭杰瑞为例》,《西南民族大学学报（人文社会科学版）》, 2023 年第 7 期。

作为中华文化传播者，同样也是中国国家形象建构者、国家间话题的讨论者引起重视，充分发挥出他们作为"文化他者"在文化传播矩阵当中所显现的独特作用，加强与其他文化主体之间的联系、交流与合作，推动形成更加融洽的传播格局；也要理性看待这一群体的崛起，及时关注他们的传播内容和影响力，特别是对他们生产传播的内容进行正确的引导和把关。

二、构建多层系统协作体系

中华文化海外传播是一个系统工程，《关于实施中华优秀传统文化传承发展工程的意见》提出，要"充分运用海外中国文化中心、孔子学院，文化节展、文物展览、博览会、书展、电影节、体育活动、旅游推介和各类品牌活动，助推中华优秀传统文化的国际传播。""加强'一带一路'沿线国家文化交流合作。鼓励发展对外文化贸易，让更多体现中华文化特色、具有较强竞争力的文化产品走向国际市场。"[①]因此，在国家传播战略下，需要建立多层次的协作系统，包括大国公共外交系统、传播能力建设系统、现代新型传播系统，共同形成多层次的文化传播合力。

（一）大国公共外交系统

通过构建大国外交系统打造具有中国特色大国外交平台。2014年，在中央外事工作会议上，习近平总书记强调，中国必须有自己特色的大国外交，使我国对外工作有鲜明的中国特色、中国风格、中国气派。党的十八大以来，习近平总书记要求"开创性推进中国特色大国外交"[②]，他本人作为"中国首席外交官"遍访世界各国，在不结盟的原则下广交朋友，传递了热爱和平、谋求共赢的新的负责任的大国形象，以"大国领袖外交"的形式形成了具有中国特色大国外交格局，也形成了作为中国特色大国外交根本遵循的习近平外交思想。通过大国外交的多层次、多元化交流，打造一个多层次、多渠道、全方位的大

---

① 中共中央办公厅 国务院办公厅印发《关于实施中华优秀传统文化传承发展的意见》，中国政府网，https://www.gov.cn/zhengce/2017-01/25/content_5163472.htm.2017-01-25。

②《习近平著作选读》第二卷，北京：人民出版社，2023年版，第176页。

国外交格局，促使我国和伙伴国之间的交流、沟通、合作更加顺畅和有效，从而有针对性地根据伙伴国特点建立起符合双方利益需求的话语平台，推动主场外交、重要出访、多边活动等多种形式的文化交流。中国特色大国外交定位展现出中国特色、中国气派和中国风格，通过提出《全球发展倡议》《全球安全倡议》和《全球文明倡议》等，做全球发展的贡献者、国际秩序的维护者、世界和平的建设者、公共产品的提供者。①

构建人类命运共同体是中国特色大国外交在全球层次的总目标。当人类处在后金融危机时代，当全世界对于建设一个什么样的世界和怎样建设这个世界提出疑问时，崛起中的中国基于中华文明突出的包容性特征，"力主以建设性方式管控分歧、解决争端，为全球和平与发展贡献中国智慧，倡导并践行多层次、多领域的人类命运共同体构建，从而推动构建和而不同、美美与共的人类文明新形态。"②中国的态度既传承中华优秀传统文化基因，也是马克思主义为人类解放事业、为人的自由发展而奋斗的理念彰显。构建人类命运共同体的理念通过中国特色大国外交，向全世界展示了中国和中国共产党胸怀天下的责任担当，彰显了"各美其美，美美与共"的文明互鉴价值理念。新型国际关系是中国特色大国外交的鲜明特征，核心是"合作共赢"，推动构建全球伙伴关系。习近平总书记强调，"伙伴意味着一个好汉三个帮，一起做好事、做大事。"③与全球各国建设起范围广、质量高的伙伴关系网络，对于中华文化的对外传播、国家形象的塑造和传达更是极大的助力，能够在与各国朋友的交流当中增进相互之间的尊重、理解与认同，以更加开放包容的态度接纳各自的文化传统和核心价值，更能够推动具有共同发展需求的地区乃至全球加强区域性或全球性合作，搭建起文化交流合作的平台，构建起多元化的国际文化交流合作体系。如中国共产党与世界政党领导人峰会、中国共产党与世界政党高层对话会

---

① 高原，薛忠义：《中国特色大国外交定位的基本逻辑》，《学术探索》，2024 年第 2 期。

② 薛力，苗蓓蕾：《人类文明新形态与中国特色大国外交：思想源泉与实践路径》，《俄罗斯东欧中亚研究》，2023 年第 6 期。

③《习近平谈治国理政》第二卷，北京：外文出版社，2017 年版，第 454 页。

等，推动世界各国政党加强治国理政经验交流互鉴，以政党的共同责任为人民谋求幸福生活。

（二）传播能力建设系统

"国际传播系统是物理系统、抽象系统以及人类活动系统交叉复合的产物。具体来说，目标系统、主体系统、平台系统是国际传播复杂系统的三大核心子系统"[①]。自党中央提出加强国际传播能力建设以来，建立具有中国特色的战略传播体系是新时代的目标要求。习近平总书记在中央政治局第三十次集体学习中强调，"要创新体制机制，把我们的制度优势、组织优势、人力优势转化为传播优势。"[②]构建传播能力建设系统，这是一个统筹参与传播的各类主体，加强各类主体整体传播能力建设的系统，就是一种将制度、组织和人力优势进行转化，提升国际传播能力的机制创新。国际传播强国都在推行多元主体参与的跨文化传播战略，在顶层设计主导下，构建了中心明确、层次丰富、多元行动者共同参与的国际传播格局。如美国在上世纪50年代就将官方和民间斗争纳入顶层设计中，成立新闻署统管意识形态宣传竞争，以外事服务局为基地培训美国外派使领馆、商务甚至军事人员。[③]

我国的国际传播能力建设存在主体优势，因为党政主导的国际传播系统本质是为了服务人民。但是国际传播的整体战略系统性并不足，主体之间协同性不够。需要充分认识到，在国家的主导下，媒体、人文交流、企业、事业机构，乃至每年1.4亿出境人口都是我国国际传播的主体。[④]首先要成立协调各类传播主体力量的顶层机构，加强传播战略、传播方式、传播能力的顶层设计，谋划国家战略布局，构建良好的文化传播模式。其次要形成相关规程与

---

① 蒋东旭，胡正荣：《系统思维与顶层设计：新时代国际传播布局的逻辑与实践》，《当代传播》，2022年第2期。

②《习近平在中共中央政治局第三十次集体学习时强调 加强和改进国际传播工作 展示真实立体全面的中国》，新华网，http://www.xinhuanet.com/2021-06-01/c_1127517461.htm. 2021-06-01。

③ 姜飞：《如何走出中国国际传播的"十字路口"》，《国际传播》，2016年第1期。

④ 胡正荣：《国际传播系统性创新的时候到了！》，《综艺报》，2021年第12期。

机制，将从中央到地方、从组织到个体、从全面到个别领域的传播主体统筹起来，将中华文化海外传播的知识体系、有关数据、共享平台统筹起来，争取全面掌握，加强协同管理。再次要加强对各传播主体的传播能力建设、培育，致力于共同提升中华文化海外传播的能力。一支国际化的高素质的人才队伍是传播能力的重要体现，而各个主体之间甚至是同一种传播主体之间能力水平并不相当，如中央、省市和县级传媒平台的传播能力都是参差不齐。不仅要注重高水平、高质量的人才队伍培养，也要分层级、分类别、分领域进行传播能力培养，相互配合和补充，形成梯队。在国际传播能力建设系统当中，还需要有一些多层次、多类型、多元化的复合型人才：要培养具备国际化视野、了解世界发展格局，又熟悉中华文化和国内发展需求的人才队伍，要培养通晓中外文化具有深厚语言造诣的外语人才和翻译人才队伍，要培养从事传统书刊报刊、电影电视媒体工作和互联网新媒体、自媒体等新兴媒体工作的混合型人才队伍，要培养适合文化产业发展需要的文化创作、文化企业经营、文化贸易等多元化人才队伍，要培养区域国别研究、中华文化研究相结合的学术型人才队伍，要培养在国际经贸、技术交流当中所需的科学技术型人才队伍。此外，还要在世界范围内吸收华人华侨、海外汉学家和文化使者等参与文化传播的资源力量，充实到中华文化传播主体当中，共同推动国际传播能力体系建设。

（三）现代新型传播系统

数字媒体时代，互联网的赋权改变了传统媒体独占传播资源的格局，开启了现代传播体系，呈现出信息无所不在、无处不在，全世界都在观看等特征。现代传播系统建设是推动中华文化海外传播更加先进有效的途径。党的二十大报告明确指出，要加快建设数字中国。习近平总书记强调，在全面深化改革当中，要遵循新闻传播和媒体发展规律，"着力打造一批形态多样、手段先进、具有竞争力的新型主流媒体，建成几家拥有强大实力和传播力、公信力、影响力的新型媒体集团，形成立体多样、融合发展的现代传播体系。"[1]智能媒体是

①《习近平：共同为改革想招一起为改革发力 群策群力把各项改革工作抓到位》，《人民日报》，2014 年 8 月 19 日。

数字中国、数字政府传播系统的重要构成，"媒介融合是构建适应现代传播体系的新型主流媒体的必由之路。"①重点要根据国际国内形势大局，加速布局主流媒体牵头、全方位多业态的媒体生态系统，打造具有国际影响力、具有全球视野、具有国际传播能力的新型媒体，争取在电影、动漫、游戏、纪录片等方面有突破成效，形成具有中国魅力的全球文化品牌，提升中华文化在世界文化当中的地位。

新型主流媒体在我国，重点是指"依托党报党刊党台党网党端等传统媒体的数智化升级而形成的新一代主流媒体"，兼具了新兴媒体和主流媒体的功能属性，又拥有强大的实力和公信力，是主流媒体的 2.0 版本，是创新变革的开拓者和数智化升级的引领者，具有在数智时代继续影响社会主流人群、宣传社会主流文化、筑牢主流价值引领导向的重要职责使命②。建设好具有国际传播力的新型主流媒体应推动其向内容生产、集纳、分发为一体的多功能转向，运用互联网技术平台，通过正面宣传、权威播发、舆论监督、文化传播等方式赋能社会治理与国家治理，传播国家形象。如传统文化 IP 化，是新型主流媒体在文化传播过程中的创新路径之一，即主流媒体通过深入挖掘传统文化底蕴，融入现代生活，通过创意与数字技术融合，运用数字平台激活传统文化的生命力③。要加强新型主流媒体建设还要依托国家媒体重点实验室等科研平台提供技术支撑，并打造由旗舰媒体、科研院所、高校和技术开发公司共同协作形成的专业化队伍，掌握数字媒体技术和传媒技术，要在新型主流媒体的带动下实现媒体平台的资源聚合，将微媒体、商业媒体的优质内容通过主流媒体平台进行发布，实现多方传播、多方共赢。21 世纪进入数字传播时代，谁的传播手段先进、传播能力强大就能掌握国际话语权，因此，要通过数字传播模式，强

---

① 朱春阳:《全媒体视野下新型主流媒体传播效果评价的创新路径》,《新闻界》,2019年第 12 期。

② 吴锋，刘国强:《数智时代新型主流媒体内容传播的生态风险及应对策略》,《出版广角》,2024 年第 3 期。

③ 崔保国，邓小院:《传统文化 IP 化: 新型主流媒体的创新传播路径》,《中国编辑》,2024 年第 4 期。

化"中国内容"的数字化传播体系，建设全球化的"中国学"数字化交流多维平台，发挥自媒体在对外传播中具有的及时性、便捷性、海量性、互动性等特色优势。在此过程中，要注重发展一些具有活力和特色的中小企业的力量，特别是新媒体、自媒体领域的中小企业，使他们成为新型媒体集团的一分子，将他们的多方优势纳入现代传媒体系。

三、构建多种话语协调体系

开展中华文化海外传播要以全球化、国际化、时代化的话语走入受众的语境，获得受众的认同。应从深化"共情"视角出发，创新"叙事方式"，运用"国家修辞"，构建起多重话语协调体系。

（一）深化"共情"视角

"共情"是一种情感共鸣，本是发源于心理学的术语，被引入传播学领域后，被用来描述人类社会信息传播过程中共同或相似情绪、情感的形成过程以及传递和扩散过程。[1] 长期以来，我国在对外文化传播中以自我为中心缺乏对国际表达方式的思考，以国内民众习惯为束缚缺乏对海外受众习惯的了解，以宣传为目标缺乏对传播内容形式的创新发展，达不到与海外受众"共情"的成效。美国学者萨默瓦指出："互联网上的国际传播要以平等的姿态来讲述中国故事，只有避免一味地'打官腔'才能提高信服力。"[2] 因此，中国需要调整传播话语来推动中华文化的海外传播，要转变思想观念，站在受众的角度，以文化交流、文明互鉴的思维深化文化传播理念，正如习近平总书记在十九届中央政治局第十二次集体学习中提出的，要"在构建对外传播话语体系上下功夫，在乐于接受和易于理解上下功夫，让更多国外受众听得懂、听得进、听得明白，不断提升对外传播效果。"[3]

---

① 赵建国:《论共情传播》,《现代传播（中国传媒大学学报)》,2021 年第 6 期。

② Larry. A. Samovar, Richard E. Porter. Communication between Cultures.Beijing: Peking University Press, 2004: 15.

③ 习近平:《加快推动媒体融合发展 构建全媒体传播格局》,《求是》,2019 年第 6 期。

"共情的本质仍然是理性指导下的情感实践，是基于事实的感性表达，其核心是在理性指导下诠释'人性'，是对客观事实阐释的丰富和提升。"① 美国社会学家乔纳森·特纳在《情感社会学》中就说道，人们的情感往往起源于"社会成员从他人那里学会词汇（语言标签）、表达行为、自主反应以及不同的人际关系相联系的每一种情感的共享的意义"②。共情传播有情绪感染、观点采择、共情关注三个阶段，即通过传播场域构建和视听元素运用再现当时的境遇，实现情绪感染，唤起受众情绪体验；通过现场的表达引导使观众对其中的情绪行为进行理性认知；在共情传播中产生共情行为，形成被群体成员认同的集体认知并构建起社会共识。③ 因而，情感是影响共情传播效果的重要因素，挖掘情感要素并推动实现社会共识是共情在公共传播领域有效实践的核心。而在数字传媒时代，超文本的媒介呈现方式能够营造起沉浸式、即时性互动的空间，最大程度唤起情感共鸣，从而实现更为直接和强烈的共情效果。因此，在推动中华文化对外传播中运用共情思维模式，就是指在中华文化当中找到世界共同的文化价值观念，以同样唤起"他者"内在情感共鸣的话语方式进行传播，最终建立在理解他人感受基础上的认识和认同。如蕴含着中华"和合"文化的人类命运共同体这一观念的传播并获得国际社会高度认同的经验表明，正是因为找到了彼此尊重、共同发展、合作共赢的思维理念，在人类命运与共的历史文化中找到情感共鸣，使文化传播的内容、价值、意义得到海外受众群体的感同身受。

（二）创新"叙事方式"

习近平总书记强调："要把优秀传统文化的精神标识提炼出来、展示出来，把优秀传统文化中具有当代价值、世界意义的文化精髓提炼出来、展示出

---

① 刘坚：《共情视角下主题出版传播力的提升》，《中国编辑》，2024 年第 1 期。

②［美］乔纳森·特纳，简·斯戴兹：《情感社会学》，孙俊才，文军译，上海：上海人民出版社，2007 年版，第 67 页。

③ 申耘菁：《〈中国书法大会〉的场域构建、共情传播与知识实践》，《中国广播电视学刊》，2024 年第 4 期。

来。"①数字化时代，叙事理论的丰富化、叙事主体的多元化、叙事内容的碎片化、叙事技术的多样化，使得叙事方式向多维度转变。在新媒介赋权的互联网语境下，不断涌入的平民化叙事主体推动叙事话语体系的不断变化，激发线上网民们的创作热情和激情，以大众化、年轻化实现了叙事方式的有益革新。而中国式现代化的叙事体系，本身就带有很强的包容性，讲好中国故事，本身就可以用丰富多样的叙事话语和方式。其中，故事化的叙事风格更有助于激发情感共鸣，也是我们在官方为主导的文化传播中的弱项，既要以多元化的创作方式将优质内容打造得更加生动，使中国形象更有生命力，才能增加主旋律作品的传播效能；也要注重吸收传统地域特色文化元素和民众情感价值因素，更好地适应不同国家和地区的文化差异，增进文化传播内容的可接受度和可理解度。叙事的手法还要考虑数字媒体和社交媒体新发展的技术成果运用，考虑媒介环境和国际共有知识，从而更好地呈现出具有共识基础的传播内容。

在交互叙事中，受众实际上已经成为了"故事"的一部分，特别是在新媒体时代，受众参与评论、转发、点赞等传播环节实现互动，强调创新叙事方式实际上就是如何针对受众的接受和互动能力去讲好中国故事，而跨文化传播的语境下通过"他者"的叙述能够使中国形象得到更广泛的认知和传播。如2022 年中国新闻奖国际传播奖获奖作品"Looking for answers：An American communist explores China"（《求索：美国共产党员的中国行》）就以独特的"他者"叙事方式，通过美籍记者、美国共产党员伊谷然的视角，以微纪录片的形式展示了中国共产党的百年成功之道②。中华文化海外传播的成效关键在于受众的接受程度，所以中华文化的传播方式不能以中国人的行为习惯为准，要在提炼中华优秀传统文化精髓的基础上，创新叙事方式，以求最佳的传播效果。我们要准确掌握中华文化当前在海外的传播广度和接受程度，分析清楚传

---

① 《习近平出席全国宣传思想工作会议并发表重要讲话》，中国政府网，http://www.gov.cn/xinwen/2018-08/22/content_5315723.htm.2018-08-22。

② 张戍：《中国国家形象的国际传播创新叙事思路——以 2018-2022 年中国新闻奖国际传播奖作品为例》，《青年记者》，2023 年第 15 期。

播和接受过程当中存在的具体问题，分析清楚国外民众对于中华文化及其价值理念在理解和接受当中存在的具体障碍，从而有针对性地找到我们需要对外传播的主要内容是什么、我们应该采取的传播举措是什么、我们应该选择的传播途径是什么，建立起行之有效的传播机制，真正提升中华文化在海外传播的有效性。在大数据普及的今天，国际传播"可以根据受众不同、社群不同提供有针对性的个性化服务，实现从'大众'传播的普遍话语体系到'分众'传播的精准话语体系的转变"[①]，在创新叙事方式过程中，要从中国共产党推动构建人类命运共同体的大局观出发、从中华民族伟大复兴的伟大目标出发，运用大数据、云计算等高新技术手段，选定内容、定位对象、精准施策，主动讲好中国故事、发出中国声音。

（三）运用"国家修辞"

国家修辞作为一种话语修辞的特殊类型，使用得当会在跨文化传播当中具有良好效果。国家修辞当中的"修辞"不同于一般语言学上遣词造句的修辞，转向了劝说、动员、霸权、全球对话等范畴，即所谓"以国家为修辞主体，以建构国家形象、处理国家事务、提升国家国际地位、协调国际关系、解决国际争端为目的的修辞行为和现象。"[②]一些西方国家多年来不断干涉他国主权、内政，却美其名曰是为弘扬自由、平等、民主的普世价值观，运用的是美好的国家修辞，但实际行动是霸权行径，国家修辞变成了谎言，并没有获得世界各国的广泛认同。当前，以国家形象塑造为代表的国际话语权的争夺日益成为国际竞争的重要方面，但是在中国形象出海方面，中西方文化本身存在文化壁垒，影响受众对中国国家形象的认知。同时通过以西方为主导的话语霸权及其对互联网信息媒体资源等的控制，西方常常误读或者误解中国而虚构出他们想象中的东方，特别是在以美国为首的少数西方国家掀起的逆全球化浪潮当中采取封

---

① 赵跃：《理念、话语与模式：跨文化语境下儒家文化国际传播的当代进路》，《孔子研究》，2024 年第 2 期。

② 胡玉冰，樊淑娟：《跨文化传播中的话语力提升策略》，《甘肃社会科学》，2021 年第 6 期。

闭主义和保守主义，通过左右国际传播的主导权和信息源而选择性地传播片面信息，更倾向于报道负面消息和事件，造成外部受众对中国形象难以获取真实、全面、立体的信息，更谈不上了解中华文化的精神内核，使中国国家形象的传播效果大打折扣。其中"部分西方媒体打着'民主''自由'的旗号，利用恶性修辞，在国际公共网络空间竭力炒作'中国威胁论''中国崩溃论'""对中国形象构建形成了严重挑战。"①

国家形象是民族精神的"主叙述"，民族精神是"一个民族在长期的共同生活和共同社会实践的基础上形成和发展的，为民族大多数成员所认同和接受的思想品格、价值取向和道德规范，是一个民族的心理特征、文化传统、思想情感等的综合反映"② 国家形象的塑造，对内能够形成新的文化认同空间，建立起政治、文化、民族等各方面持之有效的国民归属，唤起中华民族的自立、自尊和自信，对外能够给海外公众提供具有代表性和说服力的中国价值和文化理念，形成卓越的民族吸引力和文化影响力，以新时代一个和平、发展、理想的大国形象获得国际社会的广泛认同。因此，我们要正确理解和充分运用好国家修辞，正面塑造好国家形象，形成强大的民族凝聚力和文化影响力。要超越以"大规模单向说服"为主导的共识生产机制，培植国家和民族的核心价值观念和认同的重要软文化路径和国家修辞策略。③ 如，我国在处理国际关系当中，致力于构建"人类命运共同体"和"合作共赢的新型国际关系"，虽然一开始被质疑是"中国中心论"，但是在建设"一带一路"的实践当中，在支持世界各国抗击新冠疫情当中，中国用真心、真情、真实、真诚打动了世界，实现了言行一致，展现了大国担当，国家修辞达到了预期效果，促进了文化传播。因此，应进一步创新运用国家修辞，彰显中国话语魅力，运用国家修辞的策略既

---

① 刘鸣筝，王硕：《公众认知视域下基于网络媒介修辞的国际形象建构》，《青年记者》，2024 年第 4 期。

② 邵华泽：《大力弘扬和培育民族精神》，《十六大报告辅导读本》，北京：人民出版社，2002 年版，第 307 页。

③ 刘丹凌：《后疫情时代的国家形象修辞策略》，《人民论坛·学术前沿》，2021 年第 21期。

可以通过语言修辞来表达呈现内容和意义，也可以通过视觉修辞如影像来呈现直观图像，目的都是构建一个更加真实、客观、立体的中国形象。如《我们一起走过——致敬改革开放 40 周年》中，使用卫星遥感图清晰显示延安从昔日的黄色变成了绿色的过程，既彰显了中国致力于改善生态环境的环保理念，也塑造了为"构建人类命运共同体"的中国是一个负责任大国的国家形象。要继续以国家修辞体现中国作为大国的格局和境界，进一步将中华传统文化当中"海纳百川，有容乃大""天地与我并生、而万物与我为一""为天地立心，为生民立命，为往圣继绝学，为万世开太平"等天人合一、法乎自然、胸怀天下的气度传播到世界舞台中央，提升中国形象。

第三节　中华文化对外传播的效果评估体系

讲好中国故事的效果到底如何？这是我们开展中华文化对外传播工作的最终目的，也是检验中华文化对外传播效能的目标路径。而如何在全球价值图谱和全球知识框架下开展中华文化海外传播的效果评估，让中华文化价值有效融入全球各地本土知识价值体系，体现中华文化海外传播的实际效果，这也是重点和难点。构建中华文化海外传播的效果评估体系，要从国际、国内视角对当前文化传播成效进行深入、全面的评估，在全球价值图谱和知识框架下，建立评估基础、找准评估方法、形成评估体系，重塑中华文化海外传播的话语体系。值得注意的是，海外传播效果的评估不能停留在数量评估当中，而是要对文化融入、文化互动及文化影响进行深入评估，注重海外民众对中华文化的接纳与认同，注重中国文化软实力和国际影响地位的提升。

一、全面汇总国际国内的多维评价成果

中华文化走出去重大战略决策当中，《关于进一步加强和改进中华文化走出去工作的指导意见》要求建立起以价值导向、艺术水准、受众反馈、社会影响、经营业绩等为主要指标的文化走出去评估体系。构建文化传播的评估体

系，首先就要开展中华文化海外传播成效的全面评估，既要站在国际的视角上，对传播进行整体的、比较的和个案的评估，也要汇总分析国内的评估成果，从思想认识、传播路径和传播成效上对中华文化海外传播的效能进行多维评价。

（一）国际视角下的中华文化对外传播成效评估

亨廷顿指出，未来主宰全球国际冲突的根源将是文明之间的冲突，而建立文化认同是"不同的文化群体在价值概念层面所达成的基本理解和认同"。哈拉尔德·米勒主张文明和谐论，认为文明冲突完全可以依靠人类的力量来逾越这个障碍，与通过文化传播构建人类命运共同体的观念不谋而合。从现状来看，不可否认的是，新世纪以来中华文化海外传播形成了一系列的成果，取得了巨大的成效，但是与国家软实力的发展要求，与西方文化的世界影响力相比，中华文化的对外传播效果还存在相当大的差距。国际上一些知名学者从中国形象、传播方式与传播机制、软实力建设、传播载体等角度，对中华文化海外传播的叙事方式和当前效果进行了评估。

1.整体评估

整体评估是在全球视野下对中国文化影响力在世界范围内的排名排序进行全面整体的分析。学者和研究机构长期以来对中华文化的传播进行了整体全面的评估评价。如，牛津大学教授 Creemers 认为中国文化的对外传播尚处于混沌状态，把国内宣传做法推广到公共外交，忽略了受众的差异，且对传播效果缺乏理性分析[①]。Tsai 认为，中国公共外交的限制因素有，冷战时期"人民外交"思想试图建立国际统一战线削弱西方反华势力使很多国家对中国的友好和善意不信任，还有与周边国家在领土和领海上的争议[②]。Gill&Huang 论证了

---

① Creemers, R. (2015).Never the twain shall meet Rethinking China's public diplomacy policy. Chinese Journal of Communication, 8(3): 306-322.

② Tsai, W.H. (2017).Enabling China's Voice to Be Heard by the World: Ideas and Operations of the Chinese Communist Party's External Propaganda System. Problems of Post-Communism, 64 (3-4): 203-213.

中华文化的优势及海外传播的进展，列举了孔子学院的创办、在华外国留学生和国外的汉语热等，但是也提出文化优势并不能自动转化成软实力，没有形成全球性文化品牌或是限制因素之一①。US News 与美国宾夕法尼亚大学沃顿商学院评选的《2023 年最佳国家》报告当中，中国进入最佳国家前 20 行列，文化影响力（Cultural Influence）作为 10 个类别指标在排名当中占据的权重为 10.44%，中国的得分为 54.1，文化影响力排名为全球第 16 位。这既表明中国的文化软实力在世界范围具有较高地位，但又与我国的综合国力的排名相比还存在很大的提升空间。从文化影响力各个要素的得分情况来看，"在娱乐方面具有文化意义"（Culturally significant in terms of entertainment）的得分为 39.1，"时尚"（Fashionable）的得分为 22.9，"快乐"（Happy）的得分是 5.7，"具有影响力的文化"（Has an influential culture）的得分是 94.0，"有强大的消费者品牌"（Has strong cumsumer bands）的得分是 92.9，"现代"（Modern）的得分是 58.5，"声望"（Prestigious）的得分是 27.8，"潮流"（Trendy）的得分是 48.2（见表 4–1，表 4–2）。可以看出，具有强大影响力的中华文化和文化品牌是我们的优势，但是在紧跟时代潮流、走在时尚前列，通过文化传播获取国际声誉等方面还存在较大差距，文化自信方面也需增强。

此外，在美国皮尤研究中心的"全球指数"（Global Indicators Database）中的调研结果还表明，中国在非西方国家中的形象要比西方国家中好。如在接受调查的撒哈拉以南非洲国家中，中国获得的评价大多是正面的。而在大多数发达西方国家的评价中，中国的形象负面大于正面。这也将进一步推动我们去思考，如何结合中国国家形象等彰显文化传播具体成效的数据结果，统筹谋划、分类施策，更加具有针对性地在全球开展中华文化传播活动（见表 4–3）。

---

① Gill, B., &Huang,Y. (2006)Sources and limits of Chinese 'soft power'. Survival, 48(2): 17–36.

表 4-1 《2023 年最佳国家》报告中国得分情况（翻译）①

总体	类别	得分	排名
总排名20 总得分76.1	冒险	14.1	61
	敏捷性	70.4	19
	文化影响力	54.1	16
	企业家精神	81.2	8
	遗产	67.1	13
	推动者	72.6	6
	商业开放性	50.4	61
	实力	95.5	2
	生活质量	43.8	25
	社会目的	2.3	78

表 4-2 《2023 年最佳国家》报告中国在文化影响力中的得分情况 ②

总体	属性	得分
总排名16 总得分54.1	文化意义上的娱乐	39.1
	时尚	22.9
	快乐	5.7
	有影响力的文化	94.0
	拥有强大的消费品牌	92.9
	现代	58.5
	声望	27.8
	新潮	48.2

① 数据来源：https://www.usnews.com/news/best-countries/china。

② 数据来源：https://www.usnews.com/news/best-countries/china。

表 4-3　皮尤研究中心 2014 年全球态度调查中部分国家对中国的态度 ①

对中国的评价总体上是正面的（对中国的看法）					
国家	不利的（%）	有利的（%）	国家	不利的（%）	有利的（%）
美国	55	35	韩国	42	56
希腊	46	49	菲律宾	58	38
英国	38	47	印度	39	31
法国	53	47	越南	78	16
西班牙	55	39	日本	91	7
波兰	52	32	委内瑞拉	26	67
德国	64	28	智利	27	60
意大利	70	26	尼加拉瓜	19	58
乌克兰	21	64	秘鲁	27	56
俄罗斯	28	64	萨尔瓦多	25	48
突尼斯	21	64	巴西	44	44
巴勒斯坦	29	61	墨西哥	38	43
黎巴嫩	44	53	阿根廷	30	40
以色列	50	49	哥伦比亚	32	38
埃及	53	46	坦桑尼亚	10	77
约旦	63	35	肯尼亚	16	74
土耳其	68	21	塞内加尔	12	71
巴基斯坦	3	78	尼日利亚	14	70
孟加拉国	22	77	乌干达	18	61
马来西亚	17	74	加纳	23	61
泰国	17	72	南非	40	45
印尼	25	66	中值	32	49

① 数据来源：https://www.pewresearch.org/global/2014/07/14/chapter-2-chinas-image/。

在国际评估体系当中我们不得不注意到的是，正是由于意识形态方面的斗争需要，以西方为主导的评估机构和评估标准的建立，对于中华文化走出去是抱有怀疑甚至是反对态度的，因而一些国际评估机构在垄断国际文化评估标准的同时，将文化影响力评估作为西方价值衡量的标杆，例如"美国的皮尤研究中心、盖普洛咨询公司、英国的 BBC 世界服务以及法国的益普索集团等跨国媒体调研机构垄断国际文化评估标准，甚至将其作为'民意渗透'和'歪曲中国'的工具。"①我们必须努力突破西方主导的评估框架，既坚持客观真实的立场采用符合国际文化传播规律的话语方式，确保测量方法的科学性、真实性，也要从中国文化的特质与实际出发，在国际上形成具有话语权和影响力的评估标准和评估体系。对此，中国外文局长期开展《中国国家形象全球调查报告》，调查在亚洲、欧洲、北美洲、南美洲、大洋洲等全球多个国家展开，通过国民形象、政治与外交、经济、文化与科技、来华意愿等多个维度的调查评估，立体地描摹了海外受访者心中的中国国家形象，这个评估具有全球代表性并提出了客观真实的数据。而中国的整体形象好感度和内政外交表现满意度在海外公众持续上升，如"2019 年，海外受访民众对中国的整体印象为 6.3 分"，"63%的海外受访民众认为中国国家形象在过去 70 年整体上不断上升""中餐、中医药和武术被海外受访者认为最能代表中国文化。"②这些能够更加全面整体地验证中华文化对外传播的积极效果，也有助于推动树立文化自信。

2.比较评估

比较评估主要是针对中西方文化之间、中国与其他非西方国家文化之间的影响力评估，强调的是单方面或某一地区之间的对比差距。对比西方文化的软实力和影响力，David Shambaugh 指出，"中国的软实力及其文化在全球的吸引力仍然非常有限"，"我们虽然见证了越来越多中国在国外的文化活动，但对

---

① 黄晓曦，苏宏元:《中国文化走出去：评估指标构建与提升路径》,《学习论坛》, 2020 年第 1 期。

②《〈中国国家形象全球调查报告 2019〉发布》，中国政府网，https://www.gov.cn/xinwen/2020-09/16/content_5543729.htm.2020-09-16。

全球文化潮流的影响很小。"①将中国与其他国家文化软实力和文化传播的影响力进行对比可以总结成绩、找出差距，并找到下一步推进文化传播走深走实的有效路径。如中国传统主流媒体是文化传播的重要载体，包括中央电视台、新华社、《人民日报》等一直发挥着十分重要的作用，将中国主流媒体与其他国家主流媒体的对比，包括半岛电视台、RT等非西方国际媒体，"可以了解我国媒体在国际市场竞争力、社会影响力和价值导向力等方面的效果如何"②。Albro将美国的"共同价值观行动"和中国的"孔子学院"进行对比研究指出，孔子学院对中国传统文化的传播忽略了当代中国生活方式、社会议题和价值观的讨论，更重视文化"展示"作用而非"对话"，缺乏来自非政府组织、企业和民间的传播渠道③。

比较评估不仅包括中国与其他国家在文化软实力和影响力上的差异和区别，同时也包括中华文化在某一个地域一个国家与其他地域其他国家的文化影响力和文化竞争力的差别，找出优势，弥补不足。Liu等人指出，中国在东南亚以和谐世界观和睦邻政策实现软实力建设，中国平面媒体、电视、音乐、美食、流行文化在东南亚广泛传播。他对中国在东南亚的软实力建设进行评价，包括文化吸引力、经济关系、塑造国际机构和政治议程的能力，以孔子学院数量、中国—东盟进出口贸易和关系为例，提出软实力建设取得了正面积极效果，但仍有提升空间④。有学者将全球按六大区域划分后，通过来自89个国家的1033例外国在华留学生和海外游客的问卷调查的深入分析对比后发现，亚洲、非洲、拉美、欧洲民众对中国文化软实力评价相对较高，北美和大洋洲民

① Shambaugh, D., China Goes Global: The Partial Power, New York: Oxford University Press, 2013.

② 李怀亮：《浅析中国文化走出去效果评估体系的构建》，《南开学报（哲学社会科学版）》，2018年第3期。

③ Albro, R. (2015).The disjunction of image and word in US and Chinese soft power projection.International Journal of Cultural Policy, 21(4): 382–399.

④ Liu, T.T., &Tsai, T.C. (2014). Swords into Ploughshares? China's Soft Power strategy in Southeast Asia and its challenges. Revista Brasileira De Politica Internacional, 57 (spe): 28–48.

众的评价则相对较低，从而提出了"北美、大洋洲、非洲今后的重点是'补劣势'，欧洲、拉美和亚洲则需要'增优势'"；针对拉美地区要重视文化资源传播，针对亚洲民众的重点是提升深层次实践力，针对欧洲民众则要进一步打造中国文化认同力。同时，在传播重点上也有地域和国家的区别，如国情、经济社会水平与中国类似的拉美和亚洲，传播的重点是中国政治形象，而对于欧洲民众，更多是呈现中国人的友善、和谐等价值品质。[①]

3.个案评估

个案评估是指对中华文化的某一个方面进行个别分析，提出具体策略。其中，海外孔子学院对于中华文化传播的意义重大，在跨文化传播当中的影响力具有国际较高的认可度，也成为国外学者关注中华文化对外传播效能评估的一个重点个案。如 Harting 认为，中国政府将孔子学院作为公共外交的有效工具；Lien 和 Chang 发现中国的对外贸易投资、贸易往来、地理距离、发展中国家以及英语国家是影响孔子学院建立的重要原因；Wang 和 Adamson 则认为，美国大学对孔子学院的态度十分矛盾，一方面希望借机加强与中国高校的合作，但另一方面又将孔子学院视为对学术自由的威胁。因此，海外学者普遍反映"孔子学院存在'限制学术自由''控制教师选拔''政治宣传机构'等问题"，还将孔子学院与"中国威胁论"相联系，突出其文化传播的负面影响。[②]Shangwe 研究中国软实力在非洲国家的建设，以塔桑尼亚为个案，提出非洲国家在过去 20 年对中国软实力的戒心比西方国家小，但如果以此就对未来持乐观态度还显得为时过早，因为软实力建设是动态变化的过程[③]。Svensson 以上海世博会为例分析这种特殊的文化"走出去"策略，因为上海世博会得到

---

① 陶建杰，尹子伊：《中国文化软实力的实证评估与模拟预测》，《未来传播》，2021 年第期。

② 安然，何国华：《孔子学院跨文化传播影响力评估维度研究》，《广西社会科学》，2017 年第 3 期。

③ Shangwe, M.J. (2017).China's soft power in Tanzania: Opportunities and Challenges. China Quarterly of Internatinal Strategic Studies, 17 (5): 2.

了全世界的广泛关注，但是以瑞典 4 个报刊的 119 篇新闻报告为例，更多的是瑞典媒体围绕瑞典利益的新闻报道，与中国和中国形象关系的宣传不大，所以 Svensson 认为，上海世博会并不是中国"走出去"的载体，而是世界"走进来"的载体①。Fang 和 Chimenson 以中国吉利汽车收购瑞典沃尔沃汽车为例提出中国海外企业在当地的表现可以促进国家形象的提升，中国企业是中华文化走出去的一个非常重要的载体，吉利汽车负责人李书福采取中国传统哲学"无为而治"的管理哲学，既提高了汽车的全球销量，也形成了具有中国文化特色的企业精神②。这些个案评估从不同的文化层面出发，对如何加强中华文化对外传播都是非常有益的经验总结和借鉴。

（二）国内视角下的中华文化对外传播成效评估

中华文化"走出去"是时代需求，是文化软实力提升的重要渠道，关系中国国际地位和影响力。对于中华文化对外传播的具体成效，国内学者长期关注并形成了一大批研究成果，其中最为突出的是《中国文化"走出去"年度研究报告》2012 卷、2015 卷和 2018 卷，以 2018 卷为例，选取了 8 个具有代表性和影响力的领域共形成 9 卷内容，包括 2018 年度报告总论、文化艺术国际影响力、媒体微传播国际影响力、广播电影电视海外发展、动漫游戏海外发展、文化海外发展、国际汉语教育发展、哲学社会科学"走出去"和海外华文教育等，既全面总结了取得的斐然成就，也深刻提出了存在问题和矛盾，号召各界共同努力开创中华文化对外传播新局面。按照分类标准，国内学术界从多个维度对中华文化海外传播的成效进行了评估。

1.思想认识角度的评估

中华文化海外传播的成效不足首先是因为对中华文化真正"走出去"的重

---

① Svensson,G. (2013)."China Going Out" or"The World Going in" Javnost－The Public.20 (4): 83－97.

② Fang T., &Chimenson, D. (2017). The Internationalization of Chinese Firms and Negative Media Coverage: The Case of Geely's Acquisition of Volvo Cars. Thunderbird International Business Review, 59(4): 438－502.

要性认识不足，传播理念上存在重形式轻内容、重外在轻内涵的思想，没有足够的文化自信和文化自觉。"'文化总量'与'文化转化''文化传播'与'文化认知'之间是脱节的"①。国际传播在百年未有之大变局下也面临新的"变局"，虽然全球传播"向东看、向南看"体现出传播资本和思想的迁移，但是从认知层面来看，我们的话语和传播方式不能入耳、入脑、入心，没有介入到对象国文化和知识生产生态，始终被当作文化他者看待，是认知和文化层面的"局外人"②。当前，党和国家对于提升国际传播能力、推动对外文化传播高质量发展的重大部署，特别是当今中国的国际传播"从党的十八大报告中尚没有'国际传播'的专门表述，到党的十九大报告'推进国际传播能力建设'，再到党的二十大报告'加强国际传播能力建设'"③的重大变化，表明我国国际传播能力建设进入了转型通道，如何针对形势破局并提出有益主张，应提出新阶段推动中国国际传播能力建设的理性思考。在习近平文化思想的视域下要深刻认识到，文化传播效果包括但不限于以下方面，即文以载道、成风化人、文以化人，要从文化传播内容上传播中华文化中所承载的核心思想和精神理念，从文化传播环境上构建现实社会和网络社会文化生态安全新格局，从文化传播效应上注重发挥文化产品的孵化作用、传播价值和教育功能等④。

2.文化传播路径的评估

目前，中国文化"走出去"的渠道和形态多样，按照《中国文化"走出去"年度研究报告》（2018年卷）中具有代表性和影响力的内容来看，主要包括"哲学社会科学、文化艺术、汉语教育、媒体微传播、广播影视、动漫游戏、海外华文教育、中国文学等"。中华文化国际传播取得了卓越成就，海外

① 晏青：《中国文化全球传播的媒介逻辑与社交融入创新》，《南京社会科学》，2019年第7期。

② 姜飞：《国际传播百年未有之大变"局"——利益、边界和秩序的接力》，《新闻与写作》，2021年第10期。

③ 姜飞：《中国国际传播高质量发展基础与未来》，《编辑之友》，2023年第3期。

④ 沈正赋：《习近平文化思想视域下中国文化传播的理论范式》，《内蒙古社会科学》，2024年第3期。

机构蓬勃发展，海外侨胞积极助力打造了"文化中国"系列品牌活动，但起点低、历史短，海外传播的理念、策略、主体、渠道、法律机制、效果评估体系等还存在较大提升空间，主要包括"国际传播存在重形式而轻内容、重外在而轻内涵的思想意识"，缺乏文化"走出去"和"走进去"的文化自信与自觉，"我国的对外文化产品多集中在附加值较低的文化制造业领域"，真正体现中国价值的少，传播的路径"仍然是政府主导，民间组织及公民个人的力量没有得到充分发挥。""效果评估体系尚未真正建立，海外传播效果的评估仍停留在数量评估。"① 推动中国文化走出去必然要实现大众化、媒介化和生活化，但是中国文化与大众传播并不存在天然联系和内在规定性，两者的偏正性表述是在"全球化—现代性—传播"的历史演变和话语脉络中勾连，将中国文化汇入世界主流社交媒体的交往实践是实现进入全球"日常生活"的一条途径②。中国文化走出去是要"建立他国民众对中国的文化认知及价值认同，增强中华文化的国际影响力和中国的国际话语权，进一步提升中国的文化软实力。"③中国文化走出去在近年来取得了长足的进步，但是也存在一些问题，要针对中华文化传播的理念探讨、对比研究、个案分析以及线上线下效果等核心议题进行深入研究，确定中国文化走出去效果评估的重点层面、要素与维度，加强评估。④

3.具体传播成效的评估

中华文化走出去的文化内容还缺少吸引力，传播渠道如新型媒介、文化贸易等推动力还比较弱，文化产业、体制机制落后，国际文化人才严重缺乏等，都严重制约了中华文化走出去的步伐。目前学者和评估机构对中华文化走出去

① 张周洲，陈越：《中华文化国际传播多元化路径探析》，《人民论坛》，2019年第25期。

② 晏青：《中国文化全球传播的媒介逻辑与社交融入创新》，《南京社会科学》，2019年第7期。

③ 任成金：《中国文化走出去的历史借鉴与现实选择》，《中州学刊》，2015年第2期。

④ 严燕蓉，韦路：《中国文化走出去：研究现状与核心议题》，《新闻与写作》，2018年第6期。

的效果评估存在较为明显的主观性，对所在国孔子学院的抽样调查发现，物质文化是最易被接受的类型，行为文化则由于思维习惯、行为方式差异等使传播效果受限，建议精神文化可以找寻与所在国文化有共通性的部分。[①] 通过中华文化在日本、黎巴嫩的传播效果测量发现，中华文化的海外传播效果依赖于对传播内容、传播对象的精准把握，以及对传播模式和传播渠道的改进，特别是考虑接受能力，"精神层面的文化传播适宜缓行，而且在传播过程中要解释中国价值观与其他价值观的共通性"[②]。为了评估孔子学院公共外交职能的实现效果，基于麻省大学波士顿分校和布莱恩特大学孔子学院的实地调查发现，历史上的中国比当代中国更有知名度和影响力，尤其是美国青少年对于中国文化的认识主要局限于历史上的中国文化，对当代的中国文化知之甚少，"在当今市场化和网络化的时代，孔子学院虽然是文化教育机构，但其声誉资源的获得也需要借助有效的市场宣传手段。"[③] 还有学者以共词类聚、传播频次、类向心度等分析方法对 Twitter、Tumblr、Reddit、Facebook 等国际社交媒体进行实证分析，提出社交媒体传播文化需要高强度和关联高的中心性的内容，有助于跨文化语境中的文化误解和偏误的防范和化解等。网络社会媒体作为中介的角色，"有助于中国寻求西方文化霸权主导下的'中介突围'"，"通过'两级传播''多级传播'等路径把中国的文化信息有效地推向全球舞台"[④]。近年来，也有不少学者提出对中国文化软实力进行定量评估，如从文化传统、文化活动、文化素质、文化吸引、文化体制及政策等多个维度进行定量评估，还有从国际吸引力、国际动员力和国内动员力等方面制定指标，定量衡量对比中美两国的软实

① 吴瑛：《对孔子学院中国文化传播战略的反思》，《学术论坛》，2009 年第 7 期。

② 吴瑛，葛起超：《中国文化对外传播效果调查——以日本、黎巴嫩孔子学院为例》，《云南师范大学学报（对外汉语教学与研究版）》，2011 年第 1 期。

③ 吴晓萍：《中国形象的提升：来自孔子学院教学的启示——基于麻省大学波士顿分校和布莱恩特大学孔子学院问卷的实证分析》，《外交评论》，2011 年第 1 期。

④ 徐翔，靳菁：《中介角色视域下我国文化国际传播效果探析》，《青年记者》，2019 年第 12 期。

力①。也有从某一类文化的传播成效出发进行深入调研，如对中国电影文化的国际影响力调研，分别从外国观众对中国电影存在的认识情况和偏好、对电影文化符号和文化价值的认知等方面入手进行成效分析②；对中国文化图书长期以来在世界以各种语言翻译出版的情况进行统计等③。国内学者们的评估无论是在思想认识、传播路径还是传播成效上，都是推动中华文化对外传播的有益探索。

二、建立包含数据主体指标的评估基础

中华文化对外传播的评估体系要在全球价值图谱和全球知识框架下，建立评估基础，找准评估方法，形成评估体系。开展中华文化对外传播的成效评估需要以数据库、评估主体、评估指标的构建为基础。

（一）建立可供评估的数据库

要开展文化传播效果评估首先要明确我们要对什么内容进行评估，必须要建立一个可供评估的中华文化对外传播效果评估数据库，按照时间、空间、传播主体、内容类别收录中华文化海外传播的各方面数据与案例，收录的过程和结果应该是公开的，向政府、社会组织、企业和个人等传播主体开放，使其成为一个动态的、可检索、可分析的数据库系统。党的二十大报告要求加快建设"数字中国"，2022 年 5 月《关于推进实施国家文化数字化战略的意见》当中提出首个重点任务就是"关联形成中华文化数据库"，要求数据库汇聚不同领域的文化资源数据，关联不同形态的文化实体，汇聚文物、古籍、美术、地方戏曲剧种、民族民间文艺、农耕文明遗址等资源。中华文化数据库的形成将为中华文化的传播带来巨大的便利，也将为中华文化传播效果的评估提供重要

---

① 叶淑兰：《中国文化软实力评估：基于对上海外国留学生的调查》，《社会科学》，2019 年第 1 期。

② 黄会林等：《2012 年度中国电影文化的国际传播研究调研分析报告》（上），《现代传播（中国传媒大学学报）》，2013 年第 1 期。

③ 何明星：《中国文化翻译出版与国际传播调研报告（1949—2014）》，北京：新华出版社，2016 年版，第 1 页。

的数据平台与支撑。有专家"建议通过构建资源汇聚系统、数据关联系统、运营保障系统、数据治理系统、开放共享系统等实现中华文化数据库的汇聚与关联，实现中华文化全景呈现及中华文明数字化成果全民共享。"①而中华文化数据库建立的目的并不在于知识的留存，更重要的是运用和传播，开展以深度学习——算法推动为进路的知识传播，"在传播上，中华文化数据库要注重文化创新以及其对公众日常生活的嵌入。"②特别是结合中国式现代化建设的发展进程，推动中华优秀传统文化的创造性转化和创新性发展，以发展社会主义先进文化，弘扬革命文化，传承中华优秀传统文化三种文化主体为目标，形成历史与时代相呼应的中华文化数据库。建立数据库的同时应提供分析工具，开展数据的量化分析和质化研究，找到影响文化传播的核心因素，发现核心变量之间的因果关系，从而有针对性地提出切实可行的提升策略。

（二）加强效果评估的主体建设

海外受众是文化传播效果评价的主体，要在深入分析海外受众文化需求、接受习惯的基础上，将海外受众的反馈作为科学评估的标准和依据。不同文化体系的受众群体都有不同的文化喜好和需求，同一文化体系下，不同国家的受众群体文化爱好也存在差异，必须深入调查受众的国家历史、宗教信仰、价值取向、审美情趣等文化背景与现状，以文明类别和国家为标准来划分海外受众的类别，找到各自的差异和特征。要深入分析海外受众的接受习惯，重视收集、整理和深入分析海外受众的反馈信息，这是检验文化传播效果的标准，也是及时动态调整和优化文化传播内容、策略的依据。收集海外受众的信息要及时、准确、全面，文化传播范围之广、受众信息反馈之庞杂，因为时间、空间以及语言方面的障碍，海外受众反馈信息很容易出现误解、曲解等问题，要做到及时准确全面地收集动态反馈信息并不容易，既要构建完整的信息反馈机

---

① 刘琼，刘桂锋，卢章平，周云峰：《中华文化数据库：缘起、渐序、汇聚——基于党的二十大报告中关于"文化强国"和"数字中国"的思考》，《情报科学》，2023年第7期。

② 林玮：《构建融通古今的中华数字文明：出版业转型与中华文化数据库建构》，《出版广角》，2022年第16期。

制，形成完善的网络反馈系统，在分层分类的基础上，通过数字技术及时准确收集各类海外受众的反馈信息。要建设海外受众的信息反馈处理中心，运用信息技术手段科学分析反馈回来的信息数据，得出各国海外受众群体对于中华文化的认知程度、接受程度以及有关意见要求。如优秀电视剧、优秀电影作为承载传播民族文化重要使命的载体，我国出现了一批深受海外受众喜爱的热门剧集和国产电影，取得了良好的海外传播效果，有学者在面对 76 个国家和地区 1482 名海外受众的调研中提出，"中国电视剧海外受众呈现性别均衡、构成多元、分布广泛的特点。""增强文化喜爱度和文化认同度是提升中国电视剧海外影响力的核心目标。"要以受众为中心，"充分利用社交媒体等新媒体工具，与海外观众进行实时互动，"洞察他们的需求和期望，以优质的内容、精准的传播和真挚的情感联结提升海外传播力。① 有学者采用数据挖掘、因子分析等计算方式，依据国际网络受众接受度模型得出 2016—2020 年度海外网络平台受众接受度排名前 20 位的中国国产电影，分析海外网络受众对中国电影的认识和评价，提出"电影创作者要根据不同区域与民族文化特性，主动与'他者'产生场景强链接，强调情感传播，寻找海外受众的'易感'接入点"的建议②。还有学者提出，当前年轻受众是国际传播策略变革的主要"变因"，决定未来传播发展前景的关键，"充分研究年轻受众的媒介使用特征和内容需求特点，在传播形式上更为轻松、亲和，优化理念、完善路径、调整策略，提升传播的精准性和有效性，着力增强对年轻受众的吸引力和影响力。"③

（三）形成适合评估的指标体系

"在国际竞争的大背景下，建设一套科学、客观、可量化、可操作的中国

---

① 司若，庞胜楠：《中国电视剧提升海外影响力研究——基于 76 个国家和地区的调研数据》，《中国文艺评论》，2023 年第 12 期。

② 黄会林，黄昕亚，祁雪晶：《中国电影海外网络受众接受度的实证研究——2021 年度中国电影国际传播调研报告》，《现代传播（中国传媒大学学报）》，2022 年第 1 期。

③ 李宇：《如何优化针对海外年轻受众的国际传播——基于马来西亚和巴西实地调查的分析与思考》，《对外传播》，2023 年第 1 期。

文化走出去效果评估体系已经成为一项迫切的任务。"①要通过深入、系统、完整的考虑，统筹起能够影响中华文化海外传播的各种要素，分析各个要素之间的互动关系，"建构中华文化海外传播效果研究的理论模型，将文化层次、传播渠道、社会要素和效果维度进行交叉整合"②，形成科学系统的评价中华文化对外传播效果的指标体系。评估的指标要从各个文化类别来确定，主要是确定评估的重点层面、要素与维度，将中华文化进行物质、精神、行为和制度四个层面分类，分析每个层面对所到国家地区的影响，要素可分为个体、社群、媒体、政府和企业等，效果的维度从认知、情感、态度和行为等方面去综合系统考量。可参照中华文化对外传播的知识体系的内容，从各个分类标准和分类层次设置评估的指标。"明晰中国文化走出去效果研究的理论框架，确定中国文化走出去效果评估的重点层面、要素与维度，建构更加系统科学的中国文化走出去效果评估指标体系，以弥补国内外学术界在文化传播效果评估指标体系方面的缺失。"③有学者曾尝试性地提出过一个中国对外传播效果评估体系的框架，这个框架主要由"文本信息指标"和"受众反馈指标"两套指标体系构成，且两套指标的考核需同时兼顾定量与定性两种研究方法。④有学者从受众认知、态度与行为三阶段入手，整合传统媒体与新媒体形成了文化传播的评估框架，并从广度、深度、准确度和互动度形成了量化的指标评估体系。⑤还有学者从孔子学院出发提出跨文化传播影响力评估体系的建构，认为跨文化传播影响力要"集中体现在由基础层级→传导层级→结果层级所对应的跨文化认知

① 李怀亮：《浅析中国文化走出去效果评估体系的构建》，《南开学报（哲学社会科学版）》，2018年第3期。

② 张恒军：《多元主体协同治理：中华文化海外传播的新趋势》，《对外传播》，2018年第9期。

③ 严燕蓉，韦路：《中国文化走出去：研究现状与核心议题》，《新闻与写作》，2018年第6期。

④ 柯惠新，陈旭辉，李海春等：《我国对外传播效果评估的指标体系及实施办法》，《对外传播》，2009年第12期。

⑤ 罗雪：《浅论我国媒体的国际传播效果评估体系构建》，《当代电视》，2016年第10期。

能力、跨文化适应能力、文化展示能力、媒介传播能力、跨文化冲突管理能力等五个维度和相应指标及整个传播过程中。"[①]总之，要全面、整体、系统地去考察中华文化对外传播的成效，必须建立起科学化的效果评估指标体系。

三、采用多学科可参照的综合评估方法

评估体系采取的方法和参照的标准应多种多样，目前来看，重点应加强文化传播领域涉及学科方法的借鉴运用，以及全球各类对文化软实力和国家形象排名方法的综合运用。

（一）文化传播领域多学科交叉运用法

从中华文化对外传播领域涉及的理论学科来看，运用恰当的方法并构建方法体系时，主要应当参考和借鉴的有：传播学、符号学、语言学、文化学、社会学、历史学等学科的理论与方法。重点是传播学、符号学和语言学。

1.结合传播学

传播学是与中华文化对外传播关联最紧密的一门学科，从理论与方法归属上来看，中华文化的传播都属于传播学研究的重要内容。作为研究人类一切传播行为、传播过程发生发展规律、信息系统运行规律，以及传播与人和社会关系学问的科学，传播学的理论前沿、实践性强，结合文化传播的历史进程形成了系统的理论体系。因此，传播学的理论方法对于中华文化对外传播的理论与实践研究都具有强大的指导作用，是评估中华文化海外传播的重点方法之一。如有学者提出新时代文化传播学是以文化与传播二者的共生共融关系理论为基本认识框架，具有跨学科、交叉融合等特征，强调了文化传播的重要性和新闻传播学的文化属性[②]。

---

① 安然，何国华：《孔子学院跨文化传播影响力评估体系建构初探》，《长白学刊》，2017 年第 1 期。

② 贾文山，樊丽：《论新时代文化传播学：新闻传播学转型的内生逻辑、现实条件与实践路径》，《西安交通大学学报（社会科学版）》，2024 年第 1 期。

2.结合符号学

文化传播本身就是文化符号从"编码"到"传输"到"接收"到"解码"的过程，尤其是中华文化当中的文化符号已经在全世界形成了深刻的影响，熊猫、龙、方块字和孔子等已经成为中华文化的代言词，成为中华文化对外传播当中的文化符号，但是其中蕴含的中华文化核心内容和价值观念需要通过符号的传输和解码，才能得到真实、准确的阐释与有效的吸收，因此，符号学是评估中华文化海外传播成效的重要方法。如有学者从符号学视域下分析中华文化传播与中华民族共同体意识构筑，认为中华文化传播首先是挖掘整理文化资源，做好符号话语储备，其次是形成独特的中华文化符号叙事体系。文化符号资源是民族共同记忆的创造，是中华民族精神的外化和象征，要"提高中华文化符号能指的丰富性、多样性，提升创意思维和科技手段，以声音、图像、文本、视频等多种形式呈现文化实物，多角度多元化特写细节，增强符号能指的厚重感和实在性，提高中华文化传播的效率和质量。"[①]

3.结合语言学

文化与语言是密切相关的，语言是文化的载体，实际上语言也是一种特殊的文化。语言和文化是异质同构的关系，语言涉及思维模式的表达差异，在对外传播中不掌握这种差异无法保证文化传播的效果，文学作品的对外翻译和传播也需要掌握好语言学理论与方法。语言学人才的培养也是文化传播评价的重要指标，包括从事公共外交活动、对外交流活动以及翻译型人才，也包括在海外培养学习中文、通晓中文，能为文化传播发挥一定作用的语言型人才，从语言学的角度对人才的数量、规模、素质、能力等各个方面进行评估。"语言学作为哲学社会科学学科体系的重要组成部分，在国家安全战略、国家形象建设、社会经济发展、文化传播实践等领域发挥着重要的作用。""推动中国文化

---

① 耿三琳：《符号学视域下中华文化传播与民族共同体意识构筑》，《新闻爱好者》，2023年第8期。

'走出去'是新时代中国语言学研究的担当和责任。"①

此外还有与文化传播现象相关的文化学，与文化传播中社会信息交流、社会人际交往相关的社会学，以及与文化传播历史发展变化的历程总结、经验积累相关的历史学，都需要吸收、借鉴和运用这些学科的方法推动中华文化海外传播取得实效和影响力，而这些学科方法的运用也一定是相互交叉、相互综合的，从而形成学科方法评估体系，推动文化传播效能发挥。

（二）文化传播成效排名综合运用法

评估中华文化海外传播效果，可以充分吸收借鉴全球各类涉及文化影响力、对国家软实力和国家形象进行排名的评价方法，综合形成进一步推动文化传播效能的评估体系。如目前既涉及文化因素又具有较大影响力的排行榜有：Anholt-GFK 国家品牌指数（Anholt-GFK Nation Brands Survey），全球软实力调查（The Monocle Soft Power），US News 评选的《最佳国家报告》和皮尤研究中心的"全球指数"（Global Indicators Database）等。应在全球视野下，参照已有的各类评估结果，综合运用形成中华文化对外传播成效的评估办法。其中，国家品牌指数（NBI）是衡量国家形象的指数，其标准共分为六大类，第一类就是国家的文化（包括体育）政治 / 政府行政，这一方面的评价标准，主要是通过收集对世界各国民众对于这个国家的遗产和当代文化的看法来衡量的，看国外受众是否能从音乐、电影、艺术和文学中产生"共鸣"。从结果来看，中国 2022 年、2023 年在世界的排名分别为 33、31，站在全球视角来比较，中国文化影响力在世界范围内有一定地位，且与以往相比有一定的进步，但也要看到与其他国家，特别是与西方发达国家之间的差距仍然较大。

另外，在全球软实力指数排名当中，最具有权威性和代表性的是全球品牌估值咨询公司 Brand Finance 发布的国家软实力指数排名。全球软实力指数排名的影响因素共有 11 个方面，而这 11 个方面都涉及中华文化对外传播的内容

---

① 朱献珑：《新时代中国语言学研究的使命与担当——"新时代语言学研究与推动中国文化走出去高端论坛"综述》，《外国语（上海外国语大学学报）》，2019 年第 2 期。

和成效，包括：熟悉度、影响、声誉、商业与贸易、治理、国际关系、文化与遗产、媒体与传播、教育与科学、人与价值观等。从近年来的排名情况来看，2022 年有 120 个国家，超过 10 万名受访者参与，中国软实力由 2021 年世界排名第 8 上升到排名第 4，仅排在美国、英国、德国之后，并超越日本成为亚洲第一。其中，文化遗产的得分从 4.1 分上升到了 4.6 分，排名也从 22 名上升到第 8 名。《2024 年全球软实力指数》中，中国在 193 个国家中排名第三，这一排名是由中国在关键商业和贸易以及教育和科学指标方面的看法显著改善所推动的。以下是 2022 年全球软实力指数排名中国的各项指标变化情况（与 2021 年对比），以及中国 2023、2024 年在全球软实力中的排名情况（见表 4-4、表 4-5）。

表 4-4　2022 年全球软实力指数排名中国指标变化情况（与 2021 年对比）①

指标	2022		2021	
	得分	排名	得分	排名
全球软实力指标	64.2	4	54.3	8
熟悉度	8.4	4	7.7	6
影响	7.3	2	6.8	2
声誉	6.4	24	5.5	56
商业与贸易	7.7	1	6.3	4
治理	3.5	24	3.0	29
国际关系	5.6	8	4.9	10
文化与遗产	4.6	8	4.1	22
媒体与传播	4.4	12	2.9	28
教育与科学	8.0	3	6.1	4
人与价值观	3.1	38	2.7	56
新冠的响应	5.4	19	1.2	30
网络影响	17%	73	6%	77

① 数据来源：https://new.qq.com/omn/20220328/20220328A031F300.html。

表 4-5　2023 年、2024 年英国"品牌金融"咨询公司的全球软实力指数排名情况①

排名	全球软实力2023	世界软实力指数2023	全球软实力指数2024
1	美国	美国	美国
2	英国	法国	英国
3	德国	英国	中国
4	日本	日本	日本
5	中国	德国	德国
6	法国	瑞士	法国
7	加拿大	韩国	加拿大
8	瑞士	西班牙	瑞士
9	意大利	加拿大	意大利
10	阿联酋	中国	阿联酋

此外，具有国际性质的关于国家形象和文化影响力排序的调研报告还有很多，如埃尔卡诺皇家研究所发布的《2018 年埃尔卡诺全球存在报告》中，中国在 20 个国家中排名第二。报告指出，中国的声誉排名（第 24 位）远远低于其影响力排名（第 2 位）。根据 2019 年亚洲力量指数，中国在外交影响力方面领先，在 25 个国家中文化影响力排名第二，仅次于美国。在波特兰传播和南加州大学公共外交中心发布的 2018 年和 2019 年"软实力 30 强"指数中，中国在 30 个国家中排名第 27 位，该指数指出，中国是一个"文化巨人"，在文化类别中排名第 8，在参与度类别中排名第 10。这些国际报告实际上就是对文化传播成效的综合评估，是深化拓展中华文化对外传播工作的有益借鉴。

（三）文化传播路径多元化贯通运用法

实现中华文化对外传播综合评估体系还要通过全球化、多元化的路径与策略，明确全景式要素与方式，加强全方位保障与支撑，确保评估取得实实在在的成效。中华文化对外传播评估体系的构建路径为：第一，明确文化传播评

---

① 数据来源：https://en.wikipedia.org/wiki/Soft_power_of_China。

估的区域和对象；第二，梳理文化传播的历史与优良传统；第三，概括文化传播优势特点与经验；第四，总结文化传播当中存在的问题与差距；第五，提出方向和对策。在路径构建的基础上建立中华文化海外传播的综合评估体系。以下为以德国、法国、印度尼西亚、中亚、拉美为例构建评估体系路径的一览表（见表4-6）。

表 4-6　构建中华文化海外传播评估体系路径一览表①

国家/地域	传播传统文化（节点）	传播现状	存在问题	改进策略
德国	1477年《马可·波罗游记》引发中华文化热；1861年普鲁士与清朝政府签订协约等。	精准服务"一带一路"；"中德科学促进中心""中德未来之桥"论坛、《中德合作行动纲要：共塑创新》等机制和内容创新。	1.民众对中国形象的消极"文化定式"；2.传播中"文化逆差"困境；3.文化冲突与西方"话语权"优势；4.中华文化资源开发不足与传播模式手段固化等。	1.从"人类命运共同体"理念出发加速中德文化融合；2.推进"一带一路"文化新平台建设，打造代表中国的文化品牌和文化符号。
法国	1964年中法建交，2017年中法文化论坛举行。	经贸合作、文化交流推动文化传播，"源味中国"孔子学院"中法文化年"活动丰富多样，高层领导密切交往。	1.对法国民众需求了解不足；2.文化的传播与出口缺少针对性；3.传播方式的单一与内涵深度不足；4.文化缺乏国际竞争力。	1.坚持中华文化包容性，寻找两国文化交流"最大公约数"；2.借助"一带一路"倡议，扩大文化交流平台；3.创新中华文化内涵，增强文化产业竞争力；4.发挥新媒体优势，加强与当地媒体的合作。

① 表格内容来自：张骥等：《中华文化走向世界策略研究——基于文化软实力建设的视角》，北京：中国社会科学出版社，2019年版。

续 表

国家/地域	传播传统文化（节点）	传播现状	存在问题	改进策略
印度尼西亚	古代"海上丝绸之路"；郑和下西洋开展"朝贡贸易"。	丝绸、陶器、中医、烹饪、宗教等文化交流广泛；华人华侨、华文媒体、华文学校、印度尼西亚孔教等纽带。	1.华人社会"文化断层"以及西方文化冲击；2."中国威胁论"的影响。	1.坚持和而不同；2.加强本土主流媒体、新媒体和民间人文交流渠道；3.创新文化精品。
中亚	公元前2世纪，张骞出使西域。	"丝绸之路经济带"建设以及"丝路精神"的认同。	1.传播内容脱离对象国实情；2.传播方式的形式化。	1.在"一带一路"倡议下打造利益共同体；2.转变观念、扬长避短、凝聚共识。
拉美	17世纪中国瓷器出现在巴西上层家庭，工业制品逐步深入拉美。	1.中国投资矿业和基础设施；2.华人华侨及社团扩大文化影响；3.文化产业如文学影视作品的交流；4汉语学习机构的发展。	1.文化产业不够发达、传播理念和传播方式有待改进；2.对文化传播的重视和推广不够；3.美欧国家文化影响力大。	1.加强自身文化产业建设；2完善有关政策、创新传播方式，运用自媒体，形成文化品牌；3.营造良好国际舆论环境，讲好中国故事。

　　此外，各种国际评估方式，各类评估要素和核心指标，都是中华文化对外传播效果评估的重要参考，在此基础上形成中华文化对外传播的全景式综合评估要素与方式，实现文化传播路径的多元化、综合化，最终取得整体全面的文化传播成效。其中，评估核心包括：文化传播力、吸引力、亲和力、凝聚力、竞争力和影响力；评估要素包括，从历史到当下的文化传播知识体系，从文化外交、宣传、交流到贸易的文化传播方式途径，从生产、流通到形成品牌的文化产品结构，从自我到他者、从官方到民间的文化传播主体，从理念政策、实践互动到成果评估的文化传播进程等等。致力于在以中国式现代化全面推进中

华民族伟大复兴的新征程上，实现中华文化对外传播的全景式展开、取得全方位成效。

表 4-7　中华文化海外传播综合评估要素方式一览表

评估核心	评估要素	评估方式
文化传播力 文化吸引力 文化亲和力 文化凝聚力 文化竞争力 文化影响力	文化贸易数据 文化产业输出 文化品牌质量 文化外交格局 文化机构发展 文化话语地位 文化受众态度 文化传媒影响 传播人才结构 传播理念创新 传播政策实效 传播层次互动 传播历程延续 传播突出成果	全球综合排名 抽样问卷调查 国际关系评估 文化学术评价